●

BÜYÜK İSLÂM
KADINLARI

●

Prenses
Kadriye
Hüseyin

●

BEDİR
YAYINEVİ

D1722565

مخدّرات اسلام

هدیه تقدیمیه

برنجی جزؤ

معارف مطبعه‌سی ، مصر

١٣٣١

Elinizdeki eserin hicrî 1331(1913)'de Mısır'da
basılmış; Osmanlıca orjinalinin birinci sahifesi

Prenses Kadriye Hüseyin

BÜYÜK
İSLÂM
KADINLARI

(Muhadderât-ı İslâm)

BEDİR YAYINEVİ

İSTANBUL

2012

Bu Kitap Hakkında Bazı Bilgiler

1- **Eserin orijinali:** «MUHADDERÂT-I İSLÂM» ismiyle Mısır'da iki cüz halinde Arab harfleriyle basılmıştır. Birinci cüz: Maarif Matbaası, hicrî 1331(1913), 443 sahife. İkinci cüz: Emin Hindiye Matbaası, hicrî 1333(1914-1915), 554 sahife.

2-**Eserin dili:** Bugünkü Türkçemize oldukça yakın Osmanlıcadır.

3- **Sadeleştiren:** Türk lisan ve edebiyatında son elli yıl içinde zora dayalı ve dejenere edici sadeleştirme(daha doğrusu uydurukçalaştırma) cereyanı, bu kitabın Türkçeden Türkçeye çevrilmesini zarurî kılmıştır. Bu işi edebiyat muallimi Ziya Çil bey yapmıştır.

4-**Osmanlıca baskısının hususiyeti:** Beyaz kağıda, her sahifede 12 satır olmak üzere iri harflerle lüks bir tarzda tab' ve neşr edilmiştir.

5- Elinizdeki kitap, eserin orijinalinin iki cüz'ünün bir araya getirilmiş ve dili sadeleştirilmiş şeklidir.

6- Merhum Recâizâde Ekrem beyin, «Muhadderât-ı İslâm»ın ikinci cüzünün başındaki takrizini(tanıtma ve övgü yazısını) elinizdeki bu baskının 185'inci sahifesinde okuyacaksınız.

•*•

ISBN No   :978-605-5657-37-6
Sertifika No   :17579
Birinci Baskı   :1982
İkinci Baskı   :2012
Baskı   :Kenan Ofset

BEDÎR YAYINEVİ
Cağaloğlu Yokuşu. 6-8 Cağaloğlu -İSTANBUL
Telefon:(0212) 519 36 18   Fax:(0212) 513 06 32
mail: bediryayinevi@gmail.com

PRENSES KADRİYE HÜSEYİN

Bu eserin muharriresi Prenses Kadriye Hüseyin, 25 Mayıs 1888'de Mısır'da doğmuştur. Babası Hüseyin Kemal Paşa'dır. Bu zat 1853'de Kahire'de doğmuş, 1917'de aynı şehirde vefat etmiştir. 1914'te İngilizler Mısır hidivi Abbas II Hilmi'yi hidivlik tahtından indirmişler ve yerine Hüseyin Kemal Paşa'yı «Mısır Sultanı» unvanı ile tahta çıkarmışlardı. Bu suretle, o tarihe kadar, şeklen bile olsa Osmanlı devletine bağlı bulunan Mısır, İngiltere himayesinde bir sultanlık haline gelmiştir. O devrin en büyük sömürgeci ve emperyalist devleti olan İngiltere, Hindistan yolunu emniyet altına almak ve Birinci Dünya Savaşında Mısır'ı resmen ve fiilen kendi safında bulundurmak için bu manevraya girişmiştir. Bu siyasî olup bitti, gerek Mısır'da gerekse bütün İslâm dünyasında nefretle karşılanmış ve iğrenç bir komplo olarak tarihe geçmiştir. Sultan Hüseyin 1917'de vefat edince, oğlu Prens Kemal tahta geçmek istememiş, buna hakkı olmadığını ileri sürmüştür. İngiltere ile harbe tutuşan Osmanlı İmparatorluğu Sultan Hüseyin'i hain ilan etmişti.

Prenses Kadriye Hüseyin'in üç kızkardeşi vardır. Bunlardan biri, halen çok yaşlı olarak Kahire'de oturmaktadır.

Prenses Kadriye Hüseyin kuvvetli bir tahsil görmüş, Türk lisanını, Osmanlı edebiyatını ve Fransızcayı bihakkın öğrenmiş, bu iki dilde kitap yazmış, eser vermiştir.

Mısırlı Çerkeslerden Hayri Bey(bilâhare paşa olmuştur) ile evlenmiştir.

Kavalalı Mehmed Ali Paşa sülalesinden gelen ve Türk kültürü ile yetişen bu asil ve âlicenab Müslüman hanımı, Birinci

Dünya Savaşı'ndan sonraki Türk İstiklâl Mücahedesine karşı yakın alâka duymuş ve 1921'de Roma'da Fransızca olarak neşr ettiği «LETTRES D'ANGORA LA SAINTE» adlı eserinde 1921 yılının Nisan-Haziran ayları arasındaki notlarını ve intibalarını dile getirmiştir.

Bu mürüvvetli İslâm hanımı, İstiklâl Savaşımız esnasında İtalya'dan Türkiye'ye silâh şevki işiyle de ilgilenmiş ve bu yolda şahsî servetinden de harcamalar yapmıştır. Mustafa Kemal Paşa'nın kendisine teşekkür ve minnettarlığı aksettiren mektupları ve ithaflı resimleri vardır.

Prenses Kadriye Hüseyin ile ilgili hatıralarını sorduğumuz Münevver Ayaşlı hanımefendi, bizlere bu mevzuda şu bilgileri vermiştir.

«Prenses Kadriye Hüseyin hanımefendiyi Balkan Harbi arefesinde Moda'da, Gazi Ahmed Muhtar Paşa'nın oğlu Mahmud Muhtar Paşa'nın konağında görmüştüm. Mahmud Muhtar Paşa'nın refikaları Prenses Ni'met Muhtar hanımefendi, kendisinin halası oluyordu. Onu gördüğümde konağın büyük salonunda kuyruklu beyaz bir piyanoda bir parça çalmakta idi. Üzerindeki elbiseyi bile hatırlıyorum. Vişne çürüğü kadife bir elbisesi vardı. Sim dantellerle süslüydü. Prenses belki güzel değil, ama çok cazibeli, çok nazik, ufak tefek bir kadındı. Ben ilk defa bir muharrire hanımefendi gördüğüm için çok heyecanlı idim. O, hem Türkçe, hem Fransızca yazıyordu.

«Meşrutiyetten sonra İttihat ve Terakki ileri gelenleri arasında sultan ve prenseslerle evlenmek modası baş göstermişti. Bu işin ilk öncüsü Erzurum'da vefat eden Hafız Hakkı Paşa'dır. Sultan 5. Murad'ın kızlarından birini almıştı. İkinci olarak Enver Paşa Naciye Sultan ile evlenmişti. Fethi Bey ise, o sırada kendi yaşına denk bir sultan olmadığı için Mısırlı bir Prenses ile evlenmeye razı olmuş ve Prenses Kadriye Hüseyin'le hayatını birleştirmek niyetini kurmuştu. Ama bu izdivaç olmadı. Zira Prenses Kadriye Hüseyin, halalarından Prenses Fatma hanımefendinin oğlu Cemalettin beyle evlenmeyi arzu ediyordu. Nişanlı gibiydiler. Cemalettin bey, Prenses Fatma hanımefendinin ikinci zevcinden, Kafkasyalı Mahmud Sırrı Paşa'dan olan oğluydu. Sebebini pek iyi hatırlamıyorum, fakat bildiğim bir şey varsa, bu beraberlik de tahakkuk etmedi. En sonunda Prenses Kadriye Hüseyin Hayri beyle evlendi. Ondan olan oğluna Osmanlı hanedanından İbrahim Tevfik Efendi'nin kızı Fevziye Sultanı almıştır.

«Prenses hazretleri çok mükemmel Türkçesi ve işlek Fransızcası, zekâsı, nezaketi ile meşhur bir hanımefendi idi. Türkiye'ye, Devlet-i Aliye'ye son derece bağlıydı; İstanbul'a ise meftundu. Ne yazık ki, pederi, velinimeti Osmanlılara karşı gelmiş, Mısır'da hidiviyeti kaldırarak İngiliz himayesinde Mısır tahtına sultan unvanı ile oturmuştur. Kendisinden sonra Mısır hükümdarları kral unvanını almışlardır. 1917'de Hüseyin vefat ettikten sonra yerine l. Fuad kral olmuştur. Ondan sonra Kral Faruk gelmiş ve 1952'de bir darbe ile devrilerek bu ailenin Mısır saltanatı son bulmuştur.

«Prenses Kadriye Hüseyin hazretleri uzun zaman İstanbul'da oturmuştur. Tarabya'da büyük bir yalı satın almıştı. Lakin bünyesi pek zayıf ve nahif olduğundan Tarabya'nın havası ile imtizac edememiş ve bütün bütüne Mısır'a nakl-i hane eylemiştir.»

Prenses Kadriye Hüseyin'in nerede ve hangi tarihte vefat ettiği ve kabrinin yeri hakkında bir mâlumat elde edememiş bulunmaktayız.

Eserleri: 1 - **Mühim Bir Gece.** Leopold Kampf'ın üç perdelik tiyatro eserinin tercümesidir.

2- **Mehâsin-i Hayat.** Ahlakî ve ictimaî bir risaledir. Mısır, 1327. Hikmet matbaası. 24 sahife.

3 -**Mehâsin-i Hayat.** Mısır, 1327(1911). Osmanlı matbaası, 158+3 sahife.(Bir evvelki eserin devamı olsa gerek...)

4 - **Nelerim.** Mısır, 1329, Osmanlı matbaası. 107 sahife.

5 -**Temevvücât-ı Efkâr.** Tarihî ve edebî 12 makaleden müteşekkil bir kitaptır. Mısır, 1330. Maarif Matbaası. 200 sahife.

6 - **Muhadderât-ı İslâm.** Birinci cüz ve İkinci cüz.(Buraya kadar tanıtılan yedi kitap Mısır'da Arap harfleriyle basılmıştır.)

8 - **Lettres d'Angora La Sainte.** [Mukaddes Ankara'dan Mektupları(*) Avril-Juin 1921. Notes et impressions-Album de Guerre. Rome, Imprimerie Editrice «Italia». 1921. 267 pages.(Bu Fransızca eserin sonunda ressam PISAN1 tarafından, İzmir'in işgali esnasında Yunanlılar tarafından yapılan vahşeti, barbarlığı ve canavarlığı gösteren on âdet tablonun kuşe kâğıdı üzerine suretleri basılmış bulunmaktadır. 267 sahifeden sonra...) Eserin içinde de ayrı kâğıda basılmış onbir âdet fotoğraf bulunmaktadır. Bazıları M. Kemal Paşa tarafından Prensese el yazısıyla ithaf edilmiştir. Bu eser millî mücadele tarihimiz için değerli bir kaynaktır. Hem de merhume Prenses'in ne büyük bir İslâm ve Türk dostu olduğunu ortaya koyan bir vesikadır. Aynı zamanda kültür ve irfanının da edebî bir âbidesi durumundadır.

Prenses Kadriye Hüseyin hanımefendi hakkındaki şu kırık dökük mâlumatı bu sahifelere derc ederken, kendisini hayırla yâd ediyor ve Cenab-ı Haktan rahmet diliyoruz.

UBEYDULLAH KÜÇÜK

(16 Haziran 1982)

NÂŞİRİN BİR İKİ SÖZÜ
— Bismihi Teâlâ —

Bundan yirmi yıl kadar önce Sahhaflar Çarşısı'nda bu eserin Osmanlıca aslının birinci cüz'ünü bulup almıştım. Kitap alâka ve takdirimi çekmiş ve «fırsat bulursam inşaallah bastırayım» demiştim. İkinci cüz'ü tam 15 sene aradım, bulamadım. Birinci Cihan Harbi'nin başladığı sıralarda basıldığı için, o zaman İngiliz işgalinde bulunan Mısır'dan Türkiye'ye sokulmamış olacaktı... Pek uzak sayılmayacak bir tarihte basılmış Türkçe bir kitabın koskoca İstanbul'da tedarik edilememesi fikir, matbuat ve kültür hayatımızın perişanlığına ve zavallılığına yeterli bir delil değil midir?.. Her ne hal ise, 15 senelik bir soruşturma ve araştırma devresinden sonra mezkûr çarşıda ikinci cüz'ü de bulmak nasib ve müyesser oldu. Aslı Türkçe olan şu kitabı, yine Türkçeye tercüme ettirdik ve nihayet bastırıp sizlere sunduk. Bundan 60-70 yıl evvel basılmış Fransızca bir kitabın, o günkü Fransızcadan bugünkü Frasızcaya sadeleştirilerek aktarılmasından bahs edilebilir mi?.. Böyle bir şeyden söz edene Fransa'da deli derler. Ama bizde, bu iş normal karşılanan zaruri vukuattandır. Reşat Nuri'nin kitaplarının bile değiştirilmiş, uyduruk-çalaştırılmış yeni baskılarının yapıldığı bir devirdeyiz...

Dilde aşırı sadeleştirme, lisan ve edebiyatı zorlaya zorlaya(ırzını hetk ede ede) kuşa çevirme hareketi milletimize ve kültürümüze çok pahalıya mal olmuştur. Uydurukça hareketi bir kültür bolşevizmi gibi millî irfan hayatımızı kasıp kavurmuş, tarihte benzeri görülmemiş bir yıkıma sebebiyet vermiştir. Şu kısa mukaddimenin, bu hususta daha uzun tafsilâta ve şekvâya tahammülü olmadığı için mevzuu burada kesiyoruz.

Kitabın müellifesi merhume Prenses Kadriye hazretlerini rahmetle anarız. Eslâfımızın böyle faydalı ve değerli eserlerini imkânlarımız nisbetinde hazırlatıp bastırmak emelindeyiz. Başarı ve tevfik bizden değil, Cenab-ı Hak'tandır.

Mehmed Şevket Eygi

«BEDEE'L - İSLÂMU GARÎBEN...» HADÎSİ HAKKINDA ÎZAHAT

Bu eserin merhume müellifesi Prenses Kadriye Hüseyin kitabının baş sahifesine «Bedee'l-İslâmu garîben ve seye'ûdü garîben...» hadîs-i şerifini koymuştur

Bu hadîsi Ebû Hüreyre radiyallahu anh rivayet etmiştir. Sahih-i Müslim'in «Kitabu'l-İman» kısmındadır. Meali de şöyledir: «İslâm garib başladı ve(bir gün gelecek) garib olarak tekrar başlayacaktır.»

Muhaddisler buna iki mâna vermişlerdir:

1 - Karamsar açıklama: İslâm garib başladı. Sonra parlayıp inkişaf etti. En sonunda tekrar garib olacak, yani müslümanlar azalacak, güçleri kalmayacak; umum insaniyet azıp sapıtacak, ehl-i îman bir kenara çekilip sinecektir.

2 - İyimser, müjdeli açıklama: İslâmiyet garib başladı. Sonra parladı, cihana yayıldı. Bilâhare bir duraklama, gerileme ve sönüklük devri geçirdi. Ama gün gelecek tekrar parlayacak, şahlanacaktır. Bu ikinci devre de, birincisi gibi garib olarak başlayacaktır.

Bu hadîs-i şerif hakkında şu iki kaynağa bakılabilir:

a) Elmalılı Muhammed Hamdi Efendinin «Hak Dini Kur'an Dili» isimli tefsirinin Neml sûresinin son âyetleri ile ilgili bölümü.

b) Ahmed Davudoğlu, «Sahih-i Müslim Tercemesi ve Şerhi». C.2, s.534-537.

Sahih-i Müslim'deki mezkur hadîsin metninin son kısmında «fetûbâ li'l-gureba» buyurulmaktadır.Türkçesi: «Ne mutlu o gariplere»dir.Allahu a'lem... Herşeyin doğrusunu yüce Allah bilir.

(NÂŞİR)

İÇİNDEKİLER

Birinci Cilt

Kadınların Efendisi Hazret-i Haticetü'l-Kübrâ 13

Âişe-i Sıddıkâ 45

Mehdi Kızı Abbase 97

Şeceretü'd-dürr Melike İsmetüddin 141

İkinci Cilt

Takrîz:Recaîzâde Ekrem Bey'in Mektubu 185

Seyyidetü'n- Nisa Fâtımatü'z-Zehrâ 191

Râbia el- Adeviye 231

Hansâ 245

Mü'minlerin Emîresi Zübeyde 281

Kurtuba Melikesi Emîre Sabîha 317

حسب حال

بزلر كه اهل توحيدز ، رايةٔ مباركةٔ محمدى

تحتنده اجتماع و « مؤمنلر قارداشدرلر » امر

الهيسنه اتباع ايلدك . ايشته او كوندن اعتبارا ،

قوميت ديوارلريى يقدق . عشيرت

پرده لريى قالدردق . جمله مز بر عائله حالنى

آلدق . هپمز قارداش اولدق قالدق . سلامت

امت ايچون نه كوزل بر فرماندر :

« نزد باريده اك محترمكز اك تقى

اولانكزدر » خبر جليلى ايله ده اك طوغرو

اولا نلرمز تميز ايلدك .. ملتى مكارم اخلاقه

سوق اتمك ايچون نه ايى بر خبردر !

Eserin Osmanlıca baskısından örnek bir sahife

HASBİHAL

Bizler ki ehl-i tevhidiz; Hazret-i Muhammed'in(s.a.v.) mübarek sancağı altında toplandık ve «Mü'minler kardeştir»[1] emr-i ilâhîsine uyduk. İşte o günden itibaren kavmiyet duvarlarını yıktık; aşiret perdelerini kaldırdık. Cümlemiz bir âile halini aldık. Hepimiz kardeş olduk. Ümmetin selâmeti için ne güzel bir fermandır!

«Allah katında en değerliniz, O'ndan en çok korkanınız ve O'nun emirlerine en çok uyanınızdır»[2] âyet-i celîlesi ile de en doğru olanlarımız temeyyüz eyledi. Milleti güzel ahlâka sevk etmek için ne iyi bir haberdir.

Müslüman'ların yaşadığı her yer dinî vatanımızdır; ayyıldızlı albayrak millî sancağımızdır. Ondört asırlık bir mâzi sahibiyiz. Mühim hadiselerle dolu bir de tarihe mâlikiz.

Roma Medeniyeti derecesinde medeniyet gördük. Zaman zaman servet ve rahat bulduk. Maarif güneşi Şarkımızdan doğuyordu. İlim nûru ile aydınlanmış olarak etrafımızı görüyorduk. Her hal ve şanımızı görüyorduk... Gıbtalar!..

Zamanın bize verdiği fırsatları değerlendiremedik. Ne durumumuzu idrak edebildik, ne de ilimde ilerlemeye devam edebildik. Yazıklar olsun!

Maarif güneşinin Garbdan doğuşu, başımızda kıyametler kopardı. Karanlıkta kaldık. Geçmişimizi göremez olduk. Tarihimizi unutacak hale geldik! Teessüfler!..

Mâzimiz nice ümmet büyükleri ile dolmuş ve bunların güzide eserleri seleflerimizin tarihlerini doldurmuştur. Kütüphânelerimizdeki ve Avrupa kütüphânelerindeki İslâmî kitaplar şâhidimizdir. Hayatları ibretli olaylarla dopdolu sayısız büyüklerimiz vardır. Bu kahramanların başlarından geçenlerin toplanarak zaman zaman din kardeşlerimizin nazarlarına sunulmasında hayır vardır. «Ne idik, meğer ne olmuşuz?» diye ibret alırlar. Cemaat arasında bir ibret olur.

(1) Hucurat S'ûresi: Ayet:10
(2) Hucurat S'ûresi: Ayet:13

Yükselen cisimleri, yerde bulunanların küçük görmesi gibi, âdi bir göz yanıltmasına aldanmayarak maarif güneşinin artık Batı'dan doğması karşısında bigâne kalmazlar. Şark'ı eski kemalât ve azametine ulaştırmak için gayret ederler. İlim ve irfanı tahsil hakkı zamanın geçmesiyle kaybedilmeyeceğinden, o parlak mâzimizin faziletli insanlarına benzemek isterler. Nefislerini ulvîliğe sevk ederek muteber tutarlar ve bu hareketleriyle yaşadıkları günlerin kadrini bilmiş olurlar.

Ben böyle hayırlı bir düşünceyle, din kardeşlerimden olan meşhur İslâm kadınlarının hayat hikâyelerini, güvenilir kaynaklara dayanarak biraraya getirmek arzusuna düştüm. Arap, Türk, Acem, Cava-Hind ve diğer muhtelif İslâm kavimlerinin beşerî üstünlükler cihetinden temeyyüz eden nice fazilet sahibi kadınlar hakkında vukuf sahibi oldum. «Herkes az bile olsun bir iyilik ederse hayrını görür ve insan çalışmakla arzusuna nail olur.»[3]

Araştırmalarım boyunca fazilet ve meziyet timsalleri olan İslâm kadınlarıyla ilgili pek çok olaylara muttali oldum. Zamanla daha da olacağım. İşte bugün dört büyük kahramanın hayat macerasını muhterem okuyucularımın ibret nazarlarına arz ediyorum. Bu birinci cild,[4] yazmayı düşündüğüm diğer cildlere mübarek bir mukaddime mahiyetinde olmuştur. Dört kahramanın ikisi ümmü'l-mü'minîn'dir. Peygamber Efendimizin(s.a.v.) zevcelerinden Haticetü'l-Kübrâ ve Âişe-i Sıddîka(radiyallahü anhüma) vâlidelerimizdir.

Teberrüken bunları diğerlerinden önceye aldım.Zaten bu önceliğe her veçhile hakları vardır. Üçüncüsü bir halife kızıdır. Bir halife kızkardeşidir. Yani Halife Mansur'un kızı ve Halife Harunü'r-reşîd'in kızkardeşidir. Dördüncüsü ise bir «melike»dir. İslam'da ilk padişahlık eden, minberlerde ve Cuma hutbelerinde ismini okutan Mısır Melikesi Şeceretü'ddürr'dür.

Hayırlı bir maksad ve hizmet gayesiyle başladığım şu eser milletimiz üzerinde bir tesir bırakabilirse benim için en büyük bir mükâfat olacaktır. Tevfik(yardım ve başarı) Allah'tandır.

Kadriye Hüseyin

(3) Zilzal Sûresi: Ayet:7

(4) 1331'de Kahire'de Maarif Matbaasınba basılmıştır. 443 sahifedir. Eserin 2'nci cildi 1333'de yine Kahire'de Emin Hindiyye Matbaasında 554 sahife olarak tab' ve neşr olunmuştur.Elinizdeki bu eser her iki cildin birleştirlmesinden meydana gelmiştir. Merhûme müellifenin basılmış bu iki cilt dışında esere (matbû veya gayr-i matbû) bir ilave yapıp yapmadığı hususunda bir bilgi edinilememiştir.(Naşir)

KADINLARIN EFENDİSİ, HUVEYLİD KIZI
HAZRET-İ HATİCETÜ'L-KÜBRÂ
(râdiyallahu anha)

I

Zavallı Şark, her zaman nûra muhtaçtır. Seneler geçtikçe de bu zarurî ihtiyacı şiddetleniyor. Halbuki İslâm Nûru'nun kıvılcımlarından alevlenen ehl-i tevhidin kalbi hiçbir zaman ziya ve irfandan büsbütün mahrum kalmamalı, şeref ve şan yoksulu olmamalıydı. Her Müslüman'ın gönlünde parlayan imân nuru her an daha büyük bir kuvvet, daha büyük bir şevkle yükselmeliydi... Fakat ne yazık ki, Şark, evvelki gibi ne maarifte, ne de güzel ahlâkta birinciliği elde edebildi. Ebediyyen bir ilim merkezi, bir ahlâk medresesi olmaya gayret edemedikten başka, var kudretiyle ve alabildiğine refah ve saadetini kendi eliyle harab ederek gerilik ve alçalma yolunda günbegün çalışmağa koyuldu. Şahsiyetini kaybetti. Mevcudiyetini unuttu. Nihayet şimdiki gibi karanlıklar içinde gafilâne, bir musibetten diğer bir felâkete yuvarlandı kaldı. Umum Müslümanları da müthiş bir sukûta(düşüşe, alçalışa) duçar etti.

Bu düşüş, öyle büyük, öyle helâk edici bir düşüş oldu ki, hepimiz titredik, şaşırdık, sersem olduk! İştiyakımız, emellerimiz târumar ve hissiyatımız, teessürlerimiz altüst oldu. Hiçbir taraftan bir imdad bekleyemiyoruz. Halbuki ümidsiz, tesellisiz yaşamağa da katlanamayız.

Ümidi, teselliyi hangi tükenmez hazinede bulacağız acaba? Ruhumuzu yeniden hangi yerlerin yaldızlı fermanlarıyla süslemeğe karar vereceğiz? Yenileşelim diye büsbütün mahvolmayı mı, yoksa Asr-ı Saadet'e dönerek kurtulmayı mı, tercih ederek bekamıza çalışacağız? Bu meseleler beni hayli düşündürdüğü için ümmetimin ve milletimin başına gelen bugünkü felaketin darbesi altında kalmak istemedim. Ümid ve teselli aramağa teşebbüs şimdiki halde her Müslüman'ın borcu olduğundan, ben de bunları aramakla meşgul oldum. Ve nihayet mâzinin unutulmuş sahifeleri arasında birçok teselliler, ümidler buldum. Tesellilerin her birinin müessir birer misal ve ümidlerin hepsinin birer gayret dersi olabileceğini düşünerek borcumu ödemeye başlıyorum.

Tesellilerimin birincisi münevver bir İslâm Siması'dır. İslâm'ın birinci bereket yıldızı! Hazret-i Haticetü'l-Kübra validemizdir. Böyle kederli ve karanlık günlerde onun mevcudiyetine temas etmek, nurlu bir ışığa yaklaşmak demek olduğundan hayatı hakkında bulabildiğim kadar mâlumatı nakletmeyi pek tatlı bir vazife addeyledim.

Kadınların seyyidesi Hazret-i Hatice(radiyallahu anha) İslâm'ın en pâk, en muazzam, en bülend bir nümûnesidir. Hayat hikayesi pek çok kitaplarda değişik bir şekilde yazılmıştır. Bunu uzun uzadıya yazmak ise benim için fevkâlade bir şereftir. Çünkü o, hepimizin iftihar ettiği baştacımızdır.

Cahiliyet Zamanı'nın sonuna doğru ömür süren Haticetü'l-Kübra Hazretleri, Kureyş'in en şerefli, en güzel, en bilgili, en zengin, en dirayetli ve en iyi bir kadını idi.[1]

Hazret-i Hatice vâlidemiz Kureyş'in muteber zatlarından Huveylid'in kızı olup, annesinin ismi de Fâtıma'dır.

Nesebi Peygamber Efendimize(s.a.v.) muttasıl olduğundan asalet cihetinden iki cihan serverine bütün zevceleri içinde en yakın o idi.

Küçük yaşından beri Kureyş kadınları arasında seçkin bir mevki kazanmıştı. Güzellik ve kemâl cihetinden hepsinden üstün olmakla şöhret bulmuştu.

Bu asil, güzel ve temiz kadının ilk tâlibi Atîk bin Abid oldu. Bununla evlendikten bir müddet sonra Atîk vefat edince Ebû Hâle adında biriyle izdivaç eyledi. Ebû Hâle'den Hind isminde bir kızı dünyaya geldi. Bu zât da bir zaman sonra beka âlemine göçtü. Hazret-i Hatice ikinci defa olarak dul kaldı.

«Ümmü Hind»(Hind'in annesi, yani Hz. Hatice) daha genç ve gayet zengin olduğu için, böyle yalnız bir hayat geçirdiğini gören Kureyş ileri gelenlerinden bazıları izdivacını taleb ettiler. Fakat Hazret-i Hatice hepsini istisnasız reddetti.

Kadınların efendisi iki katlı mükellef bir evde oturu-

(1) Ravzatü'l- Ahbâb.

yorlardı.[2] Cariyeleri ve köleleri vardı. Sürdüğü şahane hayata herkes imrenirdi.

Bu çalışkan ve müdebbir kadın servetini seneden seneye artırmakla meşgul olurdu. Mâlum mevsimlerde Suriye'ye mal göndererek orada sattırırdı. Hindistan'dan, Yemen'den vesair ülkelerden gelen mallardan münasib gördüklerini alır ve tekrar kârı ile satarak büyük kazançlar sağlardı. Şam'da yapılan sedefli ve san'atlı iskemlelerle evini döşemişti.[3] Hindistan kumaşlarından yapılmış elbiseler giyerdi.

İşte böylece yaşayıp giderken Hazret-i Hatice'nin sakin hayatını altüst eden bir şey oldu. Şöyle ki:

Bir gece rüyasında büyük ve parlak bir güneşin kendi evine girdiğini ve o güneşin ışıklarının bütün Mekke evlerini ve ortalığı aydınlattığını gördü.[4] Bu rüyasının son derece tesiri altında kalıp heyecanlanarak derhal, hiç vakit kaybetmeden ve kimseye bir şey söylemeden amcasının oğlu olan Varaka bin Nevfel'e durumu anlattı. Amcazâdesi rüya tabirindeki maharetiyle tanınmış bir zâttı. Hazret-i Hatice'nin rüyasını işitir işitmez göklerden inen o nûrun âhirzaman peygamberi olacağını, evine girmesi de kendisiyle evleneceği mânasına delâlet edeceğini haber verince, Hazret-i Hatice hislerini nasıl saklayacağını şaşırdı; büyük bir heyecan içinde evine döndü. Bu rüyasından beri âhirzaman peygamberinin zuhû-

(2) Ravzatü'l-Ahbâb.
(3) Siyer-i Veysi.
(4) Ravzatü'l-Ahbâb.

runu büyük bir telaş içinde beklerdi. Aklını, fikrini ve tekmil dikkatini ona hasreyledi. Nerede tesadüf edebileceğini devamlı düşünüyordu.

Bir gün, bildiği birçok kadınlarla Kâbe-i Şerif'te bulunuyordu. Bunlar ziyaretten sonra öteden beride otururlarken yanlarından bir Yahudi geçti. Yahudi'nin geçişine hiç kimse dikkat etmedi. Yahudi durup bunlara bakarak: «Âhirzaman peygamberinin gelmesi yaklaşıyor, içinizden hanginiz kendisine zevce olmağa hazırlanıyor acaba?» dedi. Bu âhirzaman peygamberi sözünü işiten kadınların hepsi yerden bulabildikleri kadar taşlar toplayarak hep birden zavallı Yahudi'nin üzerine hücum edip adamcağızı taşlamaya başladılar. İçlerinden yalnız biri yerinden kımıldamamıştı. O da Haticetü'l-Kübra idi ki, yüreğinin çarpıntısından oturduğu yerden kalkacak kuvveti kalmamıştı. Diğer kadınların yaptıklarına bakıyor ve kendini tutmağa çalışıyordu. Âhirzaman peygamberinin zuhur edeceğini ve bir gün bunların hepsinin hakkından geleceğini düşünüyor, teessüründen titriyordu. Kâbe-i Şerif'teki Yahudi'yi taşlayan kadınlar bilmem Hazret-i Hatice'nin heyecanına dikkat etmişler miydi? Her halde Yahudi'nin bu büyük müjdesi kendisi için yaklaşan bir saadet olmuş ve nazarında bütün cihânı nûrlar ve şevkler içinde bırakmıştı.

II

Bir gün Peygamber Efendimiz(sallallahu aleyhi vesellem), amcası Ebû Tâlib ve halası Atîka ile yemek yedikten sonra, odadan çıkmıştı.(5) Ebû Tâlib yeğenini çok beğenir, kendi evlâdından daha çok severdi. Odadan çıkan Peygamberimizi(s.a.v.) seven gözlerle uzun uzun takib eden Ebû Tâlib kızkardeşine:

— Muhammed artık yetişti. Babayiğit oldu. Onu evlendirmek zamanı geldi. Bu hususta sen ne dersin? dedi. Kızkardeşi de:

— Muhammed fakir, Hatice ise kabilemizin en zenginidir. Madem ki Hatice, Suriye'ye adamlarıyla devamlı ticaret kervanı gönderiyor, Muhammed'i kendisine gönderelim; ona da biraz mal versin. Muhammed o malı alarak Suriye'ye gitsin. Kazandığı parayla düğün masrafını çıkarma çaresini bulsun; cevabını verince Ebû Tâlib Peygamber Efendimizi çağırdı ve:

— Sana bir deve veriyorum. Eğer kendini Hatice'ye takdim ettirmenin yolunu bulursan elbette seni diğerlerine tercih eder ve adamlarıyla birlikte ticaret için Suriye'ye gönderir, sen de kâr edersin, dedi. Bunun üzerine Peygamber Efendimiz:

— Eğer Hatice isterse herhalde adam gönderip bana haber verir, dedi.

Bu sözlerini işiten halası Muhammed'in asla kendi kendiliğinden böyle bir teşebbüste bulunmayacağını an-

(5) Ravzatü'lAhbâb.

layarak, derhal Hatice'nin evine gidip vaziyeti anlattı. Haticetü'l-Kübra, Atîka'nın bu sözleri üzerine derhal rüyasını hatırladı ve âhirzaman peygamberinin belki bu «Muhammedü'1-Emin» olabileceğini düşünerek Atîka'nın fikrine memnuniyetle katıldı ve Muhammed'i kendisine göndermesini rica etti.

Bu davet üzerine Peygamber Efendimiz, Hatice'nin evine gitti. Onu süslü ve zarif bir kıyafetle gayet kıymetli bir sedir üzerinde oturuyor buldu. Hazret-i Hatice, Peygamber Efendimizle uzun uzadıya konuştu. Ve yakında Suriye'ye hareket edecek olan kafile ile beraber gitmesine karar vererek, kârdan diğerlerine bir pay verdiği halde kendisine iki pay vereceğini söyledi. Efendimiz(s.a.v.) Hazret-i Hatice'nin bu inceliğinden pek memnun oldu ve evine döndüğünde amcasına anlattığı vakit Ebû Tâlib:

— Çok iyi! Görüyor musun? İşte Allah sana rızk gönderdi, dedi.(6)

Haticetü'l-Kübrâ, Peygamberimizle olan bu görüşmesinde hayran ve hayretler içinde kalmıştı.

Zira Peygamber Efendimizin nûrlu simasındaki asaletin, konuşmasındaki tatlılığın, hal ve tavrında gördüğü câzibenin tesirinden bir türlü kurtulamamıştı. Gerçi Peygamberimiz o zaman da pek parlak bir şöhrete mâlikti. Mekke sokaklarında gezerken halk kendisini «İşte Muhammedü'1-Emin geçiyor!»(7) diye parmakla gösterir-

---

(6) Es-Siretü'l-Halebiyye.
(7) Emir Ali'nin İslâm Tarihi.

lerdi. Ahlâk ve cemâl güzelliğiyle meşhur ve mâruf olduğunu işitmişti. Fakat Muhammed'i karşısında gördüğü zaman, duyduklarından bin kere daha üstün bir yaradılışa sahip olduğuna kanaat getirdi. Az bir şey yüz yüze konuştuktan sonra, onun ne üstün bir yaradılış ve karaktere sahip olduğunu, ne yüce bir kuvvetle karşı karşıya bulunduğunu hissetti, karşısındaki bu ruha işleyen yakıcı bakışlı zatın son peygamber olduğuna şüphesi kalmadı. Peygamberimiz(s.a.v.) odadan çıkar çıkmaz Haticetü'l-Kübrâ(radiyallahu anha) en güvendiği ve en sevdiği Meysere adlı kölesini çağırarak, ona Suriye seferinde çok dikkatli olmasını, Muhammed'in her emrine uymasını, her arzusunu derhal yerine getirmesini tekrar tekrar emretti.(8)

Bundan sonra kararlaştırılan hareket gününde Peygamberimiz(s.a.v.) kafileye iltihak ile yola çıktı. Bütün yol boyunca, mübarek başı üzerinde bir bulut ona gölgelik yapıyor. O ne tarafa yönelse, bulut da onunla beraber hareket ediyordu.(9) Kızgın Güneş altında yol alan deveci ve tacirler, bu durumun sebep ve hikmetini merakla birbirlerinden sorarlardı.

Ticaret kervanında bulunanlar, Peygamberimizin(s.a.v.) zerafetine ve letafetine hayran kaldılar. Hele Meysere, hanımının bu değerli adamını memnun edebilmek için şaşırmış kalmıştı. Hepsi de Peygamberimizi(s.a.v.) görmeden duramaz olmuşlardı. Tatlı sözleri ile hepsinin gönlünü hoş eder, nûrlu mâneviyatı ile hepsini

(8) Es-Siretü'l-Halebiyye.
(9) Es-Siretü'l-Halebiyye.

her an daha kuvvetli bir şekilde kendisine bend ederdi. Zaten yaratılıştan âlicenab ve temiz kalbli olan bu adamlar, Fahr-i Kâinât Efendimizin hal ve tavırlarındaki başkalığı görüyor, vaziyetindeki fevkaladeliğe ve simasındaki mükemmeliyete meftun oluyorlardı. Yaşı henüz 25 olduğu halde, ihtiyar ve tecrübeli zatlar gibi mühim şeylerden ve derin hikmetlerden bahsederdi. «Busra Pazarı» civarına vardıkları zaman, biraz istirahat etmek için develerinden indikten sonra Peygamber Efendimiz bir ağacın altına oturdu ve etrafı seyre koyuldu.[10] Meysere ise daha önce Busra'ya gelmiş olduğundan bazı tanıdıklarını ziyaret için şehre ineceği sırada, o civarda savmaası[*] bulunan Nastura isminde bir rahibin kendisine doğru yürüdüğünü gördü. Yaklaşıp selâmlaştıktan sonra rahib, Meysere'den ağacın gölgesinde oturan zâtın kim olduğunu sordu. Meysere de:

— Kureyş'ten saygıdeğer birisidir, cevabını verince, rahip:

— Bu gördüğün ağacın altına daima peygamberler iner, dedi ve sözüne devamla:

— Acaba gözünde bir kırmızılık var mı? diye sordu. Meysere de:

— Evet, vardır, dedi. Rahip, bu konuşmadan sonra ağaca doğru yürüyerek:

— Keşke peygamber olduğu vakti idrak edebilsey-

---

(10) Es-Siretü'l-Halebiyye ve Tarih-i Cevdet.
(*) Rahiblerin inzivaya çekildikleri özel ibadet yeri.

dim, dedi ve peygamberimize yaklaşarak kendisini uzun uzun süzdü; omuzundaki nübüvvet alâmeti olan beni de gördükten sonra âhirzaman peygamberinin bu olduğunu anladı ve son derece heyecanlandı.

Bu mânidar olaydan sonra Server-i Kainat Efendimiz ticaretiyle meşgul oldu. Malını fevkalâde bir kârla sattı. Umulanın üzerinde bir kazançla Mekke'ye dönmek üzere yola çıktılar. Peygamber Efendimiz bundan önce iki kere daha Suriye'ye alışveriş için gelmişti. Fakat bu defaki kadar ticaretinden hoşnud olmamıştı. Bu sefer, kendisi için pek parlak bir muvaffakiyet idi. Haticetü'l-Kübrâ'nın yardımına karşılık olarak malını böyle elverişli bir fiyatla satabildiğine cidden memnundu.

Geriye dönüşte Hatice'nin develerinden ikisi yorgun düşerek yola devam etme ihtimalleri kalmadı. Meysere de bu develeri bir türlü yolda terketmeğe kıyamıyordu. Hayvanları yürütmenin yegâne çaresi biraz istirahat olduğu halde, kafile zaten hayli gecikmiş olduğu için buna da imkân yoktu. Meysere şaşırmış, ne yapacağını bilmiyordu. Peygamber Efendimiz bu hali sessizce seyrettikten sonra mecalsiz develere yaklaştı ve dua etti. Develer hemen canlandılar ve kuvvetlerini yeniden kazanarak eskisi gibi yürümeğe başladılar.[11]

Bu manzarayı seyreden deveciler ise hayretler içinde kaldılar. Develerin yorgunluğunu bir dua ile izâle eden bu zattaki bu kuvvet ve nüfuzun ne olabileceğini düşündüler. Mutlaka olağanüstü bir yaradılışa sahip ol-

(11) Es-Siretü'l-Halebiyye.

malıydı. Bu insanları hemen tesiri altına alan erkek güzeli gencin Kureyş'in bir hârikası olduğunu görüyorlardı. Asaleti ve herkesten başkalığı her halinde göze çarpıyor, bütün dikkatleri üzerinde topluyordu.

Evet, bu saf ve temiz kalpli tacirler Hazret-i Peygamberin hallerinde bir müstesnâlık olduğunu hissediyorlardı. Ancak ne var ki, onun yalnızca Kureyş'in bir harikası değil, belki o cehalet devrinin zulmetlerini mahvedip, bütün mevcudatı nûrlara garkedecek bir mucize olacağını tahayyül edemiyorlardı.

Kafile sükunet ve âhenk içinde yoluna devam ediyordu. Nihayet Vâdi-i Fatıma denilen yere geldiklerinde, Meysere'nin arzusu üzerine Peygamber Efendimiz ilerledi ve süratle Mekke Yolu'nu tuttu. Hepsinden evvel Hazret-i Hatice'nin evine varabilmek için devesini alabildiğine sürerek nihayet Mekke'ye vardı ve hemen Hatice'nin evine gitti.

Haticetü'l-Kübrâ Hazretleri evinin üst katında oturuyordu.[12] Kafilenin dönüşü biraz gecikmiş olduğundan, cariyesi Nefise ile hasb'hal ederek sabırsızlıkla gelmelerini bekliyordu.

Pencerenin önüne oturmuş olduğu halde dışarısını süzerken pek uzaktan, ufukta evvela şekli belli belirsiz bir karaltı halinde bir devenin geldiğini gördü. Gelen devenin Hazret-i Peygamber'in devesi olduğu âdeta içine doğdu. Biraz daha dikkatle bakınca gördü ki, bir bulut,

---

(12) Es-Siretü'l-Halebiyye.

gittikçe yaklaşan deve ile beraber Mekke'ye doğru geliyor ve etrafına gölge ediyordu. Bu acaip hali görünce, evine doğru ilerleyen devenin üzerinde Peygamber Efendimiz olduğuna iyice kanaat getirdi. Gittikçe yaklaşan o buluttan başka, gökyüzünde bir tek bulut dahi yoktu. Hz. Peygamber'in mübarek başı üzerinden ayrılmayarak onu Güneş'in hararetinden muhafaza eden bu bulut Hazret-i Hatice'yi hayrete ve düşünceye boğmuştu. Bu hayretini Nefise'ye dahi söylemekten çekinmedi. Nihayet iki cihan serveri, Hazret-i Hatice'nin evine teşrif buyurdu ve seyahatinin nasıl geçtiğini anlattıktan sonra malları iyi bir kârla sattığını söyledi. Hazret-i Hatice ziyadesiyle memnun oldu ve sevindi.

Daha sonra Meysere'nin nerede kaldığını sorunca Peygamber Efendimiz:

— Geride kaldı, buyurdular. Hatice de:

— Pekâlâ gidiniz getiriniz,[13] dedi.

Bunun üzerine Seyyidü'l-beşer efendimiz yine devesine binerek Meysere'yi getirmeğe gitti. Bu esnada Haticetü'l-Kübrâ Peygamber Efendimizi gözleriyle takip etmek istediğinden evinin damına çıktı ve devesine derhal binmiş olan Resûl-i Rabbü'l-Alemîn Efendimizin çölde gidişini seyre koyuldu. Bulut yine üzerlerine gölgesini yaymış olduğu halde Vâdi-i Fâtıma'ya doğru uzaklaşıyorlardı. Efendimiz Hazretleri biraz sonra Meysere ile buluştu ve hepsi birden selâmetle Hazret-i Hatice'nin

(13) Es-Siretü'l-Halebiyye.

evinde döndüler.

Meysere Haticetü'l-Kübrâ'ya gördüklerini anlatıp[14] rahibin söylediklerini arz edince Hazret-i Hatice derin bir düşünceye daldı. Meysere'nin gördükleri ve duydukları hep Hazret-i Muhammed'in âhirzaman peygamberi olduğuna birer delil idi. Rahibin sözlerini ve o bulutu düşünerek bir hayal âlemine dalıyordu. Peygamber Efendimizin o mübarek yüzü, gözünün önünden gitmiyordu. Nuranî varlığı ise ruhunu ve kalbini fethetmişti.

Haticetü'l-Kübrâ kırk yaşında idi. Fakat hâlâ pek güzel bir kadındı. Peygamberimizle ilk görüştüğü günün tesirinden bir türlü kurtulamıyordu.[15] Sonraki her görüşünde bu hissi daha da kuvvetlenmiş, hele şu Suriye Seferi'nden sonra derin bir meyil halini almıştı.

Böylece Ümmü'l-Müslimîn(mü'minlerin annesi) Hazretleri, Peygamber Efendimiz'in cazibesine, letafetine, ateşîn şahsiyetine, fevkalâde bir başkalık gösteren hüviyetine ve her hal ve tavrına meftun olarak, olanca kuvvetiyle ve bütün varlığıyla gönül vermiş oldu.

Muhabbeti günbegün artmış; eski sakin günleri, yerini endişeli ve tedirgin bir bekleyişe bırakmıştı.

---

(14) Ravzatü'l-Ahbab.
(15) Ravzatü'l-Ahbab.

III

Bir gün Haticetü'l-Kübrâ Validemiz Hazretleri, düşüncelere dalmış gitmiş iken, huzuruna cariyesi(hizmetçisi) Nefise'yi çağırttı ve Peygamber Efendimizin evine göndereceğini söyledi. Nefise ne sebeple gideceğini sorunca:

— İzdivaca meyli olup olmadığını anlamak için, cevabını verdi.

Bunun üzerine Nefise sanki ziyaret içinmiş gibi kalkıp Peygamber Efendimizin evine gitti. Efendimizi evinde buldu. Biraz sohbetten sonra:

— Sen niçin evlenmiyorsun? dedi. Peygamberimiz de:

— Ben nasıl evleneyim? Benim evlenecek kudretim, servetim yok ki, cevabını verdi.

Nefise:

— Eğer senin küfvün olacak, güzellik ve mal sahibi ve senin her ihtiyacını karşılayacak asil ve mükemmel bir kadın, seninle evlenmeyi isteyecek olursa yine mi evlenmezsin, acaba? dedi. Peygamber Efendimiz bu sözleri işitince:

— Bu dediğin ve vasf ettiğin kadın kim oluyormuş? diye sual buyurdu. Nefise de hemen bir çırpıda, tereddütsüz:

— Huveylid kızı Hatice, deyiverdi. Bunun üzerine

Hazret-i Peygamber, Nefise'ye:

— Hiç böyle şey olur mu? deyince, Nefise:

— Orasını bana bırak. Sen bir kere kabul edersen, ben onu ikna hususunda söz veririm, dedi. Fakat Nefise'nin bu sözüne karşı Peygamber Efendimiz hiçbir cevap vermeyerek, sükût etti.

Nefise bu hali görünce derhal hanımının evine döndü ve pürtelaş Haticetü'l Kübrâ'ya, Muhammed teklifimizi kabul ediyor, müjdesini verdi. Hazret-i Hatice de bu müjdeyi canına minnet bilerek evlenme gününü tespit etti ve Nefise'yi tekrar Hazret-i Peygamber'in evine göndererek tayin edilen günde evine gelmesini haber verdirdi. Peygamber Efendimiz de büyük bir memnuniyetle kabul ederek, o günden itibaren iki taraf da düğün hazırlıklarına başladılar.

Düğünden evvel Peygamberimizle Hazret-i Hatice görüşürlerdi. Bir gün Peygamberimiz, amcası Ebû Talib'den Hatice'nin evine gitmek için izin istedi. Ebû Talib izin verince de derhal Hatice'nin evine gitti. Ebû Talib ise Utbe adındaki cariyesini Server-i Kainat Efendimizin arkasından göndererek:

— Git bak ne yapıyorlar, ne konuşuyorlar? dedi. Utbe de Peygamberimizi takip etti.

Resûl-i Rabbü'l-Âlemîn Efendimiz, Hazret-i Hatice-nin(radiyallahu anha) yanına vardığında, Hatice elini tutmuş, kendi göğsüne götürmüş ve yüreği de şiddetle çarpıyormuş. Sonra büyük bir teessürle titreyerek:

— Anam babam sana feda olsun, ben sana yemin ederim ki, bunu bir fenalık murad ederek yapmıyorum. Sadece Cenab-ı Allah'tan bir niyazım vardır. O da, göndereceği Peygamber sen olasın! Eğer sen Peygamber olursan hakkımı cidden bilir ve derecemi lâyıkiyle takdir edersin. Allah'a benim için dua eylersin. Allah'dan bir şey isterim, o da seni bana vermesidir, demiştir.

Peygamber Efendimiz de bunun üzerine:

— Kasem ederim ki, eğer dediğin ben olursam bana yaptığın iyilikleri asla unutmam. Yok, şayed peygamber olacak benden gayrısı ise, madem ki sen bir peygamber uğruna bunu yapıyorsun, Allah senin muradını nasıl olsa yine hasıl eder, cevabını verdi.

Bu hallerini gören ve bu sözlerini dinleyen Utbe derhal Ebû Tâlib'in evine döndü ve keyfiyeti olduğu gibi efendisine anlattı[16].

---

(16) Ravzatü'l-Ahbâb.

IV

Peygamber Efendimiz düğüngünü akrabasından birkaç kişi ve amcaları Ebû Talib ve Hamza ile beraber Hazret-i Hatice'nin evine gittiler.[17] Evde Hatice'nin amcası Amr bin Esed'i buldular. Selâmlaştıktan sonra oturdular. O sırada davetliler de içeriye girdiler.

Nihayet meclis toplandıktan sonra Ebû Talib ayağa kalkarak şu yolda bir konuşma yaptı:

— Allahu Teâlâ'ya hamd u senâler olsun ki bizleri İbrahim oğullarından ve İsmail Nesli'nden yaratıp Maad ve Mudar'ın aslından yetiştirerek kendi evinin bekçisi etti. Ve bize Kâbe-i Mükerreme'yi lâyık gördü ki, bütün halk, etraf ve civardan ziyaret kasdıyla gelip içine girdiklerinde emniyet ve selâmet üzre kalırlar. Allahu Teâlâ bize Kâbe gibi bir harem-i muhterem ihsan buyurdu ve cümle insanlar üzerine hâkim eyledi.

İşte, bu Kureyş Kavmi'nden yetişen kardeşimin oğlu Muhammed ibn Abdullah mükemmel bir yiğittir. Kureyş'den kimse onunla kıyas olunamaz. Olunurlarsa bile denk gelemezler. Gerçi malı yoktur; fakat mal bir gölge gibidir, gelip geçicidir. Muhammed ise öyle bir adamdır ki soyunun nereye vardığını elbet siz de bilirsiniz. Şimdiki halde Hatice binti Huveylid'i helâllığa istediği için ben kabul ettim. Malımdan kendisine yirmi deve mihr-i muaccel veriyorum. Allah hakkı için izdivaç pek büyük bir şeydir.

---

(17) Es-Siretü'l-Halebiyye.

Bu konuşma üzerine Hatice'nin amcazadesi ve rüyasını tabir eden Varaka bin Nevfel de ayağa kalkarak:

— Evet, Allah'a hamd u senalar ederim ki, bizleri senin dediğin gibi kıldı ve senin şimdi saydığın faziletleri hep bizlere ihsan buyurdu. Gerçekten, dediğin gibi biz Arab'ın muktedirlerinden ve meşhurlarındanız; sizler de o faziletlerin hepsine lâyıksınız. Kavmimizden hiç kimse meziyetlerinizi inkâr ve şerefinizi reddedemez. Bunun için biz de sizinle birleşip kaynaşmayı arzuladık. Ey Kureyş Cemaati! Sizler şahid olun ki, ben Hatice binti Huveylid'i Muhammed bin Abdullah'a zevceliğe verdim ve dört yüz miskal halis altın da mihr koydum, dedi ve oturdu.

Ebû Talib de cevaben:

— Ey Varaka! Hatice'nin amcasının da seninle beraber nikâhta bulunmasını arzu ederim, dedi.

Bunun üzerine Haticetü'l-Kübrâ'nın amcası Amr bin Esed de cemaate hitaben:

— Ey Kureyşliler! Şahid olun. Ben Hatice binti Huveylid'i Muhammed bin Abdullah'a zevceliğe verdim, dedi.

Bu şekilde Hazret-i Hatice(radiyallahu anha) validemizin Peygamber Efendimizin(sallallahu aleyhi vesellem) zevcesi olduğu iki tarafça tasdik edilmiş oldu.

Nikâh esnasında Peygamber Efendimiz Hazret-i Hatice ile yanyana oturuyorlardı. Hazret-i Hatice kendilerine:

— Muhammed, git amcana söyle de mihrim olmak üzere sana verdiği develerin birisini keserek halka dağıtsın, dedi. Emri veçhile derhal bir deve kesildi, pişirildi ve herkese dağıtıldı.

Sonra o zamanın âdeti üzere Hazret-i Hatice cariyelerini çağırdı ve def çaldırarak raks ettirdi.

Peygamber Efendimiz pek memnun ve hoşnuttu. Onun bu halini gören Ebû Talib akşam döneceği zaman:

— Çok şükür ki Allah bizden bir kederi def etti, dedi.

V

Peygamber Efendimizle Haticetü'l-Kübrâ(radiyallahu anha) Validemizin beraberce geçirdikleri ömür tasavvurun fevkinde bir saadet oldu. Hazret-i Hatice emsalsiz bir mükemmeliyet idi. Efendimizin her ihtiyacını, her arzusunu kendine mahsus bir fevkalâdelikle yerine getirirdi. Zekâ ve aklıyla, şefkat ve rikkatiyle hayatının her anını müstesnâ bir lezzet içinde geçirmesine gayret ederdi. Onda gördüğü kemâl derecesini başka hiçbir yerde görmediği için, sahip olduğu fazilet ve meziyetlerin kıymetini günden güne daha iyi takdir ederdi. Bu sebepten dolayı da kendisini Efendimizin saadet ve rahatına vakfederek, onun hayat ufkunda uçuşabilecek ufak tefek kara bulutları var kudretiyle uzaklaştırmağa çalışırdı.

Mekke halkının ahlâkına ve her türlü kötülüğe olan meyillerine karşı, iki cihan serverinin fıtrî ahlâk güzelliği, o cehalet zamanında bile göze çarpmayacak başkalıklardan değildi.

Peygamber Efendimiz herkes için müebbed bir harika mesabesinde idi. Böyle bir harika ile hayat sürmek de vasat bir insanın harcı olamazdı.

Fakat Hâce-i Kâinât Efendimizin hilkatini lâyıkiyle anlayabilecek, istidad ve mahiyetini idrak edecek, maneviyat ve ulviyetinden tamamiyle tadabilecek ve hislerinde ona ortak olarak hayatının en cüz'i boşluğunu bile bütün maharetiyle doldurabilecek bir kadın şahsiyeti

Haticetü'l-Kübrâ'da mevcut olduğu için, Peygamber Efendimiz kendisini hakkiyle bahtiyar addediyordu.

Haticetü'l-Kübrâ Validemiz İki Cihan Serveri Efendimiz katında, bir kere işitildikten sonra unutulması imkânsız tatlı bir âhenk veya görüldükten sonra hatırdan çıkmaz sevimli bir tebessüm gibiydi.

Yirmibeş sene süren müşterek hayatları boyunca aralarında en ufak bir dargınlık, kırgınlık olmamıştı.

Peygamberimiz, zevcesine daima pek ziyade hürmet ederdi.[18] Hatta kendisinden birçok seneler daha yaşlı olduğu halde o, yaşadığı sürece, başka bir kadınla daha evlenmek fikri hatırına bile gelmedi. Hazret-i Hatice'ye sonsuz bir şükran ile müteşekkir ve hadsiz bir muhabbetle meftun idi.

Hazret-i Hatice'den sekiz çocuğu dünyaya geldi. Onlar da dört kız, dört oğlan olup oğlanların ismi Kasım, Tayyib, Tahir ve Abdullah'tır. Kızların ismi de Zeyneb, Rukiyye, Gülsüm ve Fatıma'dır.

(18) Siyer-i Veysî.

VI

Fahr-i Kâinat Efendimiz(s.a.v.) hazretleri kırk yaşına yaklaştıkları sırada hem «Ya Muhammed!» diye sesler işitir, hem de gözlerine nûrlar görünür oldu. Rüyasında her ne görürse ayniyle zuhur ediyordu.[19]

Resûl-i Ekrem Efendimiz böyle anlarda inzivaya çekilirdi. Kendi kendine Hira Dağı'nın bir mağarasına çekilerek uzun uzun düşünür ve ibadet ederdi.

İşte yine uzlete çekildiği böyle bir günde, Cebrail Aleyhisselâm kendisine görünerek ilk nazil olan âyet-i kerimeyi tebliğ etti.

Bu ilk görünüşünde Hazret-i Cebrail'in heybeti Resûl-i Ekrem Efendimizi o derece dehşete düşürdü ki, hemen o şerefli mağarayı terk edip evine dönerek Hazret-i Hatice'yi huzuruna çağırdı ve titreyerek yatağına yatıp telaş ve heyecan içinde, «Aman üstümü ört!» buyurdu. Mü'minlerin annesi Hazretleri bu halin garabetini hayli merak etti. Fakat bir şey söylemeden Peygamber Efendimizin üzerini örttü ve sessizce sakinleşmesini bekledi.

Bir müddet istirahat ettikten sonra Fahr-i Kâinât Efendimiz gözlerini açtı. Görmüş oldukları hali bütün teferruatıyla Hazret-i Hatice'ye anlattıktan sonra:

— Bana bir âfet geleceğinden korkuyorum, dedi. Bunun üzerine Haticetü'l Kübrâ Hazretleri:

— Hayır! Hiç korkma. Sana asla bir âfet gelemez.

(19) Kıssas-ı Enbiyâ

Cenab-ı Allah'ın sana göndereceği şey, ancak bir inayet olabilir, sözleriyle endişesini gidermeye çalıştı ve muvaffak oldu.[20]

Peygamber Efendimiz tekrar tabiî halini bulduğunda Ümmü'l-Müslimin kendisini amcazadesi Varaka bin Nevfel'in yanına götürdü. Keyfiyeti ve vahy-i İlahî'yi ona anlattı. Varaka, derhal:

— Müjde ya Muhammed! Âhirzaman peygamberisin. Sana görünen melek Hazret-i Musa'ya da görünmüştü. O melek «Namus-ı Ekber»dir. Keşke ben de genç olsaydım ve sen din-i mübini neşr ve ilan ettiğin vakit hayatta olaydım; kavmin seni Mekke'den uzaklaştıracağı vakit sana yardım edebileydim, dedi.

Bunun üzerine Hâtemü'l-Enbiya Efendimiz Hazretleri:

— Ya! Kavmim beni Mekke'den çıkaracaklar mı? diye sual buyurunca, Varaka:

— Evet, nübüvvet her kime ihsan buyrulduysa kavmi içinden ona düşman olanlar çıktı. Senin kavmin de seni Mekke'den çıkarsalar gerekir, dedi.[21]

Varaka bin Nevfel pek yaşlı ve meşhur bir kâhin olup, kendisi Hıristiyan'dı. Peygamber Efendimiz hakkında her ne söylemiş ise ayniyle husule gelmiştir.

Cebrail Aleyhisselâmın bu ilk gelişinden sonra,

(20) Siyer-i Veysî.
(21) Kısas-ı Enbiyâ.

Fahr-i Kâinât Efendimiz her ne kadar şerefli mağarasına çekilmiş ve o heybetli meleği büyük bir heyecanla beklemiş ise de bir türlü muradına nail olamamıştı. Vahy-i İlâhî'nin bu şekilde arkasının kesilmesine pek ziyade üzülürdü. Resûl-i Ekrem Efendimizin her haline dikkat eden Hazret-i Hatice Validemiz ise bu halet-i ruhiyesini izâleye çalışır, keder ve gamını defetmeye gayret ederdi. Peygamber Efendimizin gamlı anlarını şenlendirir, korkularını unutturur, endişelerini hafifletirdi. Her zaman yanında bulunarak tereddütlerini azaltır; güler yüzü, tatlı dili, ince ve şefkatli kalbiyle Peygamber Efendimizi teselli ederdi. Cenab-ı Hakk'ın inayet ve yardımına güvenmesini ve ümidini kesmemesini söylerdi. Peygamber Efendimize olan sevgisi, onu her taraftan kuşatmıştı. Bu muhabbetin varlığı, Fahrı Alem Efendimizin muhitini her türlü serden, belâ ve kederden masun ve selamette tutar, Server-i Kâinât Efendimizin neşesini davet ederdi; ruhunu ferahlandırırdı. Peygamber Efendimiz de, bu kadar sadakatına mukabil Hazret-i Hatice'nin gönlünü daima hoş tutar, hatırını sayar, ondaki bu tatlılığa meftun olurdu.

İşbu şüphe ve tereddütler, ruhanî azaplar üç sene sürdü. Fahr-i Âlem Efendimiz bu arada yine mağaraya giderdi. Fakat Cebrail Aleyhisselâmı görmesi müyesser olmayıp, en çok İsrafil Aleyhisselâmı görür ve ondan birçok talimat alırdı.

Nihayet bir gün kendinden geçmiş bir halde mağarasında otururken bir ses işitti ve yukarı bakınca Cebrail'i gördü. Cebrail Aleyhisselam'ı görür görmez yine şiddetli bir korkuya ve heyecana kapıldı. Bu defa da Cebrail Aleyhisselâm *El-Müdessir* sûre-i şerifesini getirdi ki, işte Risâlet-i Muhammediye'nin başlangıcı bu oldu. Bundan sonra abdest ve namazı öğrendi ve Hazret-i Hatice'yi dine davet etti, Müslüman'ların annesi, İslâm diniyle müşerref olan nûrlu simaların birincisidir.[22]

Artık bundan sonra mağaraya sık sık gider ve âyetler nazil oldukça gelir, Hazret-i Hatice'ye okurdu. Emniyet ettiği zatları da el altından yavaş yavaş dine davet etmeğe başladı. Nihayet, en aziz dostları birer birer Müslüman olarak yüce ashab-ı kiram zümresini teşkil eylediler. Cebrail Aleyhisselâm da âyet-i kerimeleri birbiri ardından getirmeğe devam ediyordu. İmana gelenler gitgide çoğalıyordu. Fakat İslâm ile müşerref olanlar çoğaldıkça Fahr-i Âlem Efendimizin düşmanları da çoğalıyordu. Peygamber Efendimizin Kureyş Halkı'nı İslâm'a davet etmesi, bunlara ağır geldi. Ebû Talib'in etrafında defalarca toplandılar. Nihayet bir gün:

— Artık biz bu hale tahammül edemeyiz. Ya biz onları yok ederiz veya onlar bizi yok eder... Eğer sen Muhammed'i tutmaktan vazgeçmezsen biz senden ayrılırız, dediler.

Ebû Talib de Kureyş'in ulularından bulunması hasebiyle halin böyle devam edemeyeceğini anladı ve Peygamber Efendimizi çağırarak, artık kendisini himaye

---

(22) Ed-Dürrü'l-Mensûr.

edemiyeceği yolunda konuşunca Resûl-i Ekrem Efendimiz çok mahzun oldu; gözleri yaşararak:

— Ey babam yerinde olan amcam! Allah tarafindan tebliğe memurum. O'nun emrini yerine getirmeğe mecburum. Her ne yaparlarsa yapsınlar ben bundan vazgeçemem, deyip kalktı.[23]

Ebû Talib İslâm Dini'ne girmemişti. Fakat Peygamberimizi öz evladından daha çok sevdiği için onu böyle meyus görünce, hemen arkasından çağırdı ve:

— Ey kardeşimin oğlu! Sen işine bak; ben sağ oldukça onlar sana bir şey yapamaz, dedi.

Bu aralık Haticetü'l-Kübrâ Validemiz varını yoğunu, bütün servetini ve nüfuzunu hep din uğruna feda ediyordu. Müşriklerin davranışlarını ona unutturacak bir şevkle Fahr-i Kâinât'ın gönlünü takviye ediyordu. Mü'minlerin annesi, artık altmışbeş yaşına gelmişti. Mekke'nin en kuvvetli ve en nüfuzlu Müslüman kadını sayılıyordu. Peygamber Efendimizin teselli kaynağı idi. Ne çare ki, bu kaynağın feyzi anbean eksildi ve nihayet bir gün büsbütün kesilerek bütün Müslüman'ları müthiş bir kedere gark etti. Fahr-i Kâinât Efendimizi derin bir ye'se düşürdü. Hazret-i Hatice'nin vefatı evine bir yıldırım gibi düşerek bütün sürurunu aldı götürdü.

Fahr-i Alem Efendimiz, cenazeyi bizzat takib ettiler. Haticetü'l-Kübrâ'yı Mekke'de el-Hacûn[24] denilen yere

---

(23) Kıssas-ı Enbiyâ.
(24) Ed-Dürrü'l-Mensûr, Es-Siretü'l-Halebiyye.

defnettiler.

Efendimizin kederi sonsuzdu. Ebû Talib'in vefatını takib[25] eden bu ölüm Resûl-i Ekrem Efendimizi son derece etkilemişti. Dünyada büyük bir boşluk hissediyordu. Fakat o boşluğu dolduracak kimse, artık yoktu. Peygamber Efendimiz bu sevgili zevcesi için: **«Hıristiyanların en hayırlı kadını Meryem ise İslâm kadınları arasında en hayırlısı da Hatice'dir»** buyurmuştur.

Resûl-i Kibriya Efendimiz Haticetü'l-Kübrâ'yı hiçbir zaman unutamadı. O'nun bu sevgisine bir delil olmak üzere, ilerde hayatını nakledeceğimiz, Peygamber Efendimizin ikinci zevcesi Âişe-i Sıddîka'dan rivayet olunan birkaç olayı şurada yazmaktan kendimi alamadım:

Fahr-i Kâinât Efendimiz Hazret-i Hatice'nin vefatından sonra uzun müddet sokağa çıkmamıştır. Yalnız üç sene sonradır ki Hazret-i Ebû Bekir'in kızı ile evlenmiştir. Âişe-i Sıddîka buyurur ki:

«Onun temiz zevceleri arasında yalnızca Hatice'yi kıskandığım oldu. Halbuki Hatice benim evliliğim sırasında çoktan bu hayatı terk etmişti. Fakat Peygamber Efendimiz daima Hatice'yi anar ve hatırasını bir vakit unutamazdı. Ara sıra bir kurban kestirerek Hatice'nin ahbapları olan kadınlara gönderirdi. Bir gün yine Hatice'den bahsederken ben artık dayanamadım ve kadınlara has kıskançlıkla: **«Dünyada sanki Hatice'den**

(25) Ed-Dürrü'l-Mensûr.

başka kadın yok» dedim. Bunun üzerine Hazret-i Risâletpenâh Efendimiz:

«**Hatice çok güzel huylu, fazilet sahibi bir kadındı ve çocuklarım da ondan oldu**» buyurdu. Bir gün de Hatice'nin kız kardeşi Hale geldi. Benim kapımı çaldı. Peygamberimiz de derhal: «**Bu kapıyı çalan Hale'dir. Çünkü Hatice de böyle çalardı**» dedi. Bunun üzerine ben de: «**Sen ikide bir Hatice'yi zikrediyorsun. O Kureyş'in ihtiyarlarından biri idi. Ağzında bir dişi bile kalmamıştı. Hem tamam ömrünü de sürdü. Hak Teâlâ, sana daha iyisini verdi**» dedim. Peygamber Efendimiz bu sözlerime hiddetlendi; kaşlarını çatarak, «**Allah hakkı için, Allah bana ondan daha iyi bir kadın vermemiştir. Bana ilk iman eden Hatice'dir. Hem bana öyle bir zamanda iman etti ki, bütün halk kâfir idiler. Beni ilk tasdik eden Hatice oldu; hem öyle bir zamanda ki bütün insanlar beni yalanlıyorlardı. Hatice, malıyla bana yardım etti; hem öyle günlerde ki bütün halk beni yardımlarından mahrum etmişlerdi**» buyurdu. Bunun üzerine benim artık bir söyleyeceğim kalmadı. Hatta yine bir gün Peygamberimizin huzurunda otururken, Hatice'nin bir tanıdığı içeriye girdi. Fahr-i Kâinât Efendimiz Hazretleri buna izaz ve ikram ederek «**Bu kadın Hatice'nin zamanında evimize gelirdi**» buyurdu. Bense bir şey söylemedim. Resûl-i Kibriyâ Efendimiz bunun üzerine: «**Bir kimse birini severse, onun sevdiklerini de sever; ve ona benzeyeni de, onu hatırlattığı için sever. Vefa imandandır**» buyurdular.»

Hazret-i Âişe'nin anlattıkları, birbirinden mânalı ve müessir oldukları için, üzerlerine bir söz bile ilâve etmekten kaçınıyorum. Yalnız şunu arzetmek isterim ki, Peygamberimiz(sallallahu aleyhi vesellem) Efendimiz gibi bir Fahr-i Kâinât, Haticetü'l-Kübrâ Hazretlerini bu kadar kuvvetli bir sadakat ve vefakârlıkla hem hayatında ve hem de vefatından sonra sevdiği için, Mü'minlerin Annesi Hazretlerinin ne kadar misilsiz bir şahsiyete mâlik olduğu az bir düşünmeyle anlaşılır. Efendimize peygamberlik geldikten dokuz yıl sonra, Ramazan ayı içinde bu fanî hayatı terk eden Haticetü'l-Kübrâ Validemizin evi, Hazret-i Muaviye'nin halifeliği zamanında bir mescid haline getirilmiştir.(26)

Peygamber-i zişân(s.a.v.) Efendimizden yirmibeş yaş büyük olan Hazret-i Haticetü'l-Kübrâ(radiyallahu anha) Validemizin ne kadar olağanüstü bir letafet ve cazibesi olmalıydı ki, hayattayken kendisini seven peygamberimiz, vefatından sonra da onu unutamamıştı.

Mü'minlerin Annesi, mübarek ve mümtaz kadın Haticetü'l-Kübra Hazretlerinin şu kısa hayat hikâyesini «**Vefa imandandır**» Hadis-i Şerifinden başka nasıl bir sonla bitirebilirim acaba?

---

(26) Ed-Dürrü'l-Mensûr.

ÂİŞE-İ SIDDÎKA

(Radiyallahu Anha)

I

HİCRET

Hazret-i Âişe-i Sıddîka(radiyallahu anha) dört büyük halifeden ve Kureyş'in ileri gelenlerinden Ebû Bekri's-Sıddîk'ın(radiyallahu anh) kızıdır. Annesinin ismi Ümmü Rûmân'dır.

Mü'minlerin annesi Haticetü'l-Kübrâ'nın Na'îm Cenneti'ne kavuşmasından üç sene sonra, Resûl-i Ekrem Efendimiz Hazret-i Âişe ile nikâhlanmışlarsa da henüz zifafları olmamıştı. Zira durum, bu saâdete müsait değildi.

Resûl-i Kibriyâ Efendimiz, amcaları Ebû Tâlib'in vefatından sonra müşrikler tarafından her türlü alay ve hakarete mâruz bırakılmaktaydı. Kureyş müşrikleri Ebû Tâlib'in kuvvet ve nüfuzundan çekindikleri için, o hayattayken iki cihan serverinin aleyhinde her ne kadar gizliden gizliye düşmanlıkta bulunuyorlardıysa da bunu alenen yapamıyorlardı.

Hazret-i Hatice ve Ebû Tâlib'in birbirini takib eden vefatları, Resûlullah(s.a.v.) Efendimizi zaten derin bir kedere ve hüzne garketmişti. Bunların yokluğunun verdiği acıya bir de müşriklerin alenen düşmanlık etmeye başlamaları eklenince, artık Mekke-i Mükerreme'de kalmak meşakkate meşakkat ilâve etmek demek oluyordu.

Müşrikler ne Hâtemü'l-Enbiyâ Efendimize, ne de Mekkedeki mü'minlere rahat veriyorlardı. Nebi-i Kerîm Efendimizi, Allah tarafından memur edildiği mukaddes nebîlik vazifesini ifadan vazgeçirmek ve İslâmiyet'i tebliğ ve neşretmek fikrinden bezdirmek için ellerinden geleni yapmaktan kaçınmadılar. Hayatını zehir etmek için akıllarına ve fikirlerine gelen ne kadar alçaklık varsa hiç tereddütsüz uygulamaya başladılar. Bu zor hayat, üç sene kadar devam etti. Mekke'de kalmak günden güne daha dayanılmaz bir hale geldiğinden Müslümanlar birer ikişer Medine-i Münevvere'ye hicrete başladılar.

Gariptir ki, bir taraftan bu kadar mihnet ve azaba duçar olan Müslümanlar, diğer taraftan her an biraz daha çoğalmaktaydı. Mekke haricinde bulunan Arap kabilelerinden birçokları imana gelmiş olduklarından, Medine'ye doğru ilerleyen İslâm muhacirlerini yollarda barındırıyorlar ve ellerinden gelen her türlü yardımı yapıyorlardı. Artık Mekke'deki Müslümanlar akın akın Medine'ye geliyorlar ve burada yerleşiyorlardı. Nihayet Mekke'de Peygamber Efendimize refakat èdecek olan ashâb-ı kiramdan, yalnız, Ebû Bekir ve Ali bin Ebû Tâlib(radiyallahu anhüma) hazretleri kalmıştı.

Resûl-i Rabbü'l-Âlemin Efendimiz de, Mekke'den hicreti her ne kadar mübarek hatırlarından uzak tutmuyorduysa da, bu hususta İlahî emri beklediklerinden fikirlerini açığa vurmuyorlardı. Bu tehirin sebebini bilmeyen Hazret-i Ebû Bekir(radiyallahu anh) Mekke'den gitmek için Resûlullah Efendimiz'den zaman zaman izin istemekteydi. Nihayet bir gün Server-i Kâinât Efendimiz, Hazret-i Ebû Bekir'e «Sabret. **Cenab-ı Hak sana belki bir yoldaş ihsan eder**» buyurdu.

Ashab-ı Kirâm'ın böyle peyderpey Medine'ye hicret ettiklerini gören Kureyş müşrikleri ise büyük bir telâşa kapıldılar. İmana gelen kabilelerin yardımlarını ve Müslümanların Medine'de rahatça yerleştiklerini duyduklarından, artık buna dayanamayarak, İslâm aleyhinde kurmuş oldukları işkence çarklarını daha iyi çevirmek ve Müslüman'ları büsbütün kıpırdayamaz hale getirmek gayesiyle Mekke'de büyük bir toplantı yaptılar. Âdetleri olduğu üzere Kureyş'in bütün ileri gelenleri «Dârü'n-Nedve»de toplandılar. Bunların en fazla korktukları şey, Hz. Muhammed'in de Medine'ye hicret etmesi ve nihayet orada mühim bir İslâm kuvveti meydana gelebilmesiydi. Bu mevzuda hayli müzakere ve müşaverelerden sonra bunlar, Muhammed ibn Abdullah'ın(s.a.v.) katlinden başka bir çare kalmadığına ittifakla karar verdiler. İçlerinden bu kararı uygulayabilecek birkaç kişi seçerek hemen o gece Fahr-i Kâinât Efendimizin evi etrafına yerleştirdiler.

II

Cebrâil Aleyhisselâm keyfiyeti Hâtemü'l-Enbiya Efendimize haber verdi. Ve Hazret-i Ebû Bekir'i de yanına alarak Medine'ye hicret etmesi için Allahu Teâlâ'nın izni olduğunu bildirdi. Bu büyük müjde üzerine Peygamber Efendimiz hemen Hazret-i Ali'yi(kerremullahu vecheh) huzurlarına davet ederek kendisinde bulunan emanetleri teslim etti ve:

'Yâ Ali, ben Medine'ye gidiyorum. Bu emanetleri sahiplerine teslim et ve sonra sen de durma, gel. Fakat şimdi benim yatağıma yat ki, müşrikler beni yatıyor zannetsinler,' buyurdu.

Bunun üzerine İmam Ali Hazretleri Habib-i Kibriya'nın yataklarına yatarak Peygamber-i Zîşan Efendimizin yeşil hırkasını da üstüne örttü. Resûl-i Ekrem Efendimiz de bir avuç toprak alarak üzerine Yasin-i Şerif Sûresini okudu ve bunu kapı önünde bekleyen müşriklere doğru saçtı; sonra da önlerinden geçti gitti. Müşrikler saçılan toprakla sanki kör olmuşlar, hiçbir şey görememişlerdi. Bu sırada yanlarına yaklaşan bir başka müşrik:

— Burada ne bekliyorsunuz? deyince,

— Muhammed'in uyumasını bekliyoruz, dediler.

Yeni gelen müşrik ise:

— Muhammed sizin üzerinize toprak saçarak aranızdan geçip gideli hayli zaman oldu. Bir kere üstünüze başınıza baksanıza, diye onlarla alay etti.

Müşrikler birbirlerinin tozlu topraklı kıyafetlerine baktılar ve derhal Efendimizin saadetli evlerine girdiler. Resûl-i Ekrem'in yatağında birisinin yatmakta olduğunu gördüler ve «İşte Muhammed yatıyor» diye durakladılar.

Müşriklerin içeri girdiğini duyan Hazret-i Ali(kerramullâhü vecheh) hemen yataktan kalktı. Hazret-i Ali'yi gören müşrikler yerlerinde donakaldılar:

— Muhammed nerede? diye sordularsa da Cenab-ı Ali(radiyallahu anha):

— Bilmem, cevabını verdi.

Bunun üzerine müşrikler hayrette kaldılar ve ne yapacaklarını şaşırdılar.

Peygamber Efendimizin böyle gözden kayboluşu, Kureyş müşriklerinin ileri gelenlerine pek ağır geldiğinden «Muhammed'i her kim bulur ve bize getirirse kendisine yüz deve mükâfat vereceğiz» diye hemen her tarafa ilân ettiler. Bunun üzerine mükâfata konmak isteyen ne kadar serseri, it, uğursuz varsa Mekke dışına dağılıp Efendimizi aramaya başladılar.

Fahr-i âlem Efendimiz ise evinden çıkar çıkmaz gizli bir yerde saklandı. Ertesi gün öğle vakti Hazret-i Ebû Bekir'in evine vararak kapısı önünde durdu ve İslâm edebi üzere:

— Ev sahibinin içeri girmeye izni var mı? diye sordu. Ebû Bekir Hazretleri ise derhal:

— Buyurunuz ya Resûlallah, dedi. Efendimiz içeri buyurdu. Cenab-ı Hakk'ın hicret için izin verdiğini bildirdi. Hazret-i Ebû Bekir ise:

— Ben de beraber miyim ya Resûlallah, dedi. Peygamber-i Zîşân Efendimiz de:

— Evet, buyurdular.

Ebû Bekir-i Sıddık hazretleri bu müjdeden son derece memnun olarak gözleri sevinç yaşlarıyla doldu. Hemen evinde bulunan develerden birisini Resûl-i Emin hazretlerine hediye etmek istedi. Fakat Efendimiz:

— Hediye kabul edemem, satın alırım, buyurdular ve bedelini verdikten sonra deveyi aldılar. Hazret-i Ebû Bekir de bir kılavuz tuttu. Cenab-ı Peygamber'in devesiyle kendi devesini Mekke'ye bir saat mesafede bir yere gönderdi. Gözler nuru Efendimiz Hazretleri akşam olunca Ebû Bekir hazretleri ile Mekke'den çıkarak bir saat mesafedeki Sevr dağına gittiler ve orada ıssız bir mağaraya girdiler. Allahu Teâlâ'nın emriyle derhal bir örümcek gelip mağaranın kapısına ağını gerdi. Örümcekten sonra da bir çift güvercin gelerek mağaranın girişinde bir çukura yumurtladı.

Mekke'nin arayıcıları Server-i Kâinât Efendimizi araya araya ta Sevr dağına kadar geldiler. Bu mağarayı da gördüler. Hatta Ümeyye bin Halef başkanlığında bir grup mağaranın girişine kadar sokuldular:

— Şurasını da bir arayalım, dedilerse de Ümeyye

bin Halef:

— Allah size akıllar versin. Orada ne işiniz var? Muhammed doğmazdan önce bu örümcekler ağlarını germişler. Hele şu güvercinlere bakınız. Muhammed, mağarada olsaydı yuvalarını buraya yaparlar mıydı? dedi ve bu sözlerden sonra Ümeyye'nin grubu geri döndü. Halbuki mağara ağzında konuşurlarken Resûlullah ve «yâr-ı gâr»(mağara dostu) Ebû Bekir hazretleri bunları görüyorlardı.

Hazret-i Ebû Bekir o zaman endişelenerek:

— Ya Resûlallah, bunlar eğer beni öldürürlerse bir beis yoktur. Ancak, Allah göstermesin, sana bir ziyan erişecek olursa bütün ümmetin helâk olur, dediğinde Allah'ın şanlı Resûlü:

— **Gam çekme, Hüda bizimledir,** diyerek kendisine teselli verdi.

Arayanlar dönerek uzaklaştıklarında, Hazret-i Ebû Bekir:

— Ya Resûllallah, şayet içlerinden birisi azıcık içeriye baksa idi, hemen bizi görürdü, deyince, Fahr-i Kâinât Efendimiz:

— Sen ne zannediyorsun. Biz öyle iki refikiz ki, onların üçüncüsü Cenab-ı Hakk'tır, buyurmuşlardır.

Resûlullah Efendimiz bu mağarada üç gece kaldılar. Ebû Bekir(radiyallahu anh) Hazretlerinin azatlılarından birisi Sevr dağında gündüzleri bir koyun sürüsü otlatırdı. Geceleri ise bu koyunların sütünden bir miktar mağaraya getirir, Resûlullah ve mağara dostu bu sütten içerlerdi. Ebû Bekir'in oğlu Abdullah, geceleri gelerek Kureyş'de neler olup bittiğini anlatırdı.

Nihayet üç gün sonra develerine binerek sahil yolunu takiple Kudeyd denilen yere geldiler. Bir miktar hurma veya süt satın almak için buraya yakın bir yerdeki Ebû Ma'bed ismindeki zatın çadırına gittilerse de kendisini orada bulamadılar. Sadece hanımı ve annesi vardı. Bunlar da kendilerinde yiyecek bir şey bulunmadığını söylediler. Bu sırada Efendimizin gözüne bir koyun ilişti:

— Ya bu nedir? diye sorunca, Ümmü Ma'bed:

— Bu, zayıf, hasta bir koyundur. Yürümeğe mecâli olmadığından sürüye bile katamıyoruz, cevabını verdi. Bunun üzerine Resûl-i Ekrem Efendimiz:

— Müsaadenizle bu koyunu sağalım, buyurdu. Ümmü Ma'bed ise hayretle Hazret-i Peygamber'in mübarek yüzlerine bakarak:

— Peki! Bunda süt bulabilirseniz, sağınız, dedi.

Allah'ın son nebisi Efendimiz Hazretleri koyunu sağdı, «Bismillahirrahmanirrahiym» dedikçe süt gelmeğe başladı. Bir kap istedi. Evvela Ümmü Ma'bed'e ve sonra orada bulunanlara birer kap dolusu verdiler. En sonra da kendileri içtiler. Tekrar sağarak kabı doldurduktan sonra Ümmü Ma'bed'e verdiler. En sonra da kendileri içtiler. Tekrar sağarak kabı doldurduktan sonra Ümmü Ma'bed'e verdiler ve yâr-ı gârı ile birlikte yine yola koyuldular.

Ebû Ma'bed çadırına döndüğünde süt dolu kabı gördü. Hanımına:

— Bu nedir? diye sordu. Zevcesi de:

— Bilmem! Buraya bir mübarek zat geldi. Bir şeyler okuyarak böyle koyunu sağdı, dediğinde kocası:

— Bunda bir hikmet var. O zat nasıl bir kimseydi? diye sordu. Ümmü Ma'bed de, Cenab-ı Resûl'ü tarif edip nurâniliğini anlatınca:

— Bu senin dediğin zat, Kureyş içinden zuhur eden peygamberdir. Keşke burada olaydım; kendisine tâbi olurdum, dedi.

Resûlullah Efendimiz nice meşakkatlerle sefer buyurdukları yollarda böyle mucizeler göstere göstere nihayet Medine civarındaki Kûba köyüne ulaştılar. Yaptıkları zorlu yolculuk kendilerini pek ziyade yormuş olduğundan, istirahat için burada birkaç gün kalmaya karar verdiler. Bu arada da Kûba'da bir mescid yapılmasını ferman buyurdular. İslâm'da ilk yapılan mescid, işte bu Kûba mescididir.

Efendimiz Kûba'da ikamet buyurdukları sırada ensar-ı kiram(Medineli mü'minler) huzurlarına gelerek müşerref oldular. Medine'nin en meşhur şairi olan Hassan bin Sabit yazdığı beliğ bir kaside ile Peygamber Efendimizin nezdine geldi. Resûl-i Ekrem Efendimiz daha Kûba'da iken Hazret-i Ali(kerramallahi vecheh) de kendisinde bulunan emanetleri sahiplerine teslim ederek yola çıktı ve Kûba'da Server-i Kâinât'a iltihak etti.

Kûba'da istirahat buyurduktan sonra bir Cuma günü Efendimiz devesine bindi. Yüz kadar ehl-i İslâm'la beraber Medine-i Münevvere'ye müteveccihen hareket buyurdular. Yolda Râ'nûnâ denilen vadinin üst tarafında konakladılar. Cuma namazını eda ettikten sonra ümmetine bakarak Allah'a hamd ü senâlarda bulundular ve şu müessir hutbeyi okudular:

— Ey insanlar! Sağlığınızda âhiretiniz için tedarikte bulununuz. Emin olunuz ki, kıyamet gününde birinin başına vurulacak ve çobansız bıraktığı koyunundan sorulacak ve sonra Cenab-ı Hak ona diyecek ki: «Sana benim Resûlüm gelip de tebliğ etmedi mi? Sana mal verdim. Sana lütuf ve ihsanda bulundum. Fakat sen, kendin için ne tedarik ettin?» Sonra o kimse sağına, soluna bakacak ve cehennemden başka bir şey görmeyecek. İşte bunun için, her kim kendisini yarım hurma ile bile olsun ateşten kurtarabilecek ise hemen o hayrı işlesin. Hurmayı da bulamazsa bari tatlı dilli olmakla kendisini kurtarsın. Zira edeceği bir hayra on mislinden yedi yüz misline kadar sevap verilir. Vesselâmu alâ Resûlillahi ve rahmetillahi ve berekatihi».

İkinci bir hutbe daha okuduktan sonra kalktı ve Medine'ye doğru yürüdü. Medine'ye yaklaştıklarında Peygamber Efendimiz devesinin yularını hayvanın boynuna doladı ve kendisini evlerinde misafir etmek isteyen ensâr-ı kirâma: «Bırakınız, Allah'ın emri üzere hareket ediyor» buyurarak devesini kendi haline terk etti. Resûlullah'ı taşıyan deve, şuraya buraya birkaç kere oturup kalktıktan sonra nihayet ensâr-ı kiramdan Halid'in, yani Ebû Eyyub-i Ensarî'nin evi önünde çöktü ve Peygamber Efendimiz hazretleri inerek bu eve girdi. İşte bu şekilde, hiçbir kimsenin hatırını kırmayarak herkesi memnun buyurdular.

Medineliler sokaklara dağılmış her yerde şenlikler yapıyorlardı. Hazret-i Hâlid'in evini bütün gün ziyaret ederek Efendimizin huzuruyla müşerref olan muhacirler içinse o gün adeta bir bayram günü idi.

Misafir indikleri evin yakınında bir parça arsa bulunduğundan iki cihan serveri buraya bir mescid-i şerif ve kendileri için birkaç oda yaptırdılar. Medine halkı sevince boğulmuş, Resûlullah'ı nasıl memnun edeceklerini bilemiyorlardı.

İşte Peygamber Efendimizin hicretleri böyle büyük bir ferahlık ve hoşnutluk ile neticelendi. Allah'ın Resûlü uğruna evlerini, barklarını ve rahatlarını olduğu gibi feda eden müslümanlar, Resûlullah'ın emir ve isteklerini yerine getirebilmek için canlarını bile esirgemezlerdi.

III

ÂİŞE-İ SIDDÎKA'NIN(R.A.) ZİFAFLARI

Ebû Bekir-i Sıddîk hazretlerinin ailesi Medine-i Münevvere'ye geldiklerinde Beni'l-Haris bin el-Hazrec denilen yerde yerleşmişlerdi. Hicretin sekizinci ayında bir gün Server-i Kâinât Efendimiz, beraberlerinde ensardan muhterem bir cemaat ile mağara dostunun evini şereflendirdiler ve Hazret-i Âişe-i Sıddîka(radiyallahu anha) ile izdivaç buyurdular. Efendimizin bu ikinci temiz zevceleri henüz pek genç ve çok güzel idi.

Âişe-i Siddîka hazretleri kendi zifaf merasimini şöyle anlatıyor:

«Resûl-i Ekrem Hazretleri, beraberlerinde ensardan bazı kadın ve erkekler olduğu halde evimize geldiğinde ben bir çatal ağaç üzerinde oturuyordum. Annem yanıma gelerek beni aldı. Odasına götürdü. Yüzümü, ellerimi yıkadı. Saçlarımı taradı. Sonra elimden tutarak Hazret-i Peygamberin bulunduğu odanın kapısı önüne getirdi. Ben heyecanımdan ve utancımdan nefes nefese idim. Kapının önünde biraz durarak sakinleştikten sonra annemle birlikte odadan içeri girdik. Efendimizin orada bir kerevet üzerinde oturmuş olduğunu gördüm. Annem beni Peygamber Efendimizin huzuruna kadar getirerek: «Ya Resûlallah! İşte senin zevcen budur. Hak sana mübarek eylesin», dedi. Sonra odada bulunanlar birer ikişer dışarıya çıktılar. İşte düğünümüz bundan ibaret idi. Düğün ziyafetimiz için, ne bir deve, ne de bir koyun boğazlandı. Ancak Sa'd bin Ubade bir kâse süt göndermişti. Düğün yemeğimiz işte bu sütten ibaret kaldı.»

Resûl-i Ekrem Efendimizle Âişe-i Sıddîka(radiyallahu anha) odada bulundukları esnada Hazret-i Ömer'in kızı Esmâ da orada idi. Kendisi bu düğün yemeğini şöyle anlatıyor:

«Düğün yemeği olmak üzere hiçbir şeyleri yoktu. Ancak orada bir kâse süt gördüm. Bundan Hazret-i Peygamber bir miktar içtiler; sonra Hazret-i Âişe'ye sundular. Âişe(radiyallahu anha) ise utanarak sütü almadı. Ben bunu görünce Âişe'ye dedim ki; «Nebi-i Mükerrem Efendimizin verdiğini reddetme. Al, iç.» Bunun üzerine Âişe(radiyallahu anha) hazretleri sütü Resûlullah'ın elinden aldı ve bir miktarını içtikten sonra, kâseyi önüne koyduğu sırada Resûl-i Rabbü'l-Alemin Efendimiz «Sütü Esmâ'ya ver» buyurdu. Ben ise cevaben «İçmek istemiyorum» dedim. Resûl-i Ekrem Efendimiz, «Açlıkla yalanı bir araya getirmeyiniz» buyurdular. Bunun üzerine ben de «Ya Resûlallah! Bizden biri, bir yemeğe istinası varken, canım istemiyor demesi yalan addedilir mi?» diye sorunca, «Amel defterine yalan, yalan diye; hatta yalancık da yalancık diye yazılacaktır» buyurdular.»

Peygamber Efendimizle Âişe-i Sıddîka(radiyallahu anha) hazretlerinin saadetli zifafları, işte böyle büyük bir sadelik ve sükûnet içinde, Hicretten sekiz ay sonra Şevval ayında vuku buldu.

Âişe-i Sıddîka gayet cazibeli, güzel bir yüze mâlik,

ufak tefek bir kızdı. Resûlullah Efendimizle izdivacında o kadar taze idi ki, akranları olan genç kızlarla oynamak arzusunu henüz terk etmemişti. Bu cümleden olarak, bir gün Resûl-i Ekrem(sallallahu aleyhi vesellem) Efendimiz ansızın evine girdiğinde Âişe(radiyallahu anha) arkadaşları ve bebekleriyle meşgul bulunuyordu. Hazret-i Peygamber'in girdiğini gören genç kızlar utanarak hemen dışarı sıvışmağa başladılar. Âişe-i Sıddîka ise bebeklerini derhal yatağın üstüne atarak üzerlerini de bir örtü ile örttü. Ancak pencereden giren rüzgar örtüyü biraz oynatınca oyuncak bebekler meydana çıktı. Bunu gören Efendimiz:

— Bunlar nedir? diye sorunca, Âişe hazretleri:

— Bebeklerim, cevabını verdi.

Bu bebeklerin arasında kanatlı acayip bir at vardı ki, Hazret-i Peygamber'in mübarek nazarlarını celbetti. Bu kanatlı şeyin ne olduğunu sorunca Hazret-i Âişe:

— Attır, cevabını verdi. Bunun üzerine Resûl-i Ekrem hayretle:

— Hiç atın kanadı olur mu? buyurdu. Âişe-i Sıddîka hazretleri ise büyük bir ciddiyetle:

— Hazret-i Süleyman'ın bindiği atın kanatlı olduğunu işitmedin mi? dedi ve Habib-i Kibriya Efendimiz de Âişe'nin yüzüne bakarak tebessüm buyurdu.

Âişe-i Sıddîka(radiyallahu anha) hazretleri çok akıllı, çok zeki, şair, edîb ve hatib bir ümmü'l-mü'minîndir.

Peygamber Efendimiz kendisini «Alyanaklım» diye tavsif buyururlar ve pâyansız bir muhabbet ve derin bir aşkla severlerdi. Onun her arzusunu yerine getirmek Efendimiz için bir zevk olurdu. Ayrıca, Âişe'ye olan hürmet ve güveni fevkalâde idi.

Resûl-i Kibriyâ Efendimiz bir gün nalınlarını(kunduralarını) tamir ediyor ve Hazret-i Âişe Validemiz de çıkrığını eğiriyordu. Resûl-i Ekrem'in alnı terliyor ve ter damlaları yanaklarından aşağı süzülüyordu. Bunu gören Hazret-i Âişe damlaların parıltısına hayran hayran bakakalmıştı. Efendimiz, Cenab-ı Âişe'nin(radiyallahu anha) bu halini görerek:

— Ya Âişe, sana ne oldu? buyurdu. Hazret-i Âişe'nin de:

— Ya Resûlallah! Eğer meşhur şâir Urve bin Zübeyr seni şu halde görse idi, şiirine ancak senin lâyık olduğunu teslim ederdi, demesi üzerine:

—Hangi şiirine? buyurdular. Bunun üzerine Âişe Hazretleri Urve bin Zübeyr'in şu şiirini okudular:

فلو سمعوا فى مصر أوصاف خده

لما بذلوا فى سوم يوسف من نقد

لوّامى زليخا لو رأين جبينه

لأثرن بالقطع القلوب على الأيدى

«Yanağının evsafını eğer Mısır'da işitmiş olsalardı,

Yûsuf'u satın almak için para saymazlardı.

Zelihâ'ya sitem edenler eğer alnını görselerdi,

Parmaklarını kesmek yerine yüreklerini parçalarlardı.»

Bunun üzerine Hazret-i Peygamber elindeki işini bırakarak Hazret-i Âişe'nin yanına geldi ve gözlerinden öperek:

— Beni memnun ettin, Allah da seni memnun etsin ya Âişe! buyurdu.

Yine bir gün Resûl-i Kibriyâ Efendimiz sevgili zevcesiyle birlikte otururken buyurdu ki:

— Ben, senin bana dargın olduğun vakti bilirim. Zira o zaman yemin eylediğinde «Hazret-i İbrahim'in Rabbi hakkı için» dersin.

Buna cevaben Hazret-i Âişe(radiyallahu anha):

— Ya Resûlallah! Ben darılırsam senin sadece ismini terk ederim. Yoksa sana olan meylim ve muhabbetim asla değişmez! dedi.

Resûl-i Ekrem Efendimiz vaktinin çoğunu bu sevgili zevcesinin evinde geçirirdi. Müslüman'lar da bunu bildiklerinden Resûlullah'ın rızasını kazanmak için hediyelerini daima Hazret-i Âişe'nin evindeyken takdim ederlerdi. Efendimize ilahî vahiyler, daima Hazret-i Âişe'nin evinde bulundukları zaman nazil olurdu. Bundan dolayıdır ki, Âişe-i Sıddîka Hazretleri Resûl-i Ekrem Efendimizin her hal ve hareketine vakıf ve bütün hissiyatına ortak idi.

Ashab-ı kiramın hediyelerini daima Âişe-i Sıddîka'nın evinde takdim ettiklerini gören Efendimizin diğer temiz zevceleri bu duruma güceniyorlardı. Bunlardan Ümmü Seleme(radiyallahu anha) Validemiz, bir münasebetle bu durumu Resûl-i Ekrem Efendimize haber verdi ve hediye takdim için Âişe'nin gününü beklememelerini, hediye getirenlere söylemesini rica etti. Habib-i Hüda Efendimiz buna cevaben buyurdular ki:

— Ya Ümmü Seleme! Âişe için bana cefa eyleme. Ben Âişe'nin evindeyken bana vahiy geliyor. Bir daha bana böyle bir şey söyleme ve şikayet eyleme!

Ümmü Seleme Hazretleri, Efendimizin bu tenbihine rağmen yine ümidini kesmeyerek Resûl-i Ekrem Efendimizin kızı Hazret-i Fatıma'yı(radiyallahu anha) araya koydu. Hazret-i Fatıma da gelip babasına bu ricayı tekrar etti. Bunun üzerine Resûlullah Efendimiz:

— Benim aziz kızım! Sen benim sevdiğimi sevmez misin? buyurdu.

Hazret-i Fatıma da:

— Elbette severim, deyince,

— Öyle ise Âişe'yi de benim hatırım için sev, buyurdular.

Bir gün Hazret-i Âişe Peygamber Efendimize kendisine olan sevgisinin nasıl olduğunu sorunca, «Çözülmez bir düğümdür» buyurdular. Bundan sonra Âişe-i Sıddîka Hazretleri, Resûl-i Ekrem'in sevgisini yoklamak için ara sıra «Çözülmez düğüm acaba ne haldedir» diye sorardı. Efendimiz de:

— Olduğu gibi duruyor, asla gevşemedi, cevabını verirdi.

Hace-i Kâinât Efendimizin Cenab-ı Âişe'ye nasihatlerinden biri de: «Ya Âişe! Eğer sen benim dereceme ulaşmak istersen, dünyadan bir yolcunun yanına alacağı azık kadar al. Ondan fazlasını edinme ve elbisene yama vurmadıkça «eskidir» deme. Zenginlerin zenginliklerinden bahsetme ve onlarla zengin oldukları için dost olma» sözleridir. Resûlullah Efendimizin bu öğüdü berekâtiyle Hazret-i Âişe Validemizin dünya malına olan istiğnası(ilgisizliği) o dereceye varmıştı ki, bir gün sonrası için dahi evinde yiyecek bir şey saklamazdı.

Hattâ Urve bin Zübeyr rivayet etmiştir ki:

«Hazret-i Âişe'nin Allah yolunda yetmiş bin dirhem sarf ve sadaka ettiğini gördüm. Halbuki arkasına giymiş olduğu gömleğin bir köşesi yamalı idi.»

Abdullah bin Zübeyr, iktidarda olduğu zaman Hazret-i Âişe'ye bir gün yüz bin dirhem göndermişti. Âişe(radiyallahu anha) hazretleri derhal paranın tamamını fakirlere ve muhtaçlara taksim etti ve dağıttı. O gün ise kendisi oruçlu idi. Gurup vakti cariyesini çağırıp iftar getirmesini emretti. Cariyesi de emri veçhile bir tabak içinde biraz hurma ve bir parça ekmek getirdi. Orada bulunan fakirin biri bu hurmaları görünce, «Ey mü'minlerin annesi! Bu kadar dirhemi halka dağıttın. Bu kadar kişiyi doyurdun. Bari bir dirhem de kendine saklayaydın da şimdi biraz et ve ekmek alarak iftar ederdin» deyince, Hazret-i Âişe şaşırarak, «Sen bana bunu o zaman söyleyeydin, hatırıma getireydin ya! Ben de belki kendime et almak için bir dirhem alıkoyardım» cevabını verdiler.

Hazret-i Âişe(radiyallahu anha) büyük İslâm kadınlarının en mükemmeli addedilir. Hepsinden akıllı, zeki, âlim, hatib, şâir ve edibdir. Peygamber Efendimiz kendisinden bahsederken cemaate «Dininizin üçte ikisini bu alyanaklıdan alınız» buyurdu. Urve bin Zübeyr hazretleri buyurdu ki: «Ben Kur'an-ı Kerim'in mânalarını anlamada, helâl ve haramın hükümlerinde ve diğer şer'i mesele ve ilimlerde Âişe'den daha âlim bir ferd görmedim.»

Peygamber Efendimizin hayat ortağı olarak günlerini şenlendiren, hayatına neş'e getiren, ruhunu ve gönlünü dinlendiren Âişe-i Sıddıka ne kadar seçkin bir İslâm kadını olmalıydı ki, Efendimizin bütün bu zaruri ihtiyaçlarını karşılayabiliyordu. Hazret-i Âişe Resûl-i Ekrem için mücessem bir saadet. Ne var ki, anne olmak mutluluğuna nâil olamamıştı. Bundan dolayı da künyeden mahrum kaldı. Araplar arasında bir itibar ve iftihar vesilesi olan bu künye âdetinden dolayı Âişe'nin üzüldüğünü gören Resûl-i Ekrem Efendimiz Hazretleri, kendisine kızkardeşi Esmâ'nın oğlu Abdullah'ın ismiyle künyelenmesini ferman buyurunca, Hazret-i Âişe son derece sevindiler ve Ümmü Abdullah(Abdullah'ın annesi) diye künyelendiler. Zaten Abdullah da Efendimizin saadetli evlerinde büyüdüğünden Cenab-ı Âişe'ye anne diye hitab ederdi. Hatemü'l-Enbiya Efendimizin Âişe-i Sıddîka'ya olan meyli ve muhabbeti o derecedeydi ki, Enes bin mâlik: «Muhabbet denilen meyil, İslâm'da en evvel Peygamberimiz ile Hazret-i Âişe arasında zuhur etti» demiştir. Hazret-i Âişe de bu hususiyetleri ile övünerek, Resûl-i Ekrem'in diğer zevcelerine nisbetle kendisinin on kere daha faziletli olduğunu söyler ve sebeplerini şöylece birer birer sayardı:

«Birincisi: Peygamber Efendimizin bütün zevceleri dul idi. Yalnız ben değildim. İkincisi: Benden başka zevcelerinin ana ve babaları Peygamber yoluna hicret etmediler. Üçüncüsü: İffetim hakkında ayet-i kerimeler nâzil oldu. Dördüncüsü: Peygambere, benimle izdivaç edeceğini, Hazret-i Cebrail evvelce haber verdi. Beşincisi: Peygamberle aynı yerde guslederdim. Altıncısı: Peygamber namaz kılarken ben önünde yatardım. Yedincisi: Benim evimde bulunduğu zamanlar kendisine vahy gelirdi. Sekizincisi: Peygamber benim dizimin üzerinde ruhunu teslim eyledi. Dokuzuncusu: Benim evimde vefat etti. Onuncusu: Benim evimde defnedildi.»

Resûl-i Ekrem'e bir gün cemaat arasında «Dünyada en sevdiğin kimdir ya Resûlallah?» diye sorduklarında,

«Aişe'dir» buyurdular. Ondan sonra kimi sevdiğini sorduklarında da, Âişe'nin babası olan Hazret-i Ebû Bekir'i söylediler.

Hâtemü'l-Enbiya Hazretlerinin hayatını câzibesiyle, ilim ve irfanıyla şenlendiren, süsleyen Hazret-i Âişe-i Sıddîka(radiyallahu anha), asr-ı saadetin paha biçilmez bir mücevheri idi. Onun varlığı sadece ehl-i İslâm'ın iftihar tacı olmakla kalmadı; Efendimiz için de bir huzur ve sefa hazinesi oldu.

Ne mutlu o canlara ki, ömür sürdükleri yerlerde bir eser, ortak oldukları hayatlara bir saadet ve temas ettikleri eşyaya bir revnak vermeğe muvaffak olurlar; şan ve şöhretleri vefatlarından sonra da yaşayarak bize kadar gelir ve mazinin şanını bugüne taşıyarak düşüncelere yön verir.

IV

İFK OLAYI

Hicretin altıncı senesi, Şaban ayı... Kudeyt civarında Müreysi denilen su kenarında Mustalik kabilesiyle yapılan gazadan sonra, Hazret-i Peygamber, beraberinde Hazret-i Âişe de(radiyallahu anha) olduğu halde ordusuyla Medine'ye dönüyordu. Medine'ye bir konaklık mesafede durdular ve geceyi orada geçirmek üzere konaklamak kararı verdiler. Bu gazaya giderken hicab ayeti henüz nâzil olmadığından Hazret-i Âişe deve üzerinde muharebeye gitmişti. Fakat yolculuk esnasında hicab ayeti nâzil olunca, deve üzerine bir mahfe(hasırdan) yapılmış ve Âişe hazretleri bunun içinde yolculuğu sürdürmüştü. Orada geceyi geçirdikten sonra, ertesi gün seher vakti, kafilenin tam hareket zamanı Cenab-ı Âişe ihtiyacı için çöle doğru epeyce uzaklaşır ve tam geri döneceği sırada, Yemen taşından yapılmış pek sevdiği gerdanlığının düşmüş olduğunu farkeder. Çok üzülerek hemen aramaya başlar. Epeyce aradıktan sonra nihayet bulur ve konak yerine döndüğünde hayretler içinde kalır. Çünkü uzakta kaldığı müddet zarfında kafile olduğu gibi kalkmış, gitmişti. Ufak tefek ve zayıf bir kadın olan Hazret-i Âişe'nin mahfe deveye yüklenip indirilirken ağırlığı pek hissedilmezdi. Bu yüzden mahfeyi deveye yükleyen deveciler, Cenab-ı Âişe'nin mahfe içinde olmadığının farkına bile varmamışlardı. Hazret-i Âişe böyle, çadırların kalkmış, develerin gitmiş olduğunu görünce, nasıl olsa gelip beni ararlar, düşüncesiyle çarşafına bürünerek oraya uzandı ve uyuyakaldı·[27]

Bu esnada kafilenin artçısı olan Safvan es-Sülemî her zaman olduğu gibi konak yerini teftiş için geldi ve çadırların kurulduğu yerde bir şeyin kalıp kalmadığına bakarken, orada birisinin yattığını görerek:

— Hey! Kafile gitti, sen orada ne yatıyorsun? diye seslendi. Hazret-i Âişe(radiyallahu anha) bu sesi işiterek uyandı. Hemen ayağa kalktı. Safvan ise bu kimsenin Peygamber Efendimizin zevcesi olduğunu anlayınca:

— Ey mü'minlerin annesi! Sen burada ne yapıyorsun? diye sordu ve gereken hürmeti gösterdi. Hazret-i Âişe olayı olduğu gibi anlattı. Gerdanlığını bulduktan sonra kafile mahalline geldiğinde herkesin gitmiş olduğunu görünce, ne yapacağını bilemeyerek olduğu yerde oturup kaldığını söyledi. Safvan da Peygamber Efendimizin pâk zevcesini derhal devesine bindirdi ve deveyi yederek önde giden kafileye yetiştirdi.[28]

İşte İfk[*] olayı bu hadise ile başladı. Çünkü Hazreti Âişe'nin Safvan'ın devesiyle geldiğini gören bazı müfteri ve münafık dedikoducular ona dil uzatmağa, Peygamberimizin zevcesi hakkında lâyık olmayan sözler söylemeye, bühtanda bulunmağa başladılar. Müfterilerin ve münafıkların başında Abdullah bin Übey bin Selül, Hassan bin Sabit ve Musattah bin Usame geliyordu.

(27) Es-Siretü'l-Halebiyye.
28) Ravzatü'l-Ahbâb.
(*) İfk: Bühtan, iftira, yalan demektir.

Bunlar Medine'ye döndüklerinde dedikodu büyük bir hızla şehre yayıldı.

Hem öyle yayıldı ki, Peygamber Efendimizin, Hazret-i Âişe'nin babası Hazret-i Ebû Bekir'in ve annesi Ümmü Ruman'ın dahi kulaklarına geldi. Medine halkı bu mesele ile uğraştıkları halde, Cenab-ı Âişe'nin hiçbir şeyden haberi yoktu. Yolculuk onu çok sarsmış, üstelik yolda yakalandığı sıtma sebebiyle Medine'ye vardığında şiddetle hastalanarak yatağa düşmüştü. Hazret-i Âişe'nin hasta yattığı müddet zarfında Peygamber Efendimiz bir kere bile yanına gelerek hatırını sormadı. Ancak Hazret-i Âişe'nin bulunduğu odanın kapısına gelerek kendisine bakanlara, «Hastanız nasıldır?» diye soruyorlardı. Böyle terk edildiğini ve bırakıldığını gören Hazret-i Âişe son derece üzüldü ve rahatsızlığı bir kat daha arttı. Bu halin sebebini anlayamadığından, babasının evine dönmek için Peygamber Efendimizden izin istedi. Resûl-i Ekrem de uygun gördüğünden Hazret-i Âişe baba evine gitti.[29]

Ebû Bekir ve Hz. Âişe'nin annesi Ümmü Ruman hazretleri, Resûl-i Ekrem'in bu halinden ve dedikoducuların nifakından fevkalade üzüntü duyuyorlardı. Fakat halkın dilini nasıl tutacaklarını bilemiyorlardı. Çünkü Peygamber Efendimizin kırgınlığı mübarek yüzlerinden okunuyordu. Her şeye rağmen Ebû Bekir ve hanımı, Hazret-i Âişe'nin ismet ve iffetinden hiçbir vakit şüphe etmediler.

((29) Ravzatü'l-Ahbâb.

Nihayet bir akşam, Hazret-i Âişe nekahat devresinde iken, Ümmü Musattah(Musattah bin Usame'nin annesi) ile beraber eskiden yaptıkları gibi, kırlara doğru küçük bir geziye çıktılar. Ümmü Musattah ise Hazret-i Âişe'nin halasının kızı idi. Yolda yürürlerken Ümmü Musattah eteğine basarak üç kere yere düştü. Her düşüşünde oğlunun ismini anarak beddua etti. Hazret-i Âişe bu hali görünce sebebini sorarak:

— İnsan oğluna nasıl beddua eder? Hem Musattah muhacirînden iyi bir insan değil midir? deyince, Ümmü Musattah şaşırarak Hazret-i Aişe'nin yüzüne baktı. Hemen durarak:

— Acayip! Demek ki sen halkın sözlerinden büsbütün habersizsin! diyerek, hali olduğu gibi Hazret-i Âişe'ye anlatınca, Peygamber Efendimizin pâk zevceleri o kadar ye'se ve kedere kapıldılar ki, hemen oracıkta bulunan bir kuyuya kendilerim atarak canına kıymak istediler. Ümmü Musattah bu hali görünce söylediğine pişman oldu. Cenab-ı Âişe'yi bu kararından döndürmek için elinde geleni yaptı ve tekrar evine götürdü.

Hazret-i Âişe, eve gelince derhal titreyerek annesinin yanına gitti. Ağlayarak:

— Anneciğim, bu nasıl sözlerdir? Halk benim hakkımda bu kadar yakışıksız sözleri nasıl söyleyebilir? dedi. Ümmü Ruman da:

— Kızım, sabret. Ağlamana ne lüzum var? Bir kimsenin senin gibi genç ve güzel bir haremi olursa, daima böyle bühtanlara hedef olur, dedi.

Fakat Hazret-i Âişe'yi bir türlü teskin edemedi. Cenab-ı Âişe, ağlayarak yatağına yattı. Yüksek sesle feryad ve figânlar ettiğini duyan babası, üst katta Kur'an-ı Kerim okurken acele aşağı indi. Kızını böyle gözyaşları içinde görünce pek üzüldü. Sakinleştirmeye çalışarak:

— Sabret kızım. Bakalım Hak Teâlâ senin hakkında nasıl hükmedecektir? tesellisiyle biraz teskine muvaffak oldu.

Hazret-i Âişe'nin hiç anlamadığı bir şey varsa, o da meseleyi kendisinden gizlemeleriydi. Efendimizin bu pâk zevcesi bundan sonra büsbütün hastalanarak sıtması şiddetlendi ve yataktan hiç kalkamaz oldu.

Peygamber Efendimiz Hazretleri bu meseleye vâkıf olduktan sonra akrabası ve damadı olan Hazret-i Ali'yi, Üsame bin Zeyd'i, Hazret-i Ömer ve Hazret-i Osman'ı(radiyallahu anhüm ecmâin) huzurlarına dâvet etti; meselenin tahkiki ve halli yolunda birçok sorular sordu. Bu istişare meclisinde ashabtan birkaç kadın da hazır bulunuyordu. Resûl-i Ekrem Efendimiz aile işlerinde, ailesi fertlerini daima böyle istişare etmek için davet ederdi. Bu defa da bunların her birine görüşlerini sordu. Evvela Hazret-i Ali'ye:

— Senin bu meselede fikir ve görüşün nedir? buyurdular. Hazret-i Ali de cevaben:

— Ya Resûlallah! Kendinizi niçin bu kadar üzüyorsunuz? Dünyada sizin için Âişe'den başka kadın yok değil ya! dedi.

Resûl-i Ekrem bu cevaptan hoşnut kalmadı. Üsame ve annesi ise:

— Hazret-i Âişe'den asla şüphe etmeyiz, dediler.

Bunun üzerine Hazret-i Ali, Hazret-i Âişe'nin küçük yaştan beri yanında besleyip büyüttüğü Büreyde adlı cariyesinin çağırılarak, Peygamber Efendimizin huzurunda, Âişe hakkındaki fikirlerinin sorulmasını istedi. Büreyde'yi çağırdılar. Peygamber Efendimizin huzurunda meseleyi sordular. Büreyde ise:

— Hâşâ! Hazret-i Âişe'nin ben asla yakışıksız bir davranışını görmedim. Yalnız bir halinden şikâyetim vardır ki, o da biraz ihmalcidir. Meselâ, ben hamuru gözet derim. O da, peki, der. Hamurun başına gelir. Bazan uyuya kalır. O sırada koyunumuz gelir, hamuru yer. Yahut hamur yoğurulmadan kalır ve akşam ekmeksiz kalırız. İşte Âişe'nin şikâyet edilecek bir hali varsa o da bundan ibarettir. Ben başka bir şeyini bilmem, dedi.[30]

Sonra, Resûl-i Ekrem, Hazret-i Ömer'den sordu. Ömer, vakar ve ciddiyetle:

— Ya Resûlallah! Cenab-ı Hak seni aldatır mı? Sen Âişe'yi Allah'ın emri ile aldın. Allahu Teâlâ hiç sana fenalık yapacak bir kadını almanı emreder mi? Buna asla inanmam. Âişe'den katiyyen şüphe etmem, dedi.

(30) Ravzatü'l-Ahbâb.

Hazret-i Osman ise bu dedikoduyu münafıkların çıkardığını söyleyerek:

— Allah seni korur. Ben asla öyle şeye inanmam, dedi.

Böylece danışma meclisi sona erdi. Peygamber Efendimiz, ashab-ı kiramla beraber mescide giderek cemaate bir hutbe okudular ve:

— Peygamberinize eziyet eden bir kimseye karşı, bana yardım edecek bir adam içinizde var mıdır? O eziyetçi ki, benim ehl-i beytim hakkında bana cefa eyledi. Halbuki ben ehl-i beytimden iyilikten başka bir şey görmedim, buyurdular.

Bu sözleri işiten cemaat hemen birbirleriyle münakaşaya ve çekişmeye başladılar. Zira içlerinden bazıları,

— Peygamber Efendimize eza ve cefa edeni bulursak öldürürüz, diyordu. Bazıları da,

— Kendi kabilenizden değilse öldüremezsiniz, iddiasında bulunuyordu.

Sonunda Resûl-i Ekrem Efendimiz bunları yatıştırdı. Bu arada cemaatten biri de bütün bu olup bitenleri olduğu gibi Hazret-i Âişe'ye anlattı. Âişe cenapları yine fena halde müteessir olarak ağlamaya başladılar. Sıtma hastalığı tekrar nüksetti. Ebû Bekir ile Ümmü Ruman, artık gözüne hiç uyku girmeyen bu zavallı kızlarının yanından ayrılmaz oldular. Kendisine bakmak için de ensardan bir kadın çağırdılar ve acısını, elemini hafifletmeğe gayret ettiler. Hz. Âişe'nin(radiyallahu anha) rahatsızlığı böylece uzayıp gidiyordu. Bir gün yine şiddetli sıtması tuttuğu esnada kapı açıldı, Resûl-i Ekrem Efendimiz içeriye girerek Hazret-i Âişe'yi bu halde görünce, Ümmü Ruman'a:

— Buna ne oldu? diye sual buyurdu. Ümmü Ruman da:

— Sıtma tuttu, ya Resûlallah, diye cevap verdi.

Peygamber Efendimizin içeriye girdiğini gören Hazret-i Âişe yatağından biraz doğrularak yüzünü duvara çevirdi.(31) Peygamber Efendimiz:

— Ey Âişe! Sana şöyle şöyle söylüyorlar. Eğer sen bu işte günahsızsan, Allah senin suçsuzluğunu elbette gösterir. Fakat şayet senden bir günah sadır olduysa tövbe ve istiğfar et ki, Hak senin günahını af buyursun, dedi.

Bunun üzerine Hazret-i Âişe, babasına ve annesine:

— Peygambere siz cevap verin, dedi. Onlar ise biraz tereddütten sonra,

— Biz ne diyeceğimizi bilmiyoruz ki, cevap verelim, dediler.

O zaman Hazret-i Âişe, Resûl-i Ekrem'e şu yolda hitab ettiler:

(31) Es-Siretu'l-Halebiyye.

—Yemin ederim ki, sen benim hakkımda söylenen sözleri işitmiş ve içinden bu sözlere inanmışsındır. Şu anda, «Ben günahsızım» desem, tasdik etmeyeceğinden şüphe etmiyorum. Hak Teâlâ masum olduğumu bildiği halde, «Ben bu günahı işledim» desem, itirafıma memnun olup, sözüme inanırsın. Ben bu halimizi ancak bir şeye benzetebilirim. O da Hazret-i Yakup ve Yusuf kıssasından ibarettir.

Bu sözlerden sonra Cenab-ı Âişe yüzünü tekrar duvara çevirdi, ve kimseye bakmadı. Resûl-i Ekrem Efendimiz, zevcesinin yanına gelmeyeli tam bir ay olmuştu. Hazret-i Âişe'nin bu sözlerini işittikten sonra, Peygamber Efendimize vahiy nazil olduğu zaman gelen halin yine geldiğini gören Ümmü Ruman derhal Efendimizin üzerini örttü. Başının altına da bir sahtiyan yastık koydu. Biraz sonra kendine gelen Resûlullah Efendimiz Nur sûresinden on âyet okudu. Ebû Bekir hazretleri bu ayetleri işitir işitmez derhal kızının yanına koştu. Büyük bir şefkatle bağrına bastı. Alnından öptü. Peygamber Efendimiz Hazretleri, Hazret-i Âişe'nin masumluğunu bildiren ayet-i kerimeleri okuduktan sonra Âişe'ye hitaben:

— Ey Âişe! Sana müjdeler olsun ki, Cenab-ı Allah senin beraatini müjdeledi. Sen pâk ve temizsin, dedi. Bunun üzerine Ebû Bekir ile Ümmü Ruman kızlarına;

— Artık kalk, Peygamberin yanına git. Teşekkür vazifeni yerine getir, dedilerse de Hazret-i Âişe onlara hitaben;

— Ben bu meselede Allah'tan başkasına minnettar değilim. Benim beraatimi gönderdiği için ancak O'na hamd ü senâ ederim, dedi.

Hazret-i Peygamber her ne kadar Âişe'nin elini tutmak istediyse de mübarek kadıncağız ısrarla elini geri çekti, başını çevirdi. Ebû Bekir ise:

— Bu ne haldir, dedi.

Peygamber Efendimiz artık kimseye bakmayarak, Nur sûresini tilâvet ede ede Ebû Bekir'in konağından çıktı ve doğruca Mescid-i Şerif'e geldi. Ashab-ı Kiram'ı toplayarak bir hutbe okudu ve hutbenin akabinde de Nur sûresini tilavet buyurdu. İftiracılar arasında bulunan Musattah bin Üsâme'nin babası yıllar önce vefat ettiğinde, Hazret-i Ebû Bekir bu yetime acımış, yanına almıştı. O zamandan beri yiyeceğini, giyeceğini sağlıyor ve geçimine yardım ediyordu. Musattah'ın münafıklarla bir olduğunu ve artık beraat ayetlerinin de nazil olduğunu gören Hazret-i Ebû Bekir, Musattah'ı affetmeyerek yaptığı yardımı keseceğine yemin etti. Ancak «hasbeten-lillah(Allah'ın rızası için) iyilik ediniz» mealindeki âyet-i kerime nazil olunca, yeminini geri aldı. Musattah'a yaptığı yardımlara yine devam etti. Bundan sonra Peygamber Efendimiz iftiracıları huzuruna çağırttı ve bunlara hadd-i kazf(namuslu bir kadına zina iftirası atma cezası) uygulanmasını emretti.

Hazret-i Âişe'nin(radiyallahu anha) bu meşhur gerdanlığı pek çok dedikodulara sebep olmuştur. Yemen taşından olan bu sevgili gerdanlığını bilmeyen, maceralarını işitmeyen kimse kalmamıştı.

Bir sefer dönüşü Hazret-i Âişe yine ordu ile beraber bulunuyordu. Medine yakınlarında Salsal denilen yere gelindiğinde Âişe cenabları nasıl olduysa yine gerdanlığını kaybetti. Resûl-i Ekrem Efendimiz, gerdanlığın aranması için bütün kafileyi durdurdu. Durdukları bu yerde su da yoktu. Kafile pek susamış, abdest almak için dahi su bulamamıştı. Eyepce sıkıntı çektiler. Gerdanlığı pek çok aradıkları halde hiçbir yerde bulamadıklarından, kafile tekrar yola koyulmak için ayaklandı. Bu esnada Âişe'nin devesi de kalkınca gördüler ki, gerdanlık devenin altında duruyor.(32)

Kafiledekilerin bu olaya canları sıkıldı. Medine'ye döndüklerinde meseleyi Ebû Bekir'e anlattılar. Ebû Bekir Hazretleri de tekrar eden bu gerdanlık olaylarına son vermek için, kızını azarlamak üzere Efendimizin saadetli evine gitti. Hane-i saadete vardığında Hazret-i Âişe'nin oturduğunu ve Resûl-i Ekrem'in ise başını zevcesinin dizleri üzerine koyarak uyuyakalmış olduğunu gördü. Ebû Bekir ses etmemeye çalışarak Hazret-i Âişe'ye yaklaştı ve kızına birçok acı sözler söyledikten sonra böğrüne de bir yumruk vurdu. Âişe cenabları ise Peygamber Efendimizin(sallallahu aleyhi vesellem) rahatsız olup uyanmaması için yerinden zerre kadar kıpırdamadı. Ne söz söyleyebildi, ne de bir harekette bulundu. Peygamber Efendimiz o gün teyemmüm âyetinin nâzil

---

(32) Es-Siretü'l-Halebiyye.

olduğunu müjdelediler. Ashab-ı Kiram'a teyemmüm âyetini tilâvet buyurduğu zaman, bu âyetin iniş sebebinin Hazret-i Ebû Bekir olduğunu hepsi anladılar.

Sevenlerin hatırı için sevilen şeyler daima bir kıymeti haiz olur. Yemen taşından mamul gerdanlıklar evvelden beri nice gerdanları süslemişlerdir. Fakat onlar hatırasız birer süs eşyasından ibaret oldukları için olaylara tesir edememişlerdir. Eşyalar da sahiplerinin derecesine göre kıymet kazanırlar. Hazret-i Âişe Validemizin Yemen taşlı gerdanlığı da sahibesinin mükemmelliği mesabesinde kıymetli bir ziynet idi. Bunun içindir ki, İslâm tarihinin koca bir sahifesini teşkil etmekle şöhret bulmuştur.

V

VEDA HACCI

Gerdanlık olayından dolayı Fahr-i Kâinât Efendimizle Hazret-i Âişe arasında vukua gelen soğukluk, bir zaman sonra tamamen yok olarak, yerini yine derin bir sevgi ve yakınlığa bıraktı. Cenab-ı Âişe(radiyallahu anha) Efendimizin can dostu idi. Hiçbir vakit muhabbetine zerre kadar halel gelmedi.

Hicretin altıncı senesinden on birinci senesine kadar, saâdet semâsını en küçük bir bulut bile karartmadı. Ömrünü Peygamber Efendimize vakfettiğinden, hem servetini, hem kudretini hep din yoluna sarf eder, kemâlde derecesini yükseltmek için çalışırdı.

İslâm dini ise harikulâde bir süratle her tarafa yayılarak âlemleri şaşkınlık ve hayretler içinde bırakıyordu. Işık ve sudan mahrum bırakılmayarak, büyük bir ihtimamla yetiştirilen nadide bir çiçekten yayılan râyiha gibi, İslâmiyet de her geçen gün daha kuvvetli bir şekilde uzak mıntıkalara yayılıyor, insanları ulviyetine meftun ediyordu.

Böylece Müslüman'ların sayısı tasavvurun fevkinde bir süratle artıyor, ehl-i İslâm birçok muvaffakiyete nâil oluyordu. Gazalarda ise parlak zaferlerle mükâfatlanıyorlardı. Bu saf ve dürüst insanlar, az bir müddet zarfında o kadar sağlam bir imana sahip olmuşlardı ki, önlerine çıkan her engeli Allah'ın yardımıyla aşmağa muvaffak oluyorlardı. Eski medeniyetler bu yeni imana baş eğmeğe mecbur kalarak, hepsi birer birer onun üstünlüğünü kabul ediyordu. İşte İslâm'ın böyle parladığı bir zamanda, yani Hicret'in onuncu senesinde, Hatemü'l-Enbiya Hazretleri Kâbe-i Şerife'yi ziyaret için Mekke'ye hareket edeceğini halka ilan etti. Bunun üzerine etraf ve civarda ne kadar halk varsa akın akın Medine-i Münevvere'ye gelerek hareket gününü beklemeğe başladılar. Zilhicce ayına birkaç gün kala Resûl-i Ekrem Efendimiz öğle namazını kıldıktan sonra ehl-i beyti ve ashab-ı kiramı ile Medine-i Münevvere'yi terk ettiler ve yola revan oldular. Kırk bin kişilik mü'minler kafilesi de beraberlerinde idi. Zilhiccenin dördüncü Pazar günü böyle büyük bir kalabalıkla Mekke-i Mükerreme'ye vasıl oldular. Resûl-i Ekrem Efendimiz Hazretleri, Cenab-ı Hakk'a dua ve niyazda bulunduktan sonra, başka başka yerlerden kendilerine katılmaya gelen birçok kafileyi karşıladı. Hep birlikte haccettiler.

Yolda gelirken Hazret-i Âişe'nin(radiyallahu anha) devesi pek süratli gidiyordu. Çünkü hem Âişe Hazretleri pek hafif, hem de devenin yükü pek azdı. Peygamber Efendimizin diğer hanımı Safiye'nin(radiyallahu anha) devesi ise pek yavaş gidiyordu. Bunun da sebebi; hem Hazret-i Safiye'nin ağır olması ve hem de devenin yükünün çokluğu idi. Peygamber Efendimiz, Safiye Hazretlerinin devesindeki yükleri Âişe Hazretlerinin devesine, Âişe'nin devesindeki yükleri de Safiye'nin devesine yüklettiler ve Âişe cenablarının gönlünü almak babında:

— Ben böyle yaptım ise de umarım bir beis yoktur,

değil mi? Çünkü hep beraber gitmeliyiz, buyurdular. Fakat Hazret-i Âişe hiddetlenerek:

— Bir de peygamberim, diyorsun, dedi. Resûl-i Ekrem ise:

— Ey Ümmü Abdullah! Bunda şüphen var mı? buyurunca, Hazret-i Âişe:

— Öyleyse niçin adil davranmıyorsun? dedi. Bu sözlerine Resûl-i Ekrem her ne kadar cevap vermediyse de aynı sözleri işiten Hazret-i Ebû Bekir dayanamadı ve derhal gelerek kızına bir tokat attı. Fakat bu hiddetli davranışını gören Peygamber Efendimiz, Hazret-i Ebû Bekir'i muaheze etti. Ebû Bekir ise:

— Ya Resûlallah! Senin hakkında ne söylediğini işitmedin mi, dedi. Bunun üzerine Peygamber Efendimiz:

— Canım, Âişe'yi kendi haline bırak. Zira fazla kıskançtır. Kıskanç bir kadın, bir devenin aşağısını yukarısından fark edemez, yani sözünün önünü sonunu düşünemez, buyurdular.[33]

Cuma günü arefe idi. Hâtemü'l-Enbiya Efendimiz, sayıları 100 bini aşan hacılarla «hacc-ı ekber»i eda ettikten sonra, gayet tesirli ve veciz bir hutbe okuyarak bütün ümmetine şöyle hitab etti:

— Ey insanlar! Sizin kadınlarınız üzerinde haklarınız var. Ancak hiçbir zaman unutmayınız ki, onların da sizin üzerinizde hakları vardır. Siz onlara hürmete mecbur ol-

(33) Es-Siretü'l-Halebiyye.

duğunuz gibi, onlar da sizin haklarınıza riayet etmelidirler. Siz onlara iyi muamele etmelisiniz. Çünkü her şeyden önce mü'minsiniz ve bütün mü'minler kardeştirler. Birinizin malı diğerinize helâl olmaz; meğer ki kendi rızasıyla vermiş ola. Ben size Şeriatın hükümlerini tebliğ ettim. Size iki şey bıraktım ki, onlara sımsıkı sarıldıkça hiçbir zaman geri kalmazsınız. O iki şey ise, Allah'ın kitabı ile Peygamberin sünnetidir...

(Resûl-i Ekrem Efendimizin bu hutbesi pek uzundur. Ben hülasa olarak ancak bu kadarını aldım.)

Fahr-i Kâinât Efendimizin bu müessir sözlerini dinleyen, ümmeti o kadar kalabalıktı ki, mübarek seslerini hepsi duyamadıklarından, ashab-ı kiramdan Rebia bin Ümeyye(radiyallahu anh) Resûl-i Ekrem'in hutbesini onlara tekrarlayarak tebliğ ediyordu. Vakit o kadar geç olmuştu ki, ikindi olduğu halde daha öğle namazı kılınmamıştı. Hazret-i Bilal ezan okudu. Kamet getirdi. Evvela öğle namazı, sonra da ikindi namazı eda olundu. İşte o akşam idi ki, Peygamber Efendimize: **«Bugün, sizin dininizi ikmal ettim ve sizin üzerinize nimetimi tamamladım ve sizin için din olmak üzere İslam'ı seçtim»** mealindeki âyet-i kerime nazil oldu.

Ne var ki bu âyet-i celile, Peygamber Efendimizin tebliğine memur olduğu dinî hükümler tamam olunca, kendisinin bu fani âlemi terk etmek zamanının yaklaştığına delâlet ediyordu. Nitekim bu âyet-i kerimeyi işiten Ebû Bekir Sıddîk(radiyallahu anh) hazretleri, Resûl-i Ekrem'in yakında vefat edeceğini anlayıp ağlamağa başlamıştı.

Resûl-i Ekrem Efendimiz hem Mekke'de, hem yolda birçok hutbeler okuyup nasihatler verdikten sonra, Medine-i Münevvere yakınlarında bir yerde, beka âlemine davetli olduğunu ashab-ı güzinine haber verdiler. Fahr-i Kâinât Efendimiz Medine'ye vardıktan sonra hastalandı. Fakat ümmetini nasihatlerden mahrum bırakmamak için daima mescide giderdi. Yine mescidde, ümmetine şöyle buyuruyordu:

— Ey insanlar! Her kimin arkasına vurmuş isem işte arkam gelsin vursun. Her kimin benden alacağı varsa, işte malım gelsin alsın.

Bu sözleri işiten bir adam, Resûl-i Ekrem'e kendisinden üç dirhem alacağı olduğunu söyleyince, derhal adamın üç dirhemini ödedi. Sonra ümmetine pek çok dualar ve nasihatler etti. Son derece yorgun düşmüştü. Ashab-ı Kirâmın tavsiyesi ile minberden inerek ümmetiyle vedalaştıktan sonra, Hazret-i Âişe'nin odasına götüren geçide açılan kapıdan çıkıp zevcesinin yanına teşrif buyurdu.

Hazret-i Âişe(radiyallahu anha) ise o esnada başından pek muztarib idi ve alnını eliyle tutarak şikâyet ediyordu. Resûl-i Ekrem muhterem zevcesini bu halde görünce:

— Sen başından şikâyet ediyorsun. Âişe, ya ben ne diyeyim? dedi. Biraz sonra da Âişe'ye hitaben:

— Benden evvel vefat etmek senin için üzülecek bir şey olmamalı ya Âişe. Zira o vakit ben, senin yanında bulunurdum. Seni kefenine sarardım. Sana dua edip defnederdim, buyurdular.

Hazret-i Âişe ise:

— Gerçekten öyledir ya Resûlallah. Fakat acaba o vakit senin(zevc olarak) sadakatinden emin olabilir miydim? lâtifeli cevabını vererek Resûl-i Ekrem Efendimizi biraz güldürmeğe muvaffak oldu. Resûlullah Efendimizin başı ucunda bir kâse su duruyordu. Mübarek başını ara sıra Hazret-i Âişe'nin dizinden kaldırır, elini suya batırarak alnını ıslatırdı.

Hatemü'l-Enbiya'nın sükun ve vakarı harikulâde idi. Ne kadar uzun müddet dalgın bir halde yatsa da, gözlerini açtığı zaman vaktini hep dua ve niyaz ile geçirirdi. Hazret-i Âişe hiç yanından ayrılmadı. Efendimiz yattığı yerden Bilal'in(radiyallahu anh) ezanını işitirdi. Takati olduğu zaman Mescid-i Şerif'e gider, orada cemaatle namaz kılardı. Vefatına üç gün kala hastalığı iyice arttığından döşeğinden kalkamadı. Ve Hazret-i Ebû Bekir'e imamlık etmesini emreyledi. Rebiülevvelin on ikinci günü Ashab-ı Kiram, Mescid-i Şerifte saflar bağlayıp Ebû Bekir hazretlerinin arkasında sabah namazını kıldıkları esnada Resûl-i Ekrem Efendimiz, Hazret-i Âişe'nin odasından çıkarak Mescid-i Şerif'e geldi. Ümmetinin böyle saf saf durarak namazı eda ettiklerini görünce ziyadesiyle memnun oldu ve tebessüm buyurdu. Her ne kadar kendisi bitap idiyse de, yine Hazret-i Ebû Bekir'e uyarak namazı kıldı. Ashab-ı Kiram ise Fahr-i Kâinât'ı yine aralarında gördüklerinden o kadar mesut oldular ki, büsbütün iyileştiğini sandılar. Fakat Resûl-i Ekrem, namazdan sonra hemen Hazret-i Âişe'nin odasına gitti ve bitap bir halde yatağına uzandı. Hazret-i Âişe(radiyallahu anha) yanındaydı. Peygamber Efendimiz(s.a.v.) başını yine Âişe'nin dizi üzerine koydu ve Cebrail ve Azrail'in(aleyhimüsselâm) gelmelerini bekledi.

Öğle vakti Cibrîl-i Emin Hazretleri Efendimizin saadetli kapısına geldi. Azrail'in dışarıda beklediğini haber verdi. Derken Hazret-i Azrail selâm vererek içeriye girdi ve Hak Teâlâ'nın emrini bildirdi. Bunun üzerine Hatemü'l-Enbiya Efendimiz Hazretleri başını Âişe'nin dizinden kaldırarak Azrail'e hitaben:

— Ya Azrail, gel; emrolunduğun işi ifa eyle, buyurdu.

Hazret-i Azrail de onun nurlu peygamber ruhunu alarak a'lâ-yı iliyyîne çıkardı. Resûl-i Ekrem'in şerefli, mübarek başı muhterem zevcesinin kucağına düştü. Hazret-i Âişe(radiyallahu anha) da Efendimizin ruhunu teslim ettiğini görerek ağlamağa başladı.

VI

Hatemü'l-Enbiya Efendimiz Hazretleri beka âlemine intikal ettiklerinde Âişe-i Sıddîka Hazretleri henüz on sekiz yaşında bulunuyorlardı. Efendisinin vefatından sonra cariye ve köleleriyle birlikte bir eve çekilerek sessiz ve sakin bir ömür geçirmeye başladı. Vaktinin büyük bir kısmını ibadet ve Kur'an-ı Kerim tilâvet etmekle geçiriyordu. Zamanının en büyük fıkıh âlimi idi. Şiirleri ve hikmetli sözleri Medine ahalisinin dilinde destan olmuş, zekâsının üstünlüğü ise herkesçe teslim olunmuştu.

Resûl-i Ekrem(s.a.v.) Efendimizin sevgili zevcesi olması hasebiyle, bütün vaktini onun yanında geçirdiği için Peygamber Efendimizden işittiği yüce Şeriat hükümleri ve hadîs-i şerifler hep hafızasında idi. Ashabın ve Ensar'ın ileri gelenleri(radiyallahu anhüm) dinî işlerde ve şer'i meselelerde kendisine müracaat ederlerdi. Şer'i hükümler hususunda kendisinden fetva isterlerdi. Ata bin Ebi Rebah Hazretleri, Hazret-i Âişe'den bahsederken:

— Halkın en iyi fıkıh bileniydi, derdi.

Urve Hazretleri ise:

— Ben Hazret-i Âişe'den daha iyi fıkıh bilen, ondan daha güzel ve daha iyi şiir yazabilen hiçbir kimse görmedim. Temiz şahsiyeti hakkında âyet-i kerimeler nazil oldu, derdi.[34]

---

(34) Edr-Dürrü'l-Mensûr

Âişe-i Sıddîka'dan(radiyallahu anha) muteber kitaplarda rivayet edilen hadîs-i şerif sayısı, iki bin iki yüz ondur. Bunlardan yüz yetmiş dördü sahih ve üzerinde ittifak edilen hadîslerdir. Buharî-i Şerif elli dört hadîs almıştır.

Hazret-i Ömer(radiyallahu anh) ile sair sahabe-i kiram ve tabiinden birçok zatlar dinî mes'elelerde daima kendisine başvururlardı. Güzel konuşması hakkında Hazret-i Muaviye:

— Ben hiçbir hatip görmedim ki, Hz. Âişe'den daha beliğ ve ondan daha düzgün konuşsun, demiştir.

İbn Kays Hazretleri dahi:

— Ben Ebû Bekir, Ömer, Osman, Ali vesair halifelerin hutbelerini ve hikmetli sözlerini dinlemişimdir. Hiçbirinin kelâmının Hz. Âişe'ninki kadar güzel üsluplu, açık ve fasih olduğunu hatırlamıyorum, demiştir.

Arapların geçmişteki savaşları hakkında da geniş bilgisi vardı. Her savaş hakkında bir şiir yahud bir fıkra söylerdi.

Peygamber Efendimiz bir gün:

— Erkekler arasında kâmil olanlar çok ise de, kadınlardan ancak dört tanesi kâmil olabildi. Onlar da Asiye, İmran kızı Meryem, Huveylid kızı Hatice ve Muhammed kızı Fatıma'dır, buyurduklarında Hazret-i Âişe için de:

— Âişe'nin sair kadınlara olan üstünlüğü seridin(serid = tirit) diğer yemeklere olan üstünlüğü gibidir, buyurmuşlardır.

Hazret-i Ömer halifeliği zamanında maliye divanını tesis ederek Peygamber Efendimizin temiz zevcelerine senelik maaşlar bağlatmıştı. Her birine onar bin dirhem tahsis ettiği halde, Hazret-i Âişe'ye on iki bin dirhem tahsis etti. Hazret-i Ömer gibi, adil bir halifenin bu davranışını anlayamayan bazıları itiraz ederek, istisnaî muamelenin sebebini sorunca, Hazret-i Ömer:

— Âişe, Hazret-i Peygamberin sevgilisiydi, demiştir.

Hazret-i Âişe ise bermutad varını yoğunu muhtaçlara, fakirlere ve din-i mübin yoluna sarfederdi. Her sene Mekke-i Mükerreme'ye gider, Kâbe-i Mübareke'yi ziyaret ettikten sonra tekrar Medine-i Münevvere'ye dönerdi.

Hicretin otuz dördüncü senesine kadar hayatının sükûnetini yalnız bu ziyaretler ihlal etti. Günleri hep birbirlerinin aynı olarak hayır hasenat ve ibadetle geçiyor; bu arada mühim meselelerde karşılaşılan müşkülatları Şeriat hükümlerine uygun olarak halletmekten de geri kalmıyordu.

Medine halkı Hz. Âişe'ye karşı derin bir hürmet hissi beslerdi. Akıl ve zekâsına hayrandılar. Peygamber Efendimizin muazzez zevcesi olduğundan dolayı, kendisini zaman-ı saadetin kıymetli bir yadigârı sayarlar, varlığıyla iftihar ederlerdi.

VII

CEMEL VAK'ASI

Âişe-i Sıddîka(radiyallahu anha) Hazretleri, Hazret-i Osman'ın Medine'de muhasarada bulunduğu sıralarda Mekke-i Mükerreme'ye giderek ziyarette bulunmuş ve bir müddet kalmıştı. Medine'ye dönerken, yolda Serf denilen yerde dayısının oğullarından Ubeyd bin Ebi Seleme'ye rast geldi. Âişe'nin sorusu üzerine Ubeyd:

— Hazret-i Osman katledildi. Yerine İmam Ali halife ikame olundu, dedi. Hazret-i Âişe;

— Eğer öyle olduysa, yemin ederim ki, Hazret-i Osman'ın kanını talep edeceğim, dedi.

Bunun üzerine Âişe Hazretleri, hemen Mekke'ye geri döndü. Doğruca Hacerü'l-Esved'in yanına geldi. Orada halkı yanına topladı. Bir hutbe okuyarak:

— Ey insanlar! Şehirlerin, köylerin avam güruhu, ayak takımı, Medine'nin köle kısmıyla birleşerek Hazret-i Osman'ı haksız yere katlettiler. Bu büyük adamdan çocuklar gibi intikam aldılar. Halbuki evvelce ona her istediklerini kabul ettirmişlerdi. Buna rağmen, zulme ve düşmanlığa hiçbir sebepleri kalmadığı halde yine de düşmanlığa cesaret ederek haram(mukaddes) ayda, haram (kutsal) beldede, haram kanı akıttılar. Binaenaleyh ben yemin ederim ki, Hazret-i Osman'ın kanını taleb edeceğim; çünkü onun bir parmağı bütün dünyaya değer, dedi.[35]

(35) Kitabü'l-Fahri

Hazret-i Osman'ın tayin ettiği Mekke valisi Abdullah bin Âmir el-Hadramî ayağa kalkarak Hazret-i Âişe'ye tabi olacağına söz verdi ve her emrine itaat edeceğini söyledi. Bu hutbesinden sonra Hazret-i Âişe «Asker» isimli meşhur devesine binerek, yanında birkaç bin kişi olduğu halde Basra'ya doğru yola çıktı. Beraberlerinde ashab-ı kiramdan Zübeyr ve Talha Hazretleri de bulunuyorlardı. Yolculuk esnasında el-Hav'eb denilen yere geldiklerinde istirahat etmek için konaklanmasına karar verdi. Hazret-i Âişe'nin kafilesi Hav'eb'de konaklayınca civar köylerin köpekleri ürümeğe, havlamağa başladılar.

— İnnâ lillah ve innâ ileyhi râciun, dedi ve buranın ismi nedir, diye sordu. «el-Hav'eb» cevabını alınca pek ziyade heyecanlandı ve şöyle dedi:

— Bir gün evimizde hep beraber oturduğumuz sırada Peygamber Efendimiz: «Eyvah! Bilmem içinizden hanginiz el-Hav'eb köpeklerinin seslerini işitecektir» buyurmuştu»

Cenab-ı Âişe buraya geldiğine pişman oldu. Daha ileriye gitmemeye niyetlendi ise de Hazret-i Abdullah bin Zübeyr:

—Buranın isminin el-Hav'eb olduğunu söyleyen yalan söylemiş, dedi. Nihayet bir gün bir gece burada kalındıktan sonra, Hazret-i Âişe'yi pek çok müşkülâtla Basra'ya doğru ilerletmeye muvaffak oldular. Ordusuyla Basra civarında el-Merbat denilen mahalle geldiklerinde Basra halkı kendisini karşılamaya geldiler. Hazret-i Âişe devesinin üzerinden yüksek sesle bunlara bir hutbe okuyarak şöyle dediler:

— Medine'de pek çok kimse Hazret-i Osman'ı fenalıkla itham ettiler. Memurları hakkında çok yalanlar söylediler. Şunlar her zaman gelip bu şeylerden beni de haberdar ediyorlardı. Fakat ben bu meseleleri tahkik ettikten sonra, Hazret-i Osman'ın haklı olduğunu ve bu sözlerin iftiradan başka bir şey olmadığını, yemin ederek söyleyenlerin birtakım gaddar ve yalancı insanlar olduklarını gördüm. Bu fena adamlar zamanla çoğaldılar. Kuvvetlenerek Hz. Osman'ın evine hücum ettiler. Bir müddet muhasaradan sonra haram bir ay içinde haram bir kanı akıttılar. Şimdi hem size, hem herkese yakışan bir şey varsa o da Osman'ın katillerini yakalamak ve Kitabullah'ın emri vechile bunları cezalandırmaktır.

Hazret-i Âişe hutbesinin sonunda Al-i İmran sûresinin şu mealdeki 23'üncü âyetini de okudu.

«Kitaptan(Tevrat'tan) kendilerine bir nasib verilmiş olanları görmedin mi ki Allah'ın kitabına —aralarında hakem olmak için— **çağırılıyorlar da sonra onlardan bir zümre**(o kitaba) **arkasını çeviriyor. Onlar böyle**(hakikatlerden) **yüz çevirmeyi âdet edinmiş kimselerdir.»**

Hazret'i Âişe'nin bu beliğ hutbesi ve gür sesi, halk üzerinde büyük bir tesir husule getirerek, Basra ahalisinden bir çoğu kendisine tabi oldular. Böylece Hazret-i Âişe'nin ordusu otuz bin kişiye yükseldi.

Hazret-i Ali(radiyallahu anh) bu olayı duyunca, hemen Mescid-i Şerif'e giderek bir hutbe ile cemaate bu meseleyi anlattı. Bu halin İslâm için hüzün verici olduğunu ifade ederek ve fitneyi uyandırmak değil, bastırmak istediğini bildirerek, Muhacirin ve Ensar'dan bir cemaat ile bunların üzerine yürümek istediğini beyan etti. Bunlar da teklifi kabul ederek hemen yola çıktılar.

İmam Ali, Basra üzerine yürürken beraberinde Medine halkından dört bin kişi vardı. Bunlardan 800'ü Ensar'dan ve dört yüzü de meşhur «ağaç, altında biat edenler»dendi. Basra halkının ekserisi Âişe'nin ordusuna iltihak ettiği gibi, Kûfe ahalisinin de çoğu İmam Ali'nin ordusuna iltihak ettiler. Bu iki ordu el-Haribe denilen yerde karşı karşıya geldiler. İmam Ali(k.v) hazretleri, Hazret-i Zübeyr'i(r.anh) yanına çağırttı ve ona:

— Sen hatırlamıyor musun ki, Peygamber Efendimizle Benî Ganîm'de giderken sen beni görmüş ve Resûl-i Ekrem'e: «Ebû Tâlib'in oğlu Ali nasıl kasıla kasıla ve kibirle yürüyor» demiştin. Fahr-i Kâinât Efendimiz Hazretleri ise: «Ali mütekebbir değildir. Sen haksız ve Ali hakkında zalim olacaksın» buyurmuştu. «Bunları unuttun mu» dedi.

Hazret-i Zübeyr de:

— Evet! Gerçekten öyle demişti. Ben bunu evvelce hatırlamış olaydım hiç buraya kadar gelmezdim, diyerek harp meydanını terk etti ve Medine'ye doğru yola çıktı.

Ne çare ki yolda giderken Amr bin Cürmüs adında

biri Hazret-i Zübeyr'in başını kesti ve İmam Ali'ye getirdi Hazret-i Ali son derece müteessir olarak:

— Zübeyr'in katili cehennemliktir, dedi.

Hazret-i Ali Zübeyr'den sonra Hazret-i Talha'yı da gördü ve:

— Ey Talha! Sen benim emirliğime biat etmedin mi idi? dedi. Hazret-i Talha da:

— Evet! Fakat kılıç tehdidi altındaydım. Sen de sözünde durmadın, dedi.

Hazret-i Ali, her ne kadar sulhu korumaya uğraştı ve gece birçok hutbeler verdi ve nasihatler ettiyse de Cemaziyelâhirin on beşinde iki ordu şiddetle savaşa tutuştular. İmam Ali'nin askeri yirmi bindi. Muharebe bir gün bir gece devam etti. Hazret-i Talha'nın ayağına bir ok isabet etti. Kölesinin yardımıyla muharebe meydanından çıkarak, bir harabede gizlenmeğe muvaffak olduysa da kan kaybından vefat etti. Kabri, Basra'da hâlâ ziyaret edilir.[37]

İmam Ali'nin ordusu oklarını hep Hazret-i Âişe'nin devesi üzerine atıyorlardı. Hazret-i Âişe ise, devesi üstünde bir zırhlı mahfe içinde uzakça bir noktadan muharebeyi takib ediyordu. Mahfenin üstüne o kadar ok isabet etti ki, bir kirpi sırtı halini aldı. Fakat bir türlü deveyi öldürmeğe muvaffak olamadılar. Nihayet İmam Ali, kat'i emirler vererek devenin etrafını sardırdı. Sonunda deve yaralanarak düştü. Âişe cenapları geceye kadar mahfe-

(37) Tarih-i İbü'l-Verdî

sinde kaldı.

Her iki taraftan on bin kadar zâyiat verildikten sonra, harbe son verildi. Hazret-i Ali, Âişe-i Sıddîka'nın kardeşi Muhammed bin Ebû Bekir'i kızkardeşine göndererek yanına davet etti. Kendisine asla kötü bir muamelede bulunmadı. Âişe'yi Basra'da Abdullah bin Halef'in evinde misafir etti. Receb ayı başlarına kadar, Âişe cenabları İmam Ali'nin emriyle orada kaldı. Sonra Hazret-i Âişe'yi Mekke'ye gönderdi. Yarı yola kadar kendi oğulları Hazret-i Hasan ve Hüseyin de Âişe'ye refakat ettiler. Ayrıca Basra'nın en önde gelen kırk asil kadını da Hazret-i Âişe'nin maiyetinde idiler.

Hazret-i Âişe İmam Ali Hazretlerine veda edeceği sırada, orada hazır bulunanlara hitaben:

— Çocuklarım! Hiçbir taraf diğer tarafı suçlamasın. Benimle Ali'nin arasında eskiden kalmış bir şeyimiz yoktur. Her ne olduysa damad ile kayınvalide arasında olan bir şeydir. Ne olduysa yine hayırlı oldu, dedi.

Hazret-i Ali de:

— Evet! Yemin ederim ki. Peygamberin dünya ve ahirette zevcesi olan Hz. Âişe ile aramızda olan şey aynen kendisinin dediği gibidir. Şimdi ise aramızda hiçbir şey olmadığını yeminle haber veririm, dedi ve Hazret-i Âişe'nin kafilesini bir müddet uğurladı.

Hazret-i Âişe doğruca Mekke'ye geldi. Hac zamanına kadar orada kaldıktan sonra Medine'ye avdet etti.

VII

Hicret'in onuncu yılından 58'inci yılana kadar olan uzun zaman zarfında, Cemel Vak'ası istisna edilirse, Âişe-i Sıddîka(radiyallahu anha) hazretlerinin bütün zamanı hep ibadet Kur'an tilaveti, fakir ve muhtaçlara yardım ile geçmiş ve nice hadîs-i şerifler rivayet ederek dinî meselelerde pek çok fetvalar vermiştir.

İşte Ümmü'l-mü'minin(Mü'minlerin annesi) hazretlerinin bütün hayatı hep böyle idi. Nefsini İslâm dinine hizmete vakfederek kendisini Muhammed(sallallahu aleyhi ve sellem) ümmetine sevdirdi. Hem Mekke-i Mükerreme ve hem de Medine-i Münevvere ahalisi zat-ı pâkiyle iftihar ederlerdi. Zamanının büyükleri kendisinin deha sahibi, harikulâde bir kadın olduğunu teslim ederler, Ümmü'l-Müslimîn namını ayyuka çıkarırlardı.

İslâm'ın uzun ve mühim bir safhasını teşkil eden hayatı Hicret'in elli sekizinci yılında son buldu.

Vefatı sırasında:

— Beni bir kefene sarınız ve uşağım Zekvân beni kabre indirsin. Bu hizmetine mukabil de ben onu azad ettim, buyurdu.[38]

Hazret-i Âişe(radiyallahu anha) dar-ı bekaya göçer göçmez ev halkı ağlamaya başladılar. Ümmü Seleme cariyesini göndererek:

— Git, bak neye ağlıyorlar, dedi.

(38) Ravzatü'l-Ahhâb.

Cariyesi Âişe cenablarının evine gidip gelerek, vefat etmiş olduğunu bildirdi. Ümmü Seleme de ağladı ve:

— Peygamber Efendimiz Ebû Bekir'den sonra en çok kendisini severdi, dedi.

Âhirete intikal eylediği gün Ramazanın onbeşinci gecesi idi. Vefat ettiği gece defnedildi. Bütün Medine halkı cenazesinde hazır bulundu. Ebû Hüreyre(radiyallahu anh) hazretleri cenaze namazını kıldırdı. Mübarek naaşlarını kabre indirenler ise, Muhammed bin Ebû Bekir'in Abdullah ve Kasım adlı oğulları ile Abdullah bin Abdurrahman ve Hazret-i Zübeyr'in Abdullah ve Urve adlı oğulları idi.(Radiyallahu anhüm).

Küçük yaşından beri Muhammed(s.a.v.) ümmetine eylediği hizmet ve hasenatıyla halkı memnun ve müsterih kılan bu ulvî ve muazzez annemizin vefatı, İslâm âlemini emsâlsiz bir nurdan mahrum etti. Kadın, erkek, genç, ihtiyar bütün mü'minler annelerini kaybeden yetimler gibi kaldılar.

Asr-ı Saâdet'in o şevketli günlerinde ömür süren temiz İslâm kadınlarının hepsi, içinde yaşadıkları asrın ulviliğine yakışır bir hayat sürdüler. Her birinin ömrü, başlı başına bir devirdir. Hayat hikâyeleri tarihin mühim olaylarından addedilir.

Kayan yıldızların ani ışıkları gibi, bir an için İslâm fezasını aydınlattılar ve hâlâ arkalarında bıraktıkları parıltılar bizi yine de aydınlatıyor ve teselli ediyor. Müslüman'ların karanlık ve gamlı günlerinde —zamanımız günleri gibi— o parlaklık sayesinde, biz de bir gün arkamızda bir nuranî iz bırakabileceğiz emeline kapılarak yeniden ümidler beslemeğe başladık.

ABBÂSE SULTAN

MEHDİ KIZI

I

Garb edebiyat âleminin şiirlerini, hikâyelerini ve seçkin eserlerini, geçmişlerin kendilerinden sonra geleceklere bırakmış oldukları o eski zaman yadigârlarının abideleşmiş hatıralarını tefekkür edersek, her memleketin kendisine ait hususî efsâneleriyle, sanat anlayışına ve halet-i ruhiyesine uygun düşen efsaneleriyle, olay ve tarihleriyle şöhret kazanmış olduğunu görürüz.

Geçmiş devirlerin bu renkli, muhayyel fâcialı ve acıklı olayları, üzerlerinden senelerin geçmesiyle bir yığın ilaveler ve süslemelerle güzelleşiyor ve günümüze kadar yetiştiğinde işittiğimiz zaman hayretlere düşüyoruz.

O menkıbelerin nâdideliğine, maceraların zenginliğine hayret ederek zevk alıyoruz. Edebiyatçıların kalemleriyle, heykeltraşların çekiçleriyle, şairlerin güfte ve musikişinasların besteleriyle unutulmaz bir hale getirdikleri mânalı eserlerin kahramanlarına, o kendilerine yâr olmayan talihlerinin zavallı kurbanlarına derhal gönül veriyoruz. Hep şu tatlı, sevimli, mazlum simalara, bedbaht «Jüliet»lere, hayalperest «Ofelya'lar»a, dokunaklı «İzolet'ler»e tam mânasıyla meftun oluyor ve bu insana hüzün veren güzellerin emsalsizliğine kanaat getirerek hayat maceralarına hayran kalıyoruz. Onları tanır tanımaz derhal acıyıp seviyoruz. Ecnebî olan isimler, ana dilimizde âdeta birer sembol kesiliyor. Teşkil etmiş oldukları müstesna mevkiin seçkinliği bizi büyülediği için, onları ah'larla anıyoruz.

Garb edebiyatına bilir bilmez mübtela olduk. Her tarzını taklide koyulduk. İyi mi yaptık acaba? Medeniyetimizi bozmayacak cihetlerini, milletimizin muhtaç bulunduğu bahisleri tercüme etseydik, yazar ve düşünürlerin sadece ilim ve fennin yayılmasını kolaylaştıracak, terakki yolunda bizi aydınlatacak faydalı eserlerini dilimize kazandırsaydık kifâyet etmez miydi? Fakat heyhat!.. Ruhumuzu, hissimizi, fikrimizi artık Garb zevki istilâ etti. Şahsiyetlerimizi unutarak, onlara benzemekte bir ulviyet bulmak azmiyle hepimiz, istisnasız asrımızın «panürjizm» adı verilen ve dilimizde «kösemenin koyunları» denilebilecek olan bulaşıcı hastalığına yakalandık!.. Bu yeni hevesimizi daha büsbütün alamadık. Alıncaya kadar da ne kıymetli vakitler kaybedeceğimizi görmüyoruz.

Mâzimize, o parlak mâzimize bir kere olsun baksak, hatamızın büyüklüğünü derhal anlardık. Mâlumatımızı, yalnızca Garb edebiyatının esrarlı definelerinden devşirdiğimize pişman olurduk. Bizim Şark'ın eski eserlerinde mevcud olan hayal hazinesi o derece mücevherat ve nadir bulunur kıymetlerle doludur ki, oraya baktığımız zaman nurlu parıltılarıyla gözlerimizin kamaşacağından eminim. Zira Garb'ın bize hiçbir zaman veremeyeceği kıymetleri o gizli hazinelerde görürdük. Hariçten borç mal alacağımıza, kendi milletimizin bin müşkülatla muhafaza etmiş oldukları millî mala mâlik olurduk! Hem de öyle mal ki, öyle mücevherler ve öyle kumaşlar ki, sahtekârlıktan, hileden uzak; kibar, sade ve halis; Müslüman'lığın muhterem ve mütevazı, şimdiye kadar halkın nazarlarına görünmemiş, hiç el sürülmemiş, en güzel, en parlak ziynetlerine sahib olmakla kendimizi nihayet derecede zengin ve mesud addedebilirdik. İstesek ne kadar mahzun yüzlü bedbahtlara o nadir kumaşlardan entariler biçerdik! Muhteşem işlemeli, ağır kumaşları mevsimimizin son modasına ne kadar iyi tatbik ederdik. O harikulâde eski ziynetlerimizden, bugün güzel sanatlarımızın her dalında faydalanarak iftihar ederdik. Ah, meram etsek!.. Meramın elinden ne kurtulurdu? Ne kadar tatlı, asil ve dramatik kahramanlarla tanışarak istifade ederdik!.. İslâm tarihinin her devri mühim olaylarla doludur. Her asrı, takdire şâyân ve merhamete lâyık îslâm büyükleri ile şöhret kazanmıştır.

Romeo'nun şiiriyetini, gençlik ve sadakatini hiçe indiren aşkları, Jüliet'in cazibe, güzellik ve sevdasını sönük bırakan vefaları ile namlarını ebedileştirmiş olan Cafer Bermekî ile Halife Mehdi'nin kızı ve Harun Reşid'in kızkardeşi Abbase'nin yalnız elim bir maceradan ibaret olan hayatı neden, acaba neden bizim kalem erbabının ilgisine mazhar olmamıştır? Bu iki âşık kalbin büyüklüğü neden hiç nazar-ı itibarımızı celbetmemiştir? Bir müstebidin keyfine kurban olan Abbase ile Cafer'in müstesna hayat hikâyeleri, millî bir eser vücuda getirebilmek için kifayetsiz ve ehemmiyetsiz bir mevzu mu addediliyor?

Büyük başlar tarafından irtikâb edilen büyük kusurların zararı, o kusurların doğuracağı feci kötülüklerden daha az olur. Bir fiilin kendisi fena ise, o fiilin husule getireceği ziyanlar her zaman için defalarca daha beterdir.

Tarihin dehşet verici haksızlık ve yolsuzluklarını uzun uzadıya tefekkür ettiğimiz vakit, geçmiş zamanların kanlı işleri karşısında yaşadığımız şu günlerin iyiliğini -istemeden de olsa- kabul etmekten kendimizi alamıyoruz. Cemiyet hayatımızın ne mertebeye yükselmiş olduğunu görünce, bu tedrici terakkiyi kutluyoruz. Zamanımız herhalde, her hususta ve her cihetle insaniyetperverlik zamanıdır.

O müstebid halifeler düşünebilmiş olsa idiler, vurdukları yürek parçalayan kanlı darbelerin ciddiyetini ve ne vahim akisler bırakacağını düşünmüş olsa idiler, ihtimal ki zalimce davranışlardan biraz çekinirler ve şöhretlerini muhafaza etmek için gururlarını feda ederlerdi.

II

Hicret'in ikinci asrında ömür süren asil kadınlar zümresine mevcudiyetiyle kıymet katan seçkin kadın, o şanlı halifenin kızkardeşi ne kadar acılı bir kaderin ansızın kurbanı olmuştu!..

Abbasî halifelerinin üçüncüsü olan Mehdi'nin dilber, zeki ve hazırcevap kızı Abbase, İslâm tarihinin en acıklı bir sahifesini teşkil ettiğinden, Harun Reşid'in şöhret güneşini karartan hüzün verici bir buluttur.

Asil ve necib Beni Haşim ailesinin fertleri arasında müstesna bir mevkii olan Abbâse, genç yaşından beri zekâsı ve güzel konuşmasıyla akranı arasında temeyyüz etmişti. Herkes onu seviyor, herkes beğeniyordu. Bu büyük prensesin hayatı, fakat hayatının yalnızca ilk seneleri, muhteşem bir peri masalına kıyas olunabilir. Bağdad denilen o gül bahçesinin en güzel bir yuvasında geçen o çocukluk günlerini güllerin kokuları, bülbüllerin nağmeleri, ateşli şafaklar, mis kokulu şekerler süslüyor; ruhunu ve hissini san'atın ve dünyevî güzelliklerin fevkalâdelikleri besliyordu. Tebessümler, şefkatler, zevkler, safalar içinde büyüdü. Musikişinas, şair, edib, gönül çelici, göz alıcı ve çiçeklerin süslerin, nazların, sevdaların bu ışıklı sevgilisi Dicle nehrinin kenarındaki mükellef sarayında, anber kokulu koridorların, çiçekli odaların sükutunda itina ile, hülyalar içinde bilendi, parladı. Tantana, ihtişam, debdebe... Hayatın bütün bu gösterişli süsleriyle yaşadı.

Fakat bu peri yüzlü, mütefekkir güzelin öbür perilerle o lâtif varlıklarla alâkası, çocukluk ve ilk gençlik yıllarının efsunlu ahenginden ibaret kaldı ve onlara benzerliği ise, ömrünün şaşaalı baharından ve çiçeklenen sevincinden başka bir şey olmadı. Zira hayatının yumuşak gerdanına seve seve dolanan incili olaylar gerdanlığını elimize alıp yakından tetkik ettiğimiz zaman görürüz ki, incilerin bağı keder bağıdır. Böyle nadide bir gerdanlığa sahip olmak bahtiyarlığını kim âsude günlerinin rahatlığına tercih eder?

Abbâse de o paha biçilmez inci gerdanlığa bedel bir sıra saadet günleri satın almak istediyse de felek razı olmadı. İncileri boynundan çıkarmak cüretine teşebbüste bulunduğu, sırf böyle bir fikir beslediği için düşmanlıklara maruz kaldı ve cezaya lâyık görüldü.

Abbâse'ye felâket çıkmazına girdiğinden dolayı kıyılmadı. Hayır!.. Başkalarından izin almadan emeline kavuşmak istediği için helâk oldu. Kaderin darbesi altında ezilerek, her insanın bu fani dünyaya borçlu olduğu borcu bütün mevcudiyetiyle ödedi. Böylece de katli yüzünden tarihî bir menkıbe, mahvı sebebinden müstesna bir şahsiyet olarak -gariptir- trajik hayatı sayesinde de ismi unutulmayan simaların isimleri sırasına geçti.

III

Harun Reşid'in debdebeli saltanatı sırasında mühim bir mevki kazanan Bermekîler, Abbasi halifeliğinin ikincisi olan Halife Mansur zamanından beri Bağdad'da yerleşmiş İran memlukleri idiler. Cafer Bermekî'nin büyükbabası, Harun Reşid'in büyükbabası olan Halife Mansur'a vezirlik etmişti. Hilafet merkezinde pek büyük şöhretleri vardı. Cömertlikleri ve keremleri darb-ı mesel haline gelmişti. İktidar ve kuvvetleriyle bütün halk iftihar ederdi.

Cafer Bermekî'nin babası olan Yahya bin Halid Bermekî, ailenin en eli açığı idi. Bağdad sokaklarından geçtiği vakit, sağa sola, bütün fakir ve muhtaçlara o kadar iyilikler ederdi ki, hangi taraftan geçse ahali bir rahmet yağmurunun yağdığını birbirine haber verirdi. Hayrat ve hasenatı hesaba gelmezdi.

Bir gün resmî bir toplantıda bulunurken düşmanlarının en cimrilerinden biri onunla mecburen tokalaşacağı sırada elini birden geri çekti ve Yahya bin Halid Bermekî'nin şaşırarak, nedenini sorar gibi alaylı alaylı yüzüne baktığını görünce;

— Seninle tokalaşmaktan çekiniyorum. Zira korkuyorum ki, elini tutacak olursam cömertliğin bana da bulaşır, dedi.[39]

Bermekîlerin sarayı Dicle nehrinin kenarında hilafet sarayının tam karşısında idi. Gece gündüz kapıları açık

(39) Kitabü'l-Fahrî.

olduğu için, önünden halk eksik olmazdı. Ebû Nüvas o saraya «İslâm'ın sığınağı» adını vermiş ve onları kasidelerinin birinde överken: «Bermekîleri hiç kaybetmezsen ey fani dünya, seni övgülerime lâyık görürüm»[40] demiştir.

Yahya bin Halid Bermekî'nin dirayetsiz bir halife olan Hâdi'ye vezirlik ettiği günlerde halifeye manidar bir ders verdiği rivayet edilir[41]: Hâdi, bir gün pek cazibeli bir cariyeyi 100 bin dinara satın almak istedi. Veziri, bu fiyatın son derece fahiş olduğunu kendisine defalarca anlatmak teşebbüsünde bulundu. Fakat ısrarın faydasız olduğunu anlayınca meselenin halli için başka çareler aramaya koyuldu. Böyle masrafların devlet hazinesi için bir yıkım olduğunu düşünürken aklına birdenbire bir hile geldi. Yüz bin dinarı bozdurarak dirheme tahvil ettirdikten sonra, Hâdi'nin namaz kıldığı camiye gitti ve paraları avlunun bir ucundan öbür ucuna kadar serdirdi. Sonra Hâdi ile birlikte Cuma namazına o camiye geldi. Halife avlu kapısından girince:

— Bu nedir? Ne kadar da çok para! diye hayret etti.

Veziri artık fırsat bulduğundan, halifenin mahud cariyenin satın alınması için harcanmasını emrettiği yüz bin dirhem olduğunu söyledi. Hâdi bunu çok görerek cariyeyi almaktan vazgeçti.

Yahya bin Halid Bermekî, Hâdi'den ziyade kardeşi Harun Reşid'i sevdiği için, Hâdi'nin oğlunu veliahtlığa

(40) Kitabü'l-Fahrî.
(41) Taberî.(Tarihçiler bu olayın zamanında ihtilâf ediyorlar.)

tayin etmek istedikleri zaman elinden geldiği kadar mani olmaya çalıştı ve Harun Reşid'i ikna ederek veliahd tayin edilmesi için çok gayretler gösterdi. Çünkü Hâdi'nin zaafını biliyor ve Harun Reşid'in iktidarını takdir ediyordu.

Hâdi'nin bir seneden ibaret olan devri sonunda nihayet meramına nail olarak, Hâdi vefat edince Harun Reşid'i yerine halef yaptı ve halkı toplayarak ona biat ettirdi. O günden itibaren Harun Reşid, Bermekîlere minnettar oldu. Şükranını her türlü göstermekten geri durmadı. Yahya'yı babası gibi sayardı. Halifeliğinin ilk yıllarında kendisine vezir tayin ederek devlet işlerini tecrübeli ellerine teslim etti. Vilayetlerinin çoğu onun idaresi altında idi. Birkaç sene vezirlik ettikten sonra Yahya, memleketin dış siyasetiyle uğraşmağa bağladı. Oğlu Cafer ise, halifenin en yakın veziri, sırdaşı, dostu, arkadaşı olmuş; halifenin gönlünde büyük bir mevki tutmuştu.

Cafer, o zaman yirmi yaşındaydı. Halifenin sütkardeşi sıfatını da taşıdığından sarayın ve harem dairesinin kapıları kendisine daima açıktı. Harun Reşid'in bütün aile efradı ile görüşür, arkadaşlık eder, herkesin hatırını alarak kendisini sevdirirdi.

Uzun boylu, zayıf endamlı, aydınlık simali, beyaz benizli çember sakallı, ateşin gözlü, müstehzi tebessümlü, mizacen hiddetli, fazilet sahibi, gayet cömert ve âlim bir kişi olan Cafer'in serveti, hemen hemen halifeninki ile kıyas olunabilecek kadar muazzamdı. Bağdad'da onun iyiliği dokunmamış bir can yoktu. Herkes onu son derece sayıyor ve hilâfet merkezinin aydınlık bahtı olarak telakki ediyordu.[42]

Harun Reşid'in en güç ve zahmetli görevlerini o görür, müşküllerini o halleder, işlerini o yoluna koyar, hükümetin idare dizginlerini eline alarak halifeyi her sıkıntıdan o kurtarırdı. Geceyi gündüze katarak devlet işleriyle böyle canı gönülden uğraştığı halde halifeye her gezintisinde refakat eder, her sohbetinde sözüne[43] kıymet vererek Harun Reşid'e nedimlik eder, sarayda beraberinde bulunurdu. Sazdan anlar, şiir söyler, sanat bilir, güzel konuşur, âdil, kâmil, ârif, alçak gönüllü, zarif[44] bir şahsiyetti. Bağdad'ın her meclisinde görünen bu bulunmaz vezirin söz ve davranışlarını takdir etmeyen, övmeyen kalmamıştı.

Birçok âlimler getirterek, yabancı dillerden kitaplar tercüme ettirdi. Filozofları, âlimleri himaye ederek üniversiteler açtı. Ticareti, tıp ilmini, hikmeti yayarak Bağdad'ı pek az bir zaman içinde bir ilim merkezi haline getirerek, onu «esvakü'l-edeb(edebler pazarı) diye yâd ettirmeğe muvaffak oldu.

Harun Reşid, kendi keyfine hizmet edenleri aşırı derecede mükâfatlarla sevindirir; servetini, devlet hazinesinin gelirlerini cömertlik olsun diye şahsiyetine feda ederdi. Cafer Bermekî ise devletin hayrını, halifenin şöhretini pek sevdiği, fakat iyice çekindiği sütkardeşinin nihayetsiz gururunu muhafaza uğrunda malını sarf

(42) Kitabü'l-Fahrî.
(43) El-Fahrî.
(44) Zeydan.

eder; her ne kadar zevkine düşkün ise de servetinin ya-
rısından fazlasını hayır ve hasenata harcardı.[45]

Cafer'in iyi idaresiyle Harun Reşid, meşhur oldu.
Cafer'in cömertliği sayesinde muhtelif menkıbelere ko-
nu oldu. Cafer'in kabiliyet ve dirayetiyle irfan sahibi ad-
dedildi. Cafer'in sayesinde edibler, şairler, bilgeler mec-
lisine katıldı. Hülasa, Cafer'in varlığıyle Harun Reşid
olabildi.

Ne mutlu o canlara ki, kendi yüksek meziyetlerini
başka şahıslardan aldıkları halde, olgunluklarını kay-
betmeyerek onunla manevî eksikliklerini telafi ederler!..
Harun Reşid, ilk hilâfet yıllarında muktedir bir sanatkâ-
rın yaptığı pek mühim, fakat henüz hatları belli belirsiz
bir taslağa benzerken, Cafer Bermekî'nin vezirliği müd-
detince, zamanla, o kabataslak, hüviyetinden, nefis bir
tablo halinde meydana çıkmıştır.

Halife ile vezirinin, birbirine nasıl sağlam bir rabıta,
sevgi hissi ve namütenahi bir emniyet ile bağlı bulundu-
ğunu anlamak için, aşağıdaki manidar fıkrayı okumak
kâfidir.

Cafer Bermekî bir gün yakın dostlarını bir içki ve saz
meclisine davet eder. Bunların hepsi âdetleri veçhile,
kırmızı, yeşil ve sarı işlemeli entarilerini giydikten, ha-
nende ve sazendelerle beraber ipekli kumaşlarla dö-
şenmiş olan, kubbeli ziyafet salonuna topladıktan son-
ra, halifenin veziri perdedara hususi emirler verir. Geç

---

(45) Kitabü'l-Fahrî.

kalan davetlilerden Cafer'in pek hoşlandığı Abdülmelik bin Salih'ten başkasını içeriye sokmamasını tenbih eder. Eğlence başladığı sırada perdedar içeri girerek Abdülmelik bin Salih'in geldiğini haber verir. Cafer toplantıya buyurmasını rica eder. Bunun üzerine perde açılır ve Abdülmelik bin Salih içeriye girer. Cafer karşılamak için gülerek koşar ve tam elini sıkacağı anda birdenbire utancından donakalır. Zira kubbeli salona giren zatın ismi her ne kadar Abdülmelik bin Salih ise de kendisi Cafer'in beklediği Abdülmelik değildi. Salonun girişinde olanca vakar ve azametiyle duran şahıs, halifenin son derece hürmet ettiği ve tenkidlerinden son derece korktuğu, gayet dindar, metin ve haşmetli amcası idi. Cafer karşısındaki muhterem simanın bakışlarından o kadar sıkılır ki, kıpkırmızı kesilerek, istemeyerek yapılan bu hatanın münasebetsizliğini affettirmek için Abdülmelik'ten özür dileyerek olayı anlatır. Abdülmelik ise geceyi bozmamak için, ömründe içki içmediği ve halifenin ısrarlarına rağmen hilâfet sarayında bile böyle meclislere katılmadığı halde, büyük bir memnuniyetle öbürleri gibi renkli bir entari ister ve giyinip gelerek bâdesini doldurmağa başlar.

Bu nazikâne davranışı gören Cafer, artık minnettarlığını nasıl göstereceğini bilmez. Elinden gelen ikram ve iltifat ile Abdülmelik'e mukabele ettikten sonra ziyaret sebebini sorar.

Halifenin dindar ve hatırşinas amcası ise üç ricası olduğundan dolayı geldiğini söyler.

Cafer:

— Buyurunuz, efendim. Söyleyiniz...

Abdülmelik:

— Evvela bir milyon dirhem borcum var. Ödenmesini Harun Reşid'in kereminden arzu ederim.

Cafer:

— Evinize döndüğünüzde keseleri bulursunuz. İkincisi nedir?

— Oğlum için bir memuriyet istiyorum.

— Size vaad ederim ki, halifeye arz edeceğim. Yarın oğlunuza Mısır Valiliği fermanını imzalı olarak göndereceğimi ümid ederim. Üçüncüsü nedir efendim?

— Halifenin kızının dest-i izdivacını oğluma istiyorum.

— Bu isteğinizin olması için de can ü gönülden çalışırım. Akidnameyi yarın imzalatıp size gönderirim.

Bu suretle Abdülmelik'in üç ricasını vekaleten husule getirmeğe muvaffak olur. Abdülmelik de teşekkürlerini bildirdikten sonra evine döndüğü zaman vaad edilen paraları bulunca Cafer'e pek çok dualar eder.

Ertesi gün Cafer, Harun Reşid'e gidip keyfiyeti uzun uzadıya hikâye ederek Abdülmelik bin Salih'in nasıl hatır için içki içtiğini söylediği vakit halife bu hadiseden o kadar hoşlandı ki, gülerek Cafer'e:

— Çok iyi ettin kardeşim. Ferman ile akidnameyi getir de şimdi imza edeyim(46) dedi ve mühürledikten sonra amcasını çağırıp kendisine teslim etti.

Halifenin gıyabında olayları, hadiseleri, işleri idare eden, hatta ilgilenmediği ricaları, arzuları, müşkülleri kabul edip çözümleyen, devlet işlerini yoluna koyan, halkı aydınlatan bu gönüldaş, bu aziz dost, bu itimad edilir vezir, bu sevgili kardeş, bu her sözüne güvenilir, her nazı çekilir Cafer ile Harun Reşid'in bir gün aralarının açılacağı hiç hatıra gelir miydi? Birbirini bu kadar sevdikleri halde gelecekte bu iki dostu ayıracak, bu iki gönlü soğutacak bir gün doğabilecek miydi? Aralarında bir şeyi gizli tutmayıp her sırrını halife vezirine, vezir halifesine açtıktan sonra, hayatlarını birbirinden gizleyecekleri bir zaman gelebilecek miydi? Cafer, huzurundan çıkar çakmaz Reşid'in tekrar çağırtarak yanından ayrılmasını istemediği günlerin sonu var mıydı? Beraber ava çıkmayacakları, yarışlarda koşmayacakları, geceleri asıl hüviyetlerini gizleyerek gezmeyecekleri, vezirin hilâfet sarayındaki gece eğlencelerine davet edilmeyeceği günleri Cenab-ı Hak yaratmış mıydı?

Evet!.. Öyle günler yaratılmış ve gelmesi de yakındı. Zira bin türlü sebepler ve bin türlü meşguliyetler ile zincirlenen günlük olayların gidişatı, böyle bir günün gelmesini sakin sakin hazırlıyordu. Evet, Cafer'in istikbal ufkunda uçuşan bulutlar böyle bir değişimin, tedrici bir değişimin olması ihtimalini gösteriyordu. Çünkü Cafer'in

(46) Kitabü'l-Fahrî.

şöhreti günden güne arttıkça, düşmanları da o nisbette çoğalıyordu. O herkesi mertliği, cömertliği ile kendisine minnettar edebileceğini zannediyordu. Halbuki halifenin ona verdiği en küçük bir imtiyaz hep o iyiliklerini unutturuyordu.

Evet!.. Cafer'in o pırıl pırıl, şaşaalı ikbalinin bir gün sönmesi ihtimali akla bile gelmezken, kin ve hasedler yüzünden aşikâr bir şekilde tezahür ediyordu.

Halife ile vezirini birbirine bağlayan güven duygusunu ihlal etmeğe çalışanlar çoğalıyor, Harun Reşid'in fikrini değiştirmek isteyenlerin kuvveti gittikçe artıyordu. Hatta, Harun Reşid'in karısı Zübeyde, Kâbe olayından beri Cafer'den nefret ediyor ve elinden geldiği kadar, her fırsatta aleyhinde bulunuyordu. Halifenin önünde, Mekke'de kendi huzurunda oğlu Emin'e üç defa emanete hıyanet etmeyeceğine yemin ettirdiğini ve Emin yemin ederken, kendi gözlerine Cafer'in nasıl muzafferane bir şekilde baktığını unutamıyor, Harun Reşid'in ikinci oğlu olan Me'mun'u Emin'den sonra hilâfet veliahdı tayin ettirmesini hazmedemiyor ve bu İran memlükünden bir gün intikam almayı kendi kendisine vaad ediyordu.

Cafer'in silahı ise yalnız nimeti idi. Vicdanı müsterih olduğu için kimsenin düşmanlığından, hatta halifenin garazından bile korkmuyor, herkesi kendisi gibi biliyordu. Harun Reşid'in onu artık sevmeyeceği, kıskanacağı bir günün katiyyen gelmeyeceğine inanıyordu. Kendi sarayının etrafında toplanmış olan halkı, Dicle'nin karşı sahilinden seyrederken -düşmanlarının yardımıyla- halifenin bir gün gelip aleyhinde kötü niyetler besleyebileceğini hatırından geçirmiyor, bu fani dünyanın her şeyinin fenaya uğrayacağını düşünemiyordu. Zira saadet ve refah perdeleri gözlerini örtmüştü.

Âlemi bir seraptan başka bir şey addetmiyor, o serabın ebediyetine inanarak, bu sihir ile mest yürüyor; hayatta imkânsız zannedilen olayların umumiyetle pek mümkün olduğunu bilmeyerek rahat ve dürüst yaşıyordu. Harun Reşid, sevgili kızkardeşini sevdiği kadar kendisini de sevmiyor muydu? Cafer, halifenin dostluğundan emindi.

Evet!.. Reşid, çocukluğunda ona arkadaşlık eden, daima yanında bulunan, kendisiyle beraber oyunlar oynayan kızkardeşine nasıl bir sevgi hissiyle bağlı idiyse, gençliğinden beri yanından ayrılmayan, her keyfine uyan ve her nazına tahammül eden vezirine de o derece bağlı idi. Birinin sohbetinden ne kadar hoşlanırsa, diğerinin sözünden de o kadar zevk alırdı. Birinin şiirinden ne kadar memnun kalırsa, öbürürün arkadaşlığından da o kadar haz duyardı. Abbâse'nin edebiyatından ne kadar tat alırsa, Cafer'in hikmetli sözlerinden de o kadar feyz alırdı. Kızkardeşinin cazibesiyle ne kadar iftihar ederse, vezirinin vakarıyla da o kadar övünürdü. Hülasa birinin yokluğuna ne kadar dayanamazsa, diğerinin yokluğuna da o kadar dayanamazdı. Sarayında beraber, bahçesinde beraber, meclisinde beraber bulunurlar; sazına ve sözüne mukabele, felsefe ve ilme dair müzakere ederlerdi. Abbâse bir âlim sayılacak derecede tahsil görmüş olduğu için, kardeşi daima onun fikirlerinden istifade etmek isterdi. Harun Reşid, kızkardeşinin bilgisinden o kadar emindi ki, Abbâse ile saatlerce oturur, konuşur, her türlü mesele hakkında görüşlerini alırdı. Sonra konuştuklarını karısı Zübeyde'ye nakledince, Zübeyde fena halde bozulurdu. Zira insan bilmediğinin düşmanı olduğu için, Abbâse'nin bu güzel ve yüksek meziyetlerinden hiçbir tat alamazdı. Kendisi de az çok ilme âşina bir kadın olduğu halde, gariptir ki halifenin Abbâse'deki dirayete bu kadar meftun oluşunu ve nüfuzu altında kalışını âdeta kıskanır ve bundan, dolayı da Abbâse'den hazzetmezdi.

Hilâfet sarayının kubbeli, ağır ipeklilerle döşeli, şiirli, anber ve misk kokulu salonlarında kurulan meclislerde, Harun Reşid, Abbâse ve Cafer musiki ve kaidelerinin sihriyle büyülendikleri zaman Bağdad'ı, devleti ve cihanı unutacak kadar bahtiyar olurlardı. Bu feyizli saz ve sohbet kaynağından kim bilir ne zümrütler, ne yakutlar, ne inciler, ne etek etek cevherler saçılırdı? O ipekler ve atlaslarla kaplanmış duvarların dili olaydı, asrımıza ne güzel ve ince letafetler, hayali ve ruhu okşayan zevkler ve ne manidar ve nükteli sözler hediye ederlerdi. Heyhat! Duvarlar yıkıldı. Şiirler uçtu. O günler unutuldu. Bu parlak maziden bize mahdud bir hatırat hazinesi kaldı. Harun Reşid, Abbâse ve Cafer'den müteşekkil bu dostluk üçgeninin, bu hatırat deryasından geçtiğimizde dalgaların serpintisiyle teselli bulabiliyoruz.

Harun Reşid bu «dostluk üçgeni»nden pek bahtiyardı. Abbâse ile Cafer yanında bulunduğu müddetçe, devlet meşgalelerini unutarak sadece keyfiyle meşgul olabildiğinden dolayı kendisini yürekten alkışlıyordu. Kubbeli eyvanların meclislerinden o derece haz içindeydi ki, zatını rahatsız etmeğe gelen bütün âlimlere ve mevki ve makam sahiplerine sevincinin sebeplerini söylemekten kendini alamıyordu. Abbâse'nin zekâsını övüyor, Cafer'in dirayetini takdir ediyor ve bunlarla nasıl iftihar duyduğunu gösteriyordu. Ne çare ki âlimlere bu halet-i ruhiyesini anlatamıyordu. Zira içki ve eğlence meclislerine iştirak edemeyen bu dindar zümre, gerçi Hicret'in henüz ikinci asrında oldukları halde içki içmeyi caiz görüyorlar idiyse de, Abbâse ile Cafer'in buluşup görüşmesini tenkid ediyorlar ve çirkin görüyorlardı. İçkiyi meşru, böyle buluşmayı nâmeşru buldukları halifeye aksedince fena halde canı sıkıldı. Çünkü ne kızkardeşinden ne de vezirinden vazgeçebiliyordu. Böyle şayialara sebep olduğu için onların ithamlarını haklı görmekle beraber, bu müşkülün hallini aramaktan da geri durmuyordu. Nihayet bir gün ulemayı sarayına davet ederek meselenin halline çare aramalarını emretti.

Din âlimleri ittifakla kızkardeşini vezirine nikâh etmesini tavsiye ettiler. Fakat Harun Reşid razı olmadı. Peygamber sülâlesinden olan Abbâse, Cafer Bermekî ile evlenemezdi. Benî Haşim'den birinin bir İranlı memlükle izdivaç etmesi caiz değildi. Hayır, başka bir çare bulmak lâzımdı. Pek nazik bir durumda kalan zamanın din âlimleri, Harun Reşid'in gazabından korktukları için ne yapacaklarını şaşırmışlardı. Hepsi kararsız, Şeriat ile halifenin hatırını nasıl telif edeceklerini düşünüp dururken, içlerinden birinin teklifi üzerine Cafer ve Abbâse'nin yalnız halifenin huzurunda ve saray eğlencelerinin tertip edildiği kubbeli eyvanda buluşmalarına cevaz verdiler ve böylece değiştirilmesi imkânsız olan Şeriat hükmünü şartlı olarak değiştirerek, hilâfet sarayının gece eğlencelerinde dostluk etmelerini helâl saydılar. Halife de bu kararı ve şartı kabul ederek[47] dedikodudan böyle kolayca kurtulduğu için onlara müteşekkir ve minnettar oldu. Bunun üzerine Abbâse ile Cafer'i yine sarayına çağırtarak eski hayatına tekrar başladı.

Dünyada Harun Reşid'den mesud bir şahıs var mıydı? En müşkül işleri derhal yoluna koyuyor; en musibetli güçlükleri «seyf-i samsame»siyle(*) kesiyor, en iç sıkıcı şeyleri bir tebessümüyle aydınlatıyor; kanuna, hukuka âdeta hükmediyor; hatta tabiata, istidada, temayüle emrini geçirmek teşebbüsünde bulunarak, her ne yaparsa yapsın kendisi için bir tehlike olmadığını âmirane ispat ediyordu.

Gurur, gurur!.. Beşeriyetin şahsiyet nişanesi olan bu köklü sıfat, ah ne kadar yürekler ezmiş, ne çok emeller kırmış, keyfine ne tatlı ümitler feda etmiştir, insanların tabiatında bulunan bu zaafın cazibe gücüne hangi ferd mukavemet edebilmiştir acaba? Bütün insaniyetin hayatında bu dehşetli hilkat girdabının hırslı kucağına, bilir bilmez, görür görmez atılmayan babayiğitlerin yekûnu

(47) İbnü'l-Kesir, et-Taberî, el-Fahrî.
(*) Amr'ın kılıcı. Zülfikar'dan sonra gelen en meşhur kılıç.

ne kadardır?

Harun Reşid, vezirinin yanında geçirdiği anları ömrünün en leziz dakikaları addettiği, yanından ayrılmamasını istediği, zekâsından ve ilminden istifade ettiği, aklının ve gönlünün hep Cafer'le meşgul olduğuna pek iyi vâkıf olduğu, hatta sözüne ve nasihatine itaate tenezzül ettiği halde, kızkardeşiyle evlenmesini tavsiye eden ulema karşısında onun İran memlükü olduğunu ileri sürerek tekliflerinin kabulü hususunda tereddüt göstermişti. Cafer'in kusuru soyu idi. Sadece cömertliğin yetersiz bir şahsî meziyet olduğunu Harun Reşid verdiği red cevabı ile ispattan kaçınmamıştır.

Reşid'in gönlü, kızkardeşinin veziri ile evlenmesine belki razı olurdu. Fakat gururu, gönlüne hükmeden gururu, bunu engelliyordu.

Halbuki Cafer, halifenin emrine rağmen Abbâse'nin ilmine ve meziyetlerine günden güne daha meftun oluyordu. Cafer'in artık yaşama sebebi Abbâse olmuştu. Canıyla, ruhuyla, bütün mevcudiyetiyle onu seviyordu. Gözleri, vakarlı ve temkinli hayatının semasında parlayan bu şaşaalı yıldızın ziyasından başka ışık görmez oldu. Abbâse, Cafer'in bahtı, aydınlık bahtı olmuştu.

Bu sırada Zübeyde'nin casusları da vazifeye başlamışlardı. Cafer'in Abbâse'nin köşküne gittiğini, bahçesinin gülleri, karanfilleri, fesleğenleri arasında gezdiklerini, mehtaplı gecelerde Dicle'ye nazır olan girişten saraya girdiğini görüyor ve her defasında haber veriyorlardı.

Cafer bir Abbasî devlet adamı olduğu için daima siyah kalensövesi(*) ile bazan atlı olarak, bazen da kayığı ile geldiğinden ve asla hüviyetini gizlemediğinden kendisini takip edip kollayanlar müşkülatla karşılaşıyorlar, bin türlü hileye başvuruyorlardı.

Bu gece ziyaretlerinin haberini her alışında Zübeyde sultan, kalendermeşreb oğlu Emin'i ve Fadı bin Rebi'i çağırtır, kendi takımıyla uzun müşavereler ederdi. Cafer'in en büyük düşmanı olan Fadı bin Rebi, dönek mizaçlı Emin'in sadık bir bendesiydi. Vaktiyle hilâfet sarayının perdedarı iken şimdi epeyce mühim bir mevki işgal ediyor ve Cafer'in üstün meziyetlerini öteden beri kıskandığı için, her fırsatta ona hainlik ediyordu. Vezirlik makamına göz dikmiş olan Fadı bin Rebi, halifeyi devamlı Cafer'in aleyhinde tahrik ederek Bermekîlerin topunun mahvolması için çalışıyor, mevki hırsının önüne çıkan her engeli derhal ortadan kaldırmağa gayret ediyordu. Bu yüzden de Cafer'i bir tuzağa düşürmek için gece gündüz çareler arıyordu.

Nihayet bir gün mukadderat-ı ilahî o ana kadar bulamadığı çareyi karşısına çıkardı:

Harun Reşid, kendisine karşı düşmanlık eden alevîlerden birinin, Yahya bin Abdullah'ın, kanlı hareketlerinden bir müddetten beri hem pek muztarib oluyor, hem bu adamı nasıl yakalatacağını bilemiyordu. Zira gayet kırk ayak biri olan bu alevî her an yer değiştiriyordu. Bir gün her nasılsa bir yerde kuşatılacağı esnada:

(*) Bir cins sivri külah.

— Halife bana bir amannâme gönderirse, kendiliğimden Bağdad'a giderim, dedi.

Bunun üzerine Cafer de halifeye bir amannâme imzalatarak alevîyi Bağdad'a getirtti.

Huy canın altında olduğu için biraz ihtilâlci mizaçlı olan bu adamın Bağdad'da geçirdiği günler zarfında rahat durmadığını işiten Harun Reşid, hapse atılmasını ferman etti. Amannâmesi elinde olduğu halde hapsedileceğini duyunca alevî, Cafer'e koşarak:

— Sen bana bir amannâme verdin. Sana güvenerek geldim. Şimdi sen beni haksız yere cezalandırırsan Cenab-ı Allah seni kahreder. Hazret-i Ali'nin soyundan birini hapse koyarsan Allah senden razı olmaz, dedi.

Bunun üzerine Cafer, Harun Reşid'e haber bile vermeden adamı salıverdi. Düşmanları bu fırsatı ganimet bilerek, hadiseyi derhal Harun Reşid'e anlattılar.

IV

Halifenin yavaş yavaş gözünden düşmeye başlayan Cafer'in bu keyfî hareketi, halifenin canını o kadar sıkmıştı ki, huzuruna celladı olan Mesrur'dan başka kimsenin çıkmamasını emrederek odasının içinde uzun uzun dolaşmaya başladı. Cafer emrine nasıl karşı durabilmişti? Halifenin sözüne itaat etmeyen cezaya müstehaktı. Cafer artık çok ileri gitmişti. Ne cüret! Harun Reşid'in hükmüne karşı gelmek, bu hatıra hayale gelir bir şey miydi? Yok, yok, her şeyin bir haddi vardı.

Reşid gazabını nasıl teskin edeceğini bilmiyordu. Bir ara odasının penceresi altında bulunan aslanların tehditkâr seslerim işitince, biraz eğlenmek için bahçeye çıktı ve demir kafeslere yaklaşıp aslanların bekçisinden bir kuzu istedi. Bekçi kuzuyu getirdikten sonra, kestirerek bir parçasını en sevdiği aslana attırdı. Aslan, kafesine atılan koca et parçasını bir lokma gibi yutarak kuzunun tamamını istediğini bildirmek ister gibi, vahşi sesler çıkararak kafesin içinde ayağa kalktı. Reşid hayvana bakıyor, bekçi emir bekliyordu. Aslan kükrüyor, kafesin içinde yukarı aşağı dolaşarak dişlerini gösteriyordu.

Harun Reşid düşünceye dalmış, önündeki şu muazzam aslanın tabiî insiyaklarını, kendi ruh hali ile kıyas ediyordu.

Bekçiye: «Verme» dediği halde şimdi aslana adeta acıyordu. Hissini anlıyor, hiddetine katılıyordu. Hem öyle katılıyordu ki, az daha bekçiyi et vermediği ve hayvanı o kadar üzdüğü için dövecek, belki de öldürecekti. Zira o anda bu aslanı kendisine bekçiyi de Cafer'e benzetiyordu.(48) Bekçiye öfkelendi. Aslana daha fazla eziyet etmemesi için kuzunun kalan etlerini de attırdı. Hayvan eti parçaladı ve doyduktan sonra yere yatarak memnuniyetini gösterdi. Fakat Harun Reşid'e çevirdiği kanlı gözleriyle hareketini hâlâ unutmadığını belirtiyordu. Aslanın hiddeti tamamiyle geçmemişti. Lâkin halife, hayvanın vahşi insiyaklarını hakkıyla takdir ederek, arkasını dönüp sarayına avdet ettiği zaman biraz sükunet bulabilmişti.

Reşid düşünüyordu. O anda aslanın kafesine girmiş olsaydı, o vahşî canavar kendisini nasıl zevkle parçalayacaktı. Bahçesinin çiçekli yollarında sarayına doğru ilerlerken kendisini hakikaten aslana benzetiyordu. Evet!.. O da intikama susamıştı. O da kudretiyle emrine karşı gelen Cafer'i parçalayacaktı. Ne çare ki bu cezanın vakti daha gelmemişti. Bu defa fırsatı kaçıracaktı. Hayır! Kaçırmayacaktı. Bununla beraber şimdilik oturup, münasip zaman sabır ve ihtiyatla bekleyecekti.

Halife saraya girer girmez doğru odasına gitti. Akşamın alaca karanlığı gözlerini cezbediyor, ruhunu okşuyordu. Penceresine yaslanarak kederli kederli semanın renklerini, taravetini süzüyor, kendisini avutmağa çalışıyordu. Gözleri birden Dicle'nin karşı yakasındaki Bermekîlerin muhteşem sarayına ilişti.

Reşid titredi. Saray girişinin önünde toplanan halk,

(48) Zeydan.

vezirinin emrini bekliyordu. Kimi giriyor, kimi çıkıyor, askerler, yaverler, kalabalık, hayat faaliyeti hep orada kapının önünde temerküz ediyordu. Reşid bütün metanetiyle bakıyor, baktıkça kalbindeki isyan ve hiddet kabararak şiddetleniyor, gazabından gözleri kamaşıyordu. Akşamın sessizliğini, sadece karşı kıyıdan, Cafer'in sarayından gelen sesler bozuyordu. Bağdad'ın hakimi, devletin reisi, İslâm'ın şanlı halifesi hep o, hep Cafer idi. Ya kendisi? Kendisi bu azametin ortasında ne idi? Mevkii, şanı, şerefi neredeydi? hilâfet sarayının sükut ve sükuna bürünmüş olduğu bir sırada Bermekîlerin sarayı ışıklarla, debdebelerle parlıyordu. Reşid'in kalbi inledi. O dakikada her şeyi unuttu. Cafer'in sadakatini, dirayetini, dostluğunu unuttu. Sarayının önünde toplanan halkın ondan yardım istemeye geldiklerini, kereminden, büyüklüğünden, cömertliğinden ümidler beklediklerini, rütbeler ve ihsanlar talep ettiklerini, işlerinin halledilmesini ondan umduklarını unuttu. Cafer'in meşakkatli devlet işlerini sırf kendisinin hatırı için bu kadar yüklendiğini unuttu. Gençliğini, devleti ne kadar güzel idare ettiğini unuttu. Unuttu... Hasılı her iyiliğini unuttu ve aklını, zihnini istilâ eden sabit fikrin tesiriyle yüreği çarptı. Sarsıldı. Sızladı. Halife o değil, Cafer idi. Ya Cafer bu kadar yardım ettiklerinin yardımıyla, ordusunu idare eden İranlı subayların himmetiyle tahtını kendisinden alacak olursa? Ah, ne kadar ihtiyatsız davranmıştı! Oğlunu, ikinci veliahdı olan Me'mun'u Bermekîlerîn sarayında terbiye ve tahsil ettirmişti. Cafer Me'mun'u ve Me'mun da Cafer'i pek seviyor ve takdir ediyordu. Cafer'in sadakatsizliği sağda, solda, odasında, hatta yatağında bulduğu imzasız mektuplardan ve şiirlerden anlaşılmıyor muydu? Zübeyde'nin hakkı vardı. Cafer'in güç ve kudreti nihayetsiz ve tahammül edilmez bir hale gelmişti. Nereye gitse onun övgüsü, kiminle konuşsa onun bahsi, kimi görse ona dualar! Cafer!.. Cafer!.. Her mekanda, her zamanda Cafer, havada bile sanki Cafer'in nimetleri teneffüs edilmekteydi. Artık bu kadar haddini bilmezliğe tahammül zordu. Ama işin içinden çıkabilmek çaresini nasıl bulacaktı? Halkı incitmemeliydi. Zira bütün halk ona, iktidar ortağına adeta tapıyordu... Horasan valisiydi. Acaba oraya gönderse nasıl olurdu? Yok, orada akrabaları arasında bulunacaktı. Kim bilir? Belki askeri başına toplayıp Bağdad'a hücum ederdi. Hayır, en iyisi onu öldürtmekti. Fakat evvela bir sebep, sonra da fırsat bulmalıydı. Reşid gelecekteki başarısı için şimdilik ihtiyatlı davranmayı şart görerek, bir müddet daha düşündükten sonra Mesrur'u çağırttı ve vezirini âkşam yemeğine davet ettiğini kendisine haber vermesini emretti. Yemek vaktine doğru Harun Reşid vezirini altın sütunlu, altın sırma işlemeli sedirinin üzerine kurulmuş, güler yüzlü ve mültefit bir tavırla bekliyordu.

Yanında mükellef bir sofra, üstünde nefis yemekler, gümüş tabaklar içinde turfanda meyveler sıralanmış. Billur sürahilerdeki rengârenk içecekler, etrafındaki misk ve anber kokuları, bu muhteşem ziyafetin bir hususiyeti olduğunu gösteriyordu.

Ebu Nüvâz, Ebu Zekâr, İbrahim el-Musulî başka bir

odada sazendeleri hazırlıyor ve söyleyecekleri Şarkıları tespit ediyorlardı. Arası çok geçmeden at kişnemeleri, nal şakırtıları işitildi. Cafer yaverleriyle geliyordu.

Halife, yüzünü vezirinin gireceği kapıya doğru çevirerek gözlerini manidar bir bakışla ipek perdeye dikti. Bir saniye sonra Cafer perdeyi kaldırarak huzuruna girdiği zaman bakışlardaki büyük kini görünce buz kesildi. Fakat kendisini toparlamağa muvaffak oldu. Heyecanla ilerleyerek, halifeyi hürmetle selâmladı.

Reşid artık güler yüzle davranıyordu. Cafer'in giymiş olduğu teşrifat merasimlerine mahsus elbiseye takılarak:

— A kardeşim, biz bize yemek yiyeceğiz. Niçin böyle itina ile giyindin? iltifatıyla Cafer'i sofraya davet edip yemeğe başladılar.

Halife neşe içinde Cafer'in hatırını soruyor, kadehini dolduruyordu. Hanendelerin Şarkılarını beğeniyor, İbrahim el-Musulî'yi şiirleri için tebrik ediyor, gülüyor, şakalaşıyor, eğleniyordu.[49]

Cafer ise halifenin bu aşırı neşesine mukabele etmek için, yüreğinin çarpıntısını sakinleştirmeye çalışıyor, o manidar bakışın üzerinde bıraktığı kötü tesiri gidermeye gayret ediyor ve gülmek istiyordu. Fakat her kahkahası kulağına bir hıçkırık gibi geliyordu. Halifenin her sözü, her gülüşü, her bakışı ise sinesine bir ok gibi batıyordu. Zira Cafer, her şeyi anlıyordu, biliyordu. Göz-

---
(49) İbn Esîr

den düştüğüne artık kanaat getiriyordu. Fakat bu kadar yükseldikten sonra nasıl ve ne sebebe dayanılarak bu düşüşe müstehak görüldüğünü tam mânasıyla bilemiyordu.

Harun Reşid yüzüne bakarak kinayeli sözler ettikçe, Cafer de titreyerek düşünüyordu...

Acaba sırrına mı vâkıf olmuştu? Abbâse ile olan buluşmalarını birisi biliyor muydu? Fakat bu mümkün değildi. Kim cesaret edip de halifeye muazzaz kızkardeşinden bahsedebilecekti? Hayır, hayır!.. Aleyhinde menfaat hesabına dayanan birtakım dedikodular çıkarılmış olmalıydı. Bir müddetten beri de işittiğine göre düşmanları hep birden ayaklanmışlar, üzerine düşüyorlardı. Belki bir iftiraya kurban gidiyordu. Zübeyde bile mahvını istemiyor muydu? Yemek artık nihayete eriyor, meyveler yeniyordu. Reşid erik tabağının içinden en iyisini ararken birdenbire:

— Az daha unutacaktım! Sahi o Yahya bin Abdullah'ın, hani o alevî meselesi nasıl oldu? Hapistedir, değil mi Cafer? diye sorunca, Cafer biraz şaşalayarak:

— Evet efendim hapistedir.

Cevabını verdi. Reşid bunun üzerine vezirinin yüzüne dikkatle bakıp:

— Benim başım için, hapiste mi? dedi. Cafer de:

— Başınız her şeyin üstündedir efendimiz!.. Hayır, hapiste değildir. Zira elinde imzalı amannâmesi vardı.

Fermanınıza aykırı harekette bulunmak Şeriat'a uygun olmadığı için salıverdim, dedi. Reşid de:

— İyi ettin vezirim. Zaten senin inayetinden başka bir davranış beklemezdim, cevabıyla a o ana kadar seçmekte olduğu güzel eriği Cafer'e verdi.

Yemekten sonra saz ve söz bir müddet daha devam etti. Sonra Cafer izin alarak bitab bir halde odadan çıkarken, Harun Reşid arkasından bakarak mırıldandı:

— Eğer seni katletmezsem Allah beni katletsin.[50]

Ve böylece bu muhteşem komedinin son perdesini müthiş bir şekilde kapadı.

«Kurb-i sultan ateş-i sûzân bud»[*] mısrasını söyleyen şairin bu sözleri Cafer için mi söylenmişti acaba?

İşte birbirlerini sevmeyecekleri, hayatlarını birbirinden gizleyecekleri beklenmeyen mevsim umulandan daha çabuk gelmişti.

Bu kadar sevgiden sonra böyle bir nefrete, bu kadar samimiyetten sonra böyle bir nifaka duçar olmaktan daha acı bir şeyin tasavvuru mümkün müdür?

Bu hal böylece gittikçe şiddetlenerek devam etti. Cafer şaşkın, düşmanları ise memnundu. Ellerinden gelen hainliği yapmaktan bezmiyorlardı.

Cafer telaşlar ve heyecanlar içindeydi. Çünkü Abbâ-

---

(50) İbn Esir
(*) Sultana yakınlık, yakıcı bir ateştir.

se'yi düşünüyordu. Bilhassa şimdi, evvelkinden daha ziyade ihtiyatlı olmaya gerek duyuyordu. Zira Reşid işitecek, Abbâse'den henüz dünyaya gelmiş olan nur topu Hasan'dan haberdar edilecek olursa derhal hepsini yok ettireceği şüphesizdi. Şükürler olsun ki, evvelce ihtiyatlı davranarak Hasan'ı emin ve sadık bir adamıyla Mekke'ye göndermişti.

Ah!.. Yaşamak, gerçekten hissetmek ve zahmet çekmekti. Vezirliğini, debdebe ve ihtişamını, her şeyini Abbâse'nin saadeti için verebilirdi. Onu memnun ve müsterih etmek bahtiyarlığına hayatını bile feda edebilirdi. Fakat günden güne çoğalan düşmanlarına mukavemet ve muhalefetten vakit yoktu ki!.. Rahat ve âsude bir hayat sürmek için Bağdad'dan uzak olmalıydı. Kendisi zaten Horasan valisi değil miydi?

Fakat marifet, oraya Abbâse ve Hasan'la beraber gitmenin bir çaresini bulmaktaydı. Bir kere vezirliği şan ve şerefle terk etse, belki zamanla meramına nail olabilirdi. Ah!.. Halk bukalemun mizaçlıydı. Ahali arasında ne kadar kendi taraftarı bulunduğunu biliyorsa, kendi nimetleriyle beslenmiş olan orta sınıfın da o kadar aleyhtar kesildiklerinden şüphe etmiyordu. Halbuki o bilerek, isteyerek kimseyi incitmemiş, daima doğruluğuyla eğrileri mağlup etmeye gayret etmişti. Ne yapmalı? Çalışacaktı. Allah'ın yardımıyla hepsine yine karşı duracaktı. Abbâse'ye dokunulmadıkça, kendisini hiç düşünmeden vazifesini sonuna kadar yapacaktı.

Abbâse'nin varlığı Cafer'e sonsuz bir cesaret veriyordu. Onun yakınında yaşamak en büyük emeli idi. Harun Reşid'in kızkardeşi artık Cafer'in şevk, feyz ve sevinç kaynağı, ufku, bütün dünyası, sebeb-i hayatı olmuştu. Yalnızca Abbâse'nin mevcudiyeti veziri neşelendirebiliyor, ümitlendiriyor ve kuvvetlendiriyordu. Düşmanlarını onun hatırı için yenecekti. Abbâse'nin saadetini korumak için hepsine gösterecekti. Hayatla oynamanın ne demek olduğunu onlara fiilen anlatacaktı. Yeter ki Abbâse sağ olsun, var olsun!

V

Cafer bu felsefelere, bu yarı acılı düşüncelere dalmış, kendi iyiliğine güvenerek avunurken artık iş işten geçmişti. Zübeyde'nin casusları, Abbâse ile olan, buluşmalarını haber verdikleri gibi, Hasan'ın doğumunu ve Mekke'ye gönderildiğini de söylemişlerdi. Bu son hadiseyi öğrenir öğrenmez Zübeyde, Fazl bin Rebi ile oğlunu çağırtıp konuşarak, halifeye bu olayı nasıl bildireceklerine dair vesileler aradılar ve hiç vakit kaybetmeden birçok beyitler yazdırıp Harun Reşid'in odasının her tarafına atmayı en çabuk çare sayarak, sonunda bu kararı verdiler.

Arası çok geçmeden halife, olup bitenleri anlatan şiirleri görür, hikâyeyi anlar, sarayını titretir ve Cafer'in son gününün geldiğini hissettiren müthiş bir öfkeyle hiç niyeti yokken hemen Hicaz'a hareket eder.

Mekke-i Mükerreme'ye vasıl olduktan sonra, Abbâse'nin çocuğunu aramaya koyulur. Epeyce aratır. Nihayet bulur; Haşim oğulları sülalesinin bu asil çocuğunu derhal tanır. Zira Hasan'ın siması, bilhassa güzel gözleri o kadar Abbâse'ye benziyordu ki, gururu elverseydi, gönlü az daha bu çocuğu, aziz kardeşinin bu asil tavırlı çocuğunu sevecekti. Fakat gururu razı olmadı. Gönlüne galip geldi. Ah, aciz insanlık! Bu kadar gurur nesinedir acaba?

Reşid meseleyi tahkik ettikten sonra Bağdad'a doğru yola çıktı. Bu muvaffakiyeti içinde yanan kin ateşini yelpazeliyerek besliyordu. Süratle, telaş içinde gelmişti. Fakat şimdi Cafer'in sırrına vâkıf olduğundan dolayı gayet sakin, âheste âheste yoluna devam ediyordu. Âdet olduğu üzere konakladığı her yerde biraz kalarak hediyeler kabul ediyordu. Hatta Bermekîlerin hac dönüşünde daima takdim ettikleri hediyeleri dahi reddetmedi ve debdebeler, tantanalar, nümayişler içinde Dicle kenarındaki pek sevdiği Enbar şehrine kadar geldi.

Reşid Hicaz'dan dönüşlerinde veziriyle hep burada buluşurdu. Cafer de halifesine her zaman orada bir ziyafet çekerdi. Bu defa Cafer, Enbar'a gelip de halifeyi karşıladığında, adetleri üzere halifeyi ziyafete davet edince, Harun Reşid davete icabet etmeyerek mâlikânesinde zevk ve safa ile meşgul olmayı tercih etti. Cafer bu manidar davranışın ne mânaya geldiğini derhal anladı ve Enbar'da daha fazla kalmadan Bağdad'a geldiği zaman[51] hayatını karartan kocaman siyah bulutların başı üzerinde uçuştuğunu gördü.

Evet! Kara günler yaklaşıyor, ona doğru koşuyordu. Hasan'ın istikbali tehlikedeydi. Reşid kendisini hapse attıracak olursa Abbâse nasıl o küçük çocuğa bakabilecekti? Fakat bu kadar talihsizlik niçindi? Genç yaşından beri devlete sadakatle yaptığı hizmetlerle böyle bir şükransızlığa müstehak mıydı? Reşid anlamıyor muydu? Kendisini gözden düşürenlere sormak istiyordu:

— Ben size iyilik ettim, siz niçin bana hainlikle mu-

---

(51) İbn Esir.

kabele ettiniz? diye onlara sormak istiyordu. Fakat hey-
hat! Bu soruya yalnız zaman cevap verebilecekti. Za-
man ona:

— Niçin mi hainlik ettiler? diyecekti. Sırf sana min-
nettar oldukları için... Zaten Peygamber Efendimiz(sal-
lallahu aleyhi vesselem) «iyilik ettiğinin şerrinden kork»
buyurmamışlar mıydı?

Cafer'in aklına her şey geldi. Fakat sırrının halife ta-
rafından keşfolunacağı ihtimali bir dakika bile zihninden
geçmedi. Zira, hem kendi çevresinden, hem de Abbâ-
se'nin çevresinden son derece emindi. Halifenin gözün-
den düştüğünü, bu yüzden de durumunun büsbütün kö-
tüye gideceğini bilmiyor değildi. Gözden düşmesini yal-
nız iftiralara bağlıyordu. Halifenin soğuk davranışını Ab-
bâse'ye anlattığı vakit Abbâse titredi. Kardeşini biliyor-
du; Cafer'in gözden düşmesinin yalnız bir sebepten ile-
ri gelebileceğini, sırlarının öğrenilmiş olmasından ileri
geldiğini o keskin zekâsıyla derhal anladı. Cafer her ne
kadar korkularını yatıştırmaya çalışıyorsa da, Abbâ-
se'nin altıncı hissini teskine muvaffak olamıyordu. Ab-
bâse kanlı bir facianın yaklaştığını haber veren iç sıkın-
tısının bütün şiddetiyle bu gelen vahşetin önünde titri-
yordu.

VI

Harun Reşid o aralık Dicle yoluyla Bağdad'a geliyordu, Hilâfet merkezine vasıl olmadan bir gece evvel kayıkta, Ebu Zekar'ın şiirlerini dinleyip, yiyip içerken birdenbire Mesrur'u çağırarak:

— Ben Cafer'in başını istiyorum. Git getir! emrini verdi.

Sonra kadehini doldurarak Ebu Zekâr'ın o feci saate garip bir şekilde tesadüf eden «ölüm her gencin arkasında dolaşan bir hayat yoldaşıdır»[52] şiirini dinlemeğe koyulduğu sırada, Mesrur da Cafer'in başını getirmek üzere süratle Bağdad'a gidiyordu.

Mesrur, Bermekîlerin sarayına gelince, doğru Cafer'in odasına gidip:

— Halife sizi istiyor, demesine rağmen derin düşüncelere dalmış olan Cafer, hayret ve şaşkınlıkla yüzüne bakınca, bir daha:

— Evet! Halife sizi istedi. Hadi buyurunuz, diye tekrar etti. Cafer de bunun üzerine her zaman olduğu gibi halifenin davetine adamlarıyla beraber gitti. Hilâfet sarayına vardıklarında muhafızları dışarda kalarak Cafer tek başına Mesrur'la beraber saray bahçesine girdiler. Mesrur, Cafer'i önceden hazırlanmış olan bir odaya buyur ederek, ona:

— Halifenin emri senin başındadır, dedi.

(52) El-Agânî.

Cafer donakaldı. Sonra bu darbenin altında ezilip vakarını, izzet-i nefsini kaybetmişçesine merhamet dileyerek celladın ayaklarına kapandı:

— Aman kardeşim, beni katletme! Ben sana ne yaptım ki, şimdi bana soğukkanlılıkla kıymak istiyorsun? Gençliğime acı. Sana ne istersen veririm. Halife bu emri içki içerken verdi. Yarın üzülür, pişman olur. Bundan eminim. Beni bu gece öldürme.[53]

Fakat Mesrur kılıcını sallayarak:

— Beni şimdi «kardeşim» diye çağırıyorsun öyle mi? Evvelce elimi sıkmağa bile tenezzül etmezdin. Hayır! Ne gençliğine acıyacağım, ne sana. Halife emretti. Sen bu gece öleceksin, ben başka bir şey bilmem, dedi.

Cafer:

— Hayatım hilâfete feda olsun. On sekiz senelik sadakatlinin karşılığı ölüm olsun. Fakat beni öldürmeden önce sana bir şey soracağım: Bu cezaya neden müstehak görüldüğümü anlamak istiyorum. Söyle, söyle!.. diye ısrar edince, Mesrur vahşî bir bakışla veziri süzerek, cevaben:

— Abbâse! ismini haykırdı.

Cafer bu ismi işitir işitmez dehşetle ayağa kalktı ve kendi ölümü belki Abbâse'nin hayatını kurtarır düşüncesiyle:

— Öyleyse müsaade et de vedalaşayım. Yarım saate kadar sana teslim olurum, diyebilecek gücü kendinde buldu. Fakat Mesrur hiddet ve sabırsızlıkla:

— Hayır! Buna da izin veremem... cevabını verince, Cafer artık dayanamayarak Mesrur'un üzerine hücum etti ve onu boğmağa çalışırken, cellâd Cafer'in elinden kurtularak -Abbâse'nin öleceğinden emin olduğu için-:

— Zaten Abbâse Sultan öldürüldü! diye Cafer'e haykırdı.

Bunun üzerine Cafer de:

— Öyleyse ne bekliyorsun? Şimdiye kadar niçin söylemedin? Abbâse öldüyse, ben niçin yaşıyorum[54]? diyerek kendini cellâdın eline teslim etti.

Hicrî 187 yılında böyle feci bir şekilde katledilen Cafer Bermekî otuz sekiz yaşında idi.

Mesrur, Cafer'in başını kestikten sonra bir atlas yastık üzerine koyarak halifeye takdim etti. Harun Reşid vaktiyle o kadar sevdiği vezirinin başını Bağdad köprüsüne astırarak vücuduyla beraber yaktırdı. Bermekîlerin âlicenaplığını övenlerin ve öldürülmeleri üzerine mersiye yazanların hep böyle başlarının kesilmesini de ferman etti. Sonra Cafer'in en büyük düşmanı ve hilâfet sarayının eski perdedarı olan Fazl bin Rebi-i vezir tayin etti.[55]

---

(54) Zeydan.
(55) Kitabü'l-Fahrî.

Tarih-i 'Umran'da rivayet edilir ki:

Bir gün mâlum zevattan birisi, bir meseleden dolayı maliye nezaretine giderek masraf defterlerini karıştırmağa koyulmuş ve Cafer'in masrafına mahsus defterde yüz bin altın hil'at parası görmüş. Bir müddet sonra, yine maliye nezaretine gittiğinde, o defter gözüne ilişince merakla açtığında hayretinden, kaderin manidar bir cilvesi karşısında donakalmış. Zira Cafer'in defterinde dört yüz bin altının tam yekûnu altında, o kıymetli elbiseleri giyenin vücudunu yakmak için kullanılan on kırat neft yağının fiyatının yazılı olduğunu görmüş! Mukadderat-ı ilâhînin hikmetinden kim sual eder? Zavallı talihsiz Cafer! Hakikaten:

«Dünyada nasibin sitem ü cevr ise ey dil

Ahbabın eder onu da, a'daya ne hacet?» [56]

sırrına mazhar olmuş gitmiştir.

---

(56) Şeyhü'l-İslâm Yahya Efendi.

VII

Cafer'in katlinden sonra, Harun Reşid hemen o gece Mesrur ile beraber kızkardeşinin sarayına gitti. Abbâse daha yatmamıştı[57]. Zemin katında bulunuyordu. Ertesi gün Horasan'a hareket edeceğinden yol tedarikiyle meşgul oluyordu. Halifenin gece yarısından sonra böyle ansızın geldiğini gören ev halkı, telaş ve korkuyla koşup, Abbâse'ye haber verdiler. Hatta yanından hiç ayrılmayan bir beslemesi, pencereden bahçeye atlamasını ve oradan Dicle yoluyla kaçmasını rica ettiyse de Abbâse razı olmayarak:

— Ben, Benî Haşim'denim. Firar edemem, cevabını vererek, vakarla kardeşini karşılamağa gitti. Abbâse, Reşid'i sarayın uzun yolunda karşıladı. Hürmetle selâmladı. Fakat Reşid selâmına mukabele etmeyerek ta görüştükleri odaya girinceye kadar bir şey söylemedi. Odaya girdikten sonra bir iskemleye oturdu ve kardeşine:

— Kapıyı kapa!.. emrini verdi.

Abbâse büyük bir sükunetle kapıyı kapadıktan sonra döndü. Harun Reşid kardeşinin yüzüne hayretle bakıyordu.

— Bu gece buraya gelmemin sebebini biliyor musun? Bilmiyorsan söyleyeyim? Benim aleyhimde olduğunu, Haşimîliğe ihanet ettiğini senin ağzından işitmek

---

(57) Zeydan.

için geldim. Sen artık benim kardeşim değilsin. Söyle söyleyeceğini; sonra ölmelisin.

Bu sözlere karşı Abbâse soğukkanlılıkla:

— Evvelâ ben Hâşimîliğe ihanet etmedim. Senin aleyhinde de bulunmadım. Ölümden korkmam, bilirsin. İkimiz de inkârına rağmen aynı ailedeniz. Fakat söyledikleriniz anlamıyorum. Lütfen izah eder misiniz? diye sorunca, Harun:

— İnkâra kalkışmak zamanı geçti, itiraf et de bitsin! Ben her şeyi biliyorum. Cafer'in hikâyesini işittim. Emrime itaat etmeyerek vezirimle, o İranlı memlükle seviştiğinden dolayı seni affedemem. Sözümü dinlemeyip, haberim olmadan Cafer'le buluştuğunu unutamam. Senden nefret ediyorum! Ölmelisin!.. dedi.

Abbâse odanın ortasında put gibi donmuştu. Gözlerini, Harun Reşid'in hiddetten dehşet saçan yüzünden alamıyordu. Harun Reşid haykırdı:

— Söylesene, bekliyorum! Abbâse bir kâbustan uyanır gibi titreyerek cevap verdi:

— Ben Cafer'in meşru zevcesiyim. Evet, Cafer'i sevdim. Ona inandım. Onu önceleri senin hatırın için, sonra ise kendi meziyetleri için takdir ettim. Günahsa canımı al. Hazırım. Sana şunu da hatırlatırım ki: Bağdad'ı Bağdad eden, devleti böyle yücelten, vatanı böyle mamur eden -senin tabirinle- o İranlı memlukun hayatına kıyma. Zira istikbal seni, devrini ve tarihini lekeler. Sana bir kurban lâzımsa, işte ben buradayım. Gazabını benim ölümümle yatıştırırsın. Fakat ben sana karşı gelmedim. Senin kendi elinle imzaladığın akidnameye sadık kalmak bu dünyada hıyanet addediliyorsa beni suçla. Lakin âhiretten kork. Zira orada seni muhakeme edecek olan Allah'ın adaleti senin şimdiki zulmünü sana hatırlatacaktır.

Harun Reşid ayağa kalkarak, hiddetle Abbâse'ye doğru yürüdü:

— Sen artık haddini aşıyorsun. Bana mı nasihat ediyorsun? Buna tahammül edemem; sen haksızsın, ölmelisin! O akidnameyi şart dahiline almıştım. Bunu unutuyorsun.

Abbâse:

— Hayır unutmuyorum. Farzedelim ki öyle idi. Fakat şer'an makbul muydu? Hiç şer'i şerif hile kabul eder mi? Onu bana söyle. Ben ne Allah'ıma, ne peygamberime, ne de Şeriat'ime aykırı bir şey yaptım. Cenab-ı Hakk'ın helâl kıldığını sen haram ediyorsun. Ah!.. Harun, senin imanın ne oldu? Biz beraber büyümedik mi? Birbirimizi sevmedik mi? Beni öldüreceksin, fakat pişman olacaksın. Gururun için beni feda ediyorsun. Bu reva mıdır? Cafer'in âlicenaplığı herkesten üstündür. Bunu pek iyi biliyorsun. Onun şanında, dirayet ve şerefinde bir vezir bulabileceğinden emin misin? Hiç olmazsa ona kıyma, iki günahı birden işleme.

Bu sözleri işiten Harun artık dayanamayarak:

— Bir de önümde onu müdafaa ediyorsun ha?.. Pekâlâ! Hem sen, hem Cafer, hem Hasan üçünüz de öleceksiniz. Ben halifeyim. Emrediyorum.

Hasan'ın, o çoktandır mahrum olduğu ciğerpâresinin ismini işitince, Abbâse kardeşinin dizlerine kapanarak:

— Meded! Meded! Affet. O küçük yavruyu öldürme! Onun ne günahı var? Ya Emîre'l-Mü'minin, sen de babasın Allah'dan kork!.. Ben artık kardeşime yalvarmıyorum. Halife Harun Reşid'e yalvarıyorum... Ah çocuğumu öldürtme... diye ağlamaya başladı.

Abbâse, o ana kadar cesaretini hiç kaybetmemiş, fakat Hasan'ın öldürülmesi söz konusu olunca, ümitsiz ve perişan bir halde yerlere serilmişti.

Harun Reşid aldırmadı. Aksine:

— Hiç çaresi yok. Ben kararımı verdim, cevabıyla Mesrur'u çağırdı.

Abbâse niyetini derhal anladı ve kahramanlara yakışan bir hareketle dua ederek ayağa kalktı.

Cellat, odaya girer girmez, büyük bir hürmetle halifenin kardeşini selâmladı. Fakat Abbâse, mukabeleye tenezzül etmeyerek yüzünü evvela Hasan'ın bulunduğa noktaya, Kâbe'ye doğru çevirdi ve çocuğunu Allah'a emanet ettikten sonra, gözlerini hayatta zannettiği Cafer'in sarayına çevirdi. O sırada Mesrur başını bir darbede uçurarak yere düşürdü. Abbâse'nin kesik başı yuvarlanarak Harun Reşid'in ayaklarına kadar geldi.

Güzel başının hazin gözleri halifeye bakıyor, henüz sıcak olan gözyaşları ciğerler yakıyordu. Âhiretin muhakemesini hatırlatan ve öldükten sonra bile hâlâ sükut ve dehşetle bakan bu gözlerin mânasından Reşid titredi. Mesrur'u çağırıp, çabuk olmasını emrederek on kişi daha getirtti ve Abbâse'yi orada, odanın tam ortasında defnettirdi. Sonra o on kişinin de başlarını vurdurarak cesedlerini pencereden Dicle nehrine attırdı. Orada Mesrur ile kendisinden başka kimse kalmamıştı. Bütün bunlar olup bitinceye kadar şafak da sökmüştü. Bahçeden giren sabah ışıkları Abbâse'nin ebediyyen gizli kalacak olan kabrini yavaş yavaş aydınlatıyordu. Reşîd'in işi, son bulmuş, gururunda açılan yara kapanmıştı. Bahçeye çıkmak üzere odanın kapısını açarken gözleri kamaşarak birdenbire geri dönmeğe mecbur oldu. Telaş ve acelesinden açık bıraktığı kapının aralığından dışarının bütün aydınlığı odaya dökülüyordu. Henüz doğan güneşin pembe ışıkları Abbâse'nin bahçesinden geçiyor, güllerin, karanfillerin, fesleğenlerin, hep o sevdiği çiçeklerin renklerini öperek, çiğ damlalarıyla beraber kabrinin üzerine nurlu buseler, ıtırlı ahlar ve gözyaşları serpiyordu.

Sanki tabiat, kaybettiği bu elem, çiçeğinin acısına dayanamayarak gözyaşlarıyla ağlıyordu.

Hicret'in o şevketli ikinci asrında, böyle bir gururun mevcudiyeti bizi ne kadar hayretler içinde bırakırsa, böyle bir zulmün vuku bulması da o derece yakıcı düşüncelere daldıracağı şüphesizlir. Harun Reşid'in hilâfet devrini karartan bu kanlı faciasını yargılamak istemiyorum. Zira, zaman onu mahkum etmiştir.

Sıfat ve faziletlerine, şöhret ve menkıbelerine rağmen Harun Reşid, takdir edemediği Cafer Bermekî'nin bir katilidir.

İki masumun, muazzez kardeşiyle kıymetli vezirinin haksız yere kurban edilmeleriyle boyanan ellerinin kızıl lekelerini ne keremi, ne cömertliği, ne de ikbal ve şöhreti temizlemeğe muvaffak olmuştur.

Hayat hikâyesini okuduğumuz vakit kalbimiz isyan ediyor. Sadakate karşı zulmetmenin -bilhassa Yunan ve Roma devletlerinin- belirgin hususiyeti olduğunu biliriz. Onları bir dereceye kadar mazur tutabiliriz. Çünkü İslâm'ın adalet nurundan mahrumdular. Fakat Harun Reşid? Hem Müslüman, hem Haşim oğullarından idi. Âlicenaplığıyla kendisini göstermesi en büyük şart olduğu halde, istibdadla dehşet saçmayı tercih etti.

Az bilinen Cafer Bermekî'nin sayesinde çok bilinen Harun Reşid'in, hiç bilinmeyen kızkardeşinin hayat hikâyesini nakletmeyi bir kadınlık vazifesi saydığım için onu şu surette sadece yazmaktan kendimi alamadım.

ŞECERETÜ'D-DÜRR(*)
MELÎKE İSMETÜDDİN

Bir siyaset perisi

I

Zaman bir hayat ölçüsüdür. Hayat olmasaydı ne zaman olur, ne de başlangıç ve son bulunurdu. Bir şeyin sonu, bir başka şeyin başlangıcıdır. Bir milletin batışı diğer bir milletin doğuşudur. Uzun ve muhtelif bir olaylar zinciri olan zaman, var olduğu farzedilen ismi var cismi yok, hayatı ölçmek için insanlar tarafından bulunmuş bir sözdür. Her şahsın hayatı bir zamandır. O zamanın sonu, başka bir hayatın başlangıcıdır.

Şu garip macerasını nakledeceğimiz Şeceretü'd-dürr'ün saltanatının başlangıcı da koca Eyyubîlerin sonu oldu. Eyyubîlerin yıkılışıyla doğan bu feyizli nur memleketi için beklenmeyen bir nimet oldu. Eyyubîlerin enkazından parlayan bu kıvılcım asrını aydınlattı. Şeceretü'd-dürr Eyyubîler ile Memlükler arasında bir bağlantı halkası vücuda getirerek adını yaşatmaya muvaffak oldu.

Bir kavmin musibet ve belâya uğraması daima diğer bir kavmin yükselmesine ve refahına sebep olur. Şeceretü'd-dürr temiz İslâm kadınlarının etkileyici ve facialı bir simasıdır. Pek parlak bir Türk kızı idi. Gayet güzel ve cazibeli, geniş kültürlü, son derece anlayışlı ve idareci,

(*) İnci ağacı demektir.

zamanına göre âlim sayılan, bir hayli öfkeli mizaçlı ve gayet azimli olduğu için şöhreti uzak diyarlara kadar yayıldı.

Hindistan hariç, şimdiye kadar İslâm âleminde hükümetin başına geçen ve devletin idare dizginlerini fevkalâde bir maharetle kullanan kadınların birincisi oldu. Zaten Şark'ta kadınların açıktan açığa hüküm sürdükleri görülmemiş olduğundan, Şeceretü'd-dürr'ün Melike İsmetüddin unvanı altında saltanat sürdüğünü, bazı dağınık evraklarda ve el yazması bazı sahifelerde okuduğum zaman son derece şaşırmıştım. Ne kadar münevver, akıllı, düşünceli ve kurnaz bir kadın olmalıydı ki, bu ana kadar misli görülmemiş böyle müstesna bir saltanat tesis edebilsin. Başka hiçbir kadın ne adına para bastırabildi, ne de Cuma hutbelerinde ismini okutmağa muvaffak olabildi.

Şeceretü'd-dürr, Eyyubîlerin yedinci meliki olan Melik Salih Necmuddin Eyyubî'nin pek sevgili bir cariyesiydi. Melik Salih, Şeceretü'd-dürr'den Halil isminde bir oğlu olunca onu kendisine nikâhladı ve devlet işlerine iştirak ettirdi. Kendisine pek ziyade hürmet ederdi. Zamanının bu siyaset perisi, devlet işlerini idarede gösterdiği harikulâde iktidarıyla âlemi hayretler içinde bırakıyordu.

Melik Salih'in babası, sağlığında oğlunu veliahd sıfatıyla Şam'a gönderdiğinde, Melik Salih buraların idarî ıslahı işinde Şeceretü'd-dürr'ün tavsiye ve yardımlarından bir hayli istifade etmişti.[58] Zevcesinin ileri görüş-

---

(58) ed-Dürrü'l-Mensûr.

lülüğünden pek faydalanmış ve memnun kalmıştı. Bu suretle Şeceretü'd-dürr ile kocası arasında sağlam bir kafa ve gönül birliği teessüs etmişti.

Şam'da böylece birkaç sene geçirdikten sonra, babası Melik Kâmil'in vefatı üzerine Melik Salih Mısır'a döndü ve saltanat tahtına oturdu. Ne var ki o günden itibaren de sakin ve rahat günlerinin sonu geldi. Çünkü tahta çıkar çıkmaz gaileli devlet işlerini de yüklenmiş oluyordu. İçteki isyanlardan, dıştaki harplerden baş kaldıramıyordu. Bütün vaktini at üstünde bir oraya, bir buraya gitmekle geçiriyordu.

İsyanların en mühimi Suriye isyanı oldu. Melik, Salih, ordusunu hazırladıktan sonra bizzat başkumandan sıfatıyla kargaşalık ve isyanın üzerine yürüdü. Pek çok sıkıntı ve zorluklarla âsileri sindirdi, isyanı bastırdı. Ne çare ki bu zaferinin tadını tam mânasıyla alamadı. Çünkü gayet vahim bir hastalığa yakalanarak aylarca yatağa esir oldu.

Her ne kadar vatanına dönmek istiyorsa da Suriye'de sükunet tamamen avdet etmeden ve hastalığı iyileşmeden hareket etmekten çekiniyordu. Fakat bütün bu müddet zarfında Mısır'ı idare eden Şeceretü'd-dürr kocasına acele bir mektup göndererek Haçlıların Kıbrıs'tan hareket ederek Mısır'a doğru sefere çıktıklarını haber verdi. Bunun üzerine Melik Salih, hasta yatağından kalkarak bir tahtırevan üzerinde bin müşkülatla Mısır'a dönmek üzere Şam'ı terk etti ve yola koyuldu. Birkaç gün sonra da Mansura şehrine ulaştı.

II

Hicrî 648 senesi Fransa Kralı IX. Lui, bilinmeyen bir hastalığa yakalandı. Memleketin en iyi doktorları kendisini muayene ettiler. Fakat hastalığı teşhis edemedikleri gibi, derdine de derman bulamadılar. Acılarını, sızılarını hafifletemediler. Fransa, ümitsizliğe düştü. Ne yapacağını şaşırdı. Nihayet bir gün kralın annesi Bianş dö Kastil ve karısı Margırit dö Provans, papazları çağırarak içlerinden en muteber ve en nüfuzlularını seçtiler ve bir danışma meclisi kurdular. Herkesin evinde mumlar yanmasına, kiliselerde hiç ara vermeden âyinler yapılmasına karar verdiler. Vekiller ve ileri gelenler halka iyi örnek olmak üzere bu kararı derhal tatbike başladılar. Ahali de bunları taklid ederek hemen mumlar yakmağa ve dualar etmeğe başladılar.

Ne çare ki kral yine yataktan kalkamadı. Hastalığı çok ağırdı. Tutulmuş dilini ne mumlar, ne adaklar çözebildi. Dilsiz, kuvvetsiz bir put gibi yatağında hareketsiz yatıyordu.

Ahalinin kederi artmağa ve papazlara da sirayet etmeğe başlıyordu. Her ne kadar ellerinde uzun uzun tesbihler, sokakları bir aşağı bir yukarı arşınlamaktan bitap düşüyorlarsa da, kralın hiçbir zaman iyileşmeyeceğini de hatırlarından çıkarmıyorlardı. Mademki bu kadar dualar, niyazlar faydasız kalmıştı; demek oluyordu ki IX. Lui tamamen ölüme mahkum olmuştu! Şu kadar var ki, papazlar artık ümid kestikleri halde, kralın kendisi sıhhatine kavuşacağından ümitliydi. Gerçi dili tutulmuştu;

fakat zihni durmamıştı. Yatağında hissiz ve hareketsiz yattığı halde dualar ediyordu. Şifa bulduğu zaman Beytü'l-Makdis'i Müslüman'ların pis ellerinden kurtarmayı adıyordu. Çıkmayan candan ümit kesilmez misalince, Fransa Kralı da bu içten yalvarmalardan sonra yavaş yavaş iyileşmeğe başladı. Ne gariptir ki derdine bu adağın derman olduğu zannında bulundu. Beytü'l-Makdis'i murdar İslâm ellerinden kurtarmak! Beytü'l-Makdis ise o zaman şimdikinden daha dindar olan Müslüman'lar elinde bulunuyordu. Bizim Şark'ın pek çok zaaf ve hatalarıyla beraber, itiraf edilmesi gereken bir de meziyeti vardır. O da, mabedler ve mukaddes mezarlar hakkında hususî bir hürmet beslemeleridir. Bu inkâr edilmez bir gerçektir. Dinî mekânları ve mahalleri mukaddes saymak hissi her Şarklının cedlerinden tevarüs ettiği bir özelliğidir. Beytü'l-Makdis o zaman da bugün olduğu gibi lâzım gelen hürmetle ziyaret ediliyor, taziz ediliyordu. Beytü'l-Makdis Müslüman'lar indinde pek mühim ve muazzez bir ziyaretgah idi. —Onların tabiriyle— murdar elleriyle tamir ederlerdi. Fakat tahrib fikri, hiçbir Müslüman'ın, ne kadar müstebid ve zalim olsa bile hatırından geçmemiştir. Böyle olduğu halde binlerce can telef etmek reva mıydı? Yalnız bir Haçlı hücumunda yetmiş bin Müslüman doğranmıştı. Ödleri de ilâç diye şişelere konarak Avrupa' ya götürülmüştü.

İncil'de, «sağ yanağınıza vurana, sol yanağınızı da çeviriniz» emrini veren Hazret-i İsa, böyle bir savaşı emretmiş miydi? Onun neşretmekle vazifeli olduğu din, bir şefkat ve merhamet diniydi. Haç uğruna binlerce hilâl ehlinin katledilmesini hiç arzu eder miydi acaba?

Her neyse, Fransa Kralı iyileşmeye yüz tutar tutmaz Papa'ya haber gönderdi ve yedinci Haçlı şeferine başlamak istediğini arzetti.

Sonra da hiç vakit kaybetmeden ordu kurmaya ve gemiler hazırlatmaya koyuldu. Çok geçmeden elli bin asker ve iki yüz parça gemi topladı ve kurtarıcılık vazifesini yapmak suretiyle adağını yerine getirmek üzere önce Kıbrıs'a doğru yelken açtı.[59]

Hilâl ile salibin çarpışması görülüyor ki, pek eski bir rekabet hissine dayanmaktadır. Hilâlin parladığı yerde salib de hüküm sürebilir. Fakat salibin tahakküm ettiği yerde hilâlin mevcudiyetine asla tahammül edemez. Bir rakip istemez. Hilâlin ışıklarından yarasa gözler herhalde kamaşırlar diyelim. Hakkı efsaneler örtemez. Ancak kuvvet boğabilir.

Şark her veçhile garbden daha müsamahakâr, daha misafirperverdir.

Fransa Kralı'nın adağı hilâle bir hücum idi. Fakat ah o zamanlar... Din gayretimize mukavemet edebilecek hiçbir güç yoktu. Avrupa'nın birçok defalar aleyhimize birleşmeleri neticesiz kaldı. Çünkü Allah'ın birliğine inanan kalpleri aynı rabıta kopmaz ve ayrılmaz bir bağ ile bağlamıştı. İttihadımızın kuvveti her hamleyi kırıyordu. İmanımızın surlarına çarpan her hücum parçalanıyordu.

(59) Tarih-i Harbü's-Salib.

IX. Lui, annesini kendi makamına naib tayin ederek, karısı da dahil olmak üzere bütün aile efradıyla birlikte birkaç hafta zarfında Kıbrıs'a vasıl oldu. Bütün kış mevsimini orada geçirdiler. Burada zindanlarda olan Müslüman esirleri şövalyeler —şu anda müttefik ordularının da yaptığı gibi— hatıra hayale gelmeyen işkencelerle sıkıştırdılar. Papa vekilinin emriyle bunları zorla hıristiyan yapmak istediler. Kabul etmeyenler kesildi, ölüm korkusuyla kabul edenler salıverildi. Korsanlar tarafından ya adaya atılmış veya esir alınmış olan bu biçare din kardeşlerimiz bir kış içinde, haç namına ne kadar zulüm görmek kabil ise hepsini gördüler. Göğüsleri büyük kırmızı haçlı şövalyeler orta çağın bütün işkence metodlarını bunların üzerinde tecrübe ettiler. Nihayet altı ay sonra pek çok can telef ederek, pek çok dinlendikten sonra günahlarını dökmek üzere Beytü'l-Makdis'i kurtarmak fikriyle iki yüz parça gemilerine binerek evvela Mısır'a doğru yola çıktılar.

III

Melik Salih, Mansure'ye gelir gelmez bir kat daha hastalanarak yatağa düştü. Dizkapağının altındaki çıban kendisine çok ıstırap veriyordu. Seyahat esnasında da soğuk almışti.[60] Yüksek ateşi ve öksürüğü verem emarelerini gösteriyordu. Bu haline çok üzülüyordu. Çünkü savaş hazırlıklarıyla bizzat meşgul olamıyordu. Bununla beraber gecesini gündüzüne katarak, Dimyat'ın savaşa hazırlanması ve silâhlandırılması için devamlı talimat ve emirler veriyordu.

Dimyat'ı pek mükemmel surette tahkim ettirdi. Birkaç aylık erzak göndertti. Kahire'de bir donanma hazırlanmasını emrederek, bütün Mısır emirlerinin olanca askerî güçlerini Dimyat'ın batı sahiline yığdırdı. Başkumandanlığı da Emir Fahreddin Yusuf'a verdi.[61]

Hicret'in 648'inci senesi Sefer ayının 22'nci Cuma günü Fransız donanması Dimyat'ı muhasara etti. Haçlılar şehrin teslim olmasını istediler. Dimyat halkı mukavemet göstermeye başlayınca IX. Lui, Melik Salih Necmüddin Eyyubî'ye bir tehdit mektubu gönderdi. Bu mektubunda şöyle diyordu: «Mâlumunuzdur ki, ben İsa dininin velisi bulunduğum gibi, siz de Muhammed ümmetinin velisi bulunuyorsunuz. Endülüs halkının da halen avucumuzun içinde mahkum bulunduğunu elbette işitmişsinizdir. Bu halk her gün bize koşa koşa geliyorlar. Pek çok mal ve para takdim ediyorlar. Fakat biz onlara

(60) Hitat-ı Tevfikiyye.
(61) el Makrizî.

yine de ehemmiyet vermeyerek hayvanlar gibi sevk ediyoruz. Erkeklerini öldürüp kadınlarını dul bırakıyoruz. Oğlan ve kız çocuklarını esir alıp yerlerini yurtlarını boş bırakıyoruz. İşte bunları bilmiyorsan, mâlumun olsun. Sana nasihat ederim. Eğer bin yemin etsen, ve papaz zümresine dahil olsan ve hatta huzurumda haç ve mum tutsan yine sana hücum edeceğim. Yine üzerine yürüyeceğim. Seninle mutlaka muharebe edeceğim!. Ya memleketini tekmil zaptederim, yahud mağlup olurum. İşte bunu bil de ona göre davran! Askerin hazır olsun! Sana haber veriyorum. İyice hatırında kalsın. Beraberimde bulunan asker, ovalar, dağlar doldurur. Sayıları çakıl taşı kadar çoktur. Bunlar senin üzerine kılıç çekerek koşacaklar ve seni mahvetmeğe geleceklerdir.»

Melik Salih bu mektubu okurken pek müteessir oldu. Hatta ağlayarak yanında bulunan Kadı Bahaüddin Zehrevî'ye uzatarak ona da okuttuktan sonra fikrini sordu. Ve sonra aşağıdaki cevabı yazdırdı:

«Besmeleden hamdeleden sonra, mektubunu aldım. Askerinin çokluğuyla iftihar ederek bizi tehdit ediyorsun. Bizler kılıç sahipleriyiz. Bizden ne kadar şehid olursa yerlerine başkalarını koyabiliriz. Bize hücum edenleri biz daima yok etmiş adamlarız. Senin mağrur gözlerin kılıçlarımızın keskinliğini, mızraklarımızın azametini ve feth etmiş olduğumuz kale ve sahilleri ve düşmanlarımızın yurtlarını nasıl harap ettiğimizi görmüyor mu? Bir kere bakarsan buraya kadar geldiğine pişman olursun ve zalimlerin sonunun nereye varacağını anlarsın. Bizim Kitab'ımızda küçük bir topluluğun, pek çok defalar büyük bir topluluğa gaip geldiği(*) yazılmıştır. Allah sabredenlerle beraberdir.»

Melik Salih bu cevapnameyi imzaladıktan sonra Fransa Kralı'na gönderdi. IX. Lui bu ateşli satırları okuduktan sonra, hemen bir danışma meclisi topladı. Bu meclis askerin hemen karaya çıkmasını uygun görünce, başta Papa'nın vekili omuzunda haç olduğu halde karaya çıktı. Arkası sıra, elinde haçlıların mukaddes sancağı IX. Lui ile ailesi ve bütün haçlı askerleri gemilerden inerek karaya ayak bastılar.

Safer ayının yirmi birinde karada harp başladı. Müslüman gemileri de Fransız donanmasına hayli hücumlar ettiler. Muharebe şiddetle devam ediyordu. Belki de tam haçlıların hezimete uğrayacakları bir saatte, geceleyin hiç sebep yokken Başkumandan Emir Fahrüddin alabildiğine ric'at ederek firara koyuldu. İslâm askeri bu hareketi görür görmez ve anlar anlamaz başkumandanın arkasından koşmaya başladı. Bu hercümerç arasında göz gözü görmez oldu. Asker yılmış, önü alınamıyordu. Bir sel gibi ta İşmun köyüne kadar geldiler. Askerin dehşet içinde ri'cat ettiğini gören halk da varını yoğunu bırakarak bağırıp çağırarak askerlere deliler gibi katılmışlardı. Dimyat o gece boşaltıldı. Bir kişi dahi kalmadı. Müdafilerden ses seda çıkmadığını gören haçlılar, bunu evvela bir hile zannederek yavaş yavaş ihtiyatla yaklaştılar. Sonra şehri bomboş görünce cesaretle ilerlediler ve ni-

---

(*) Âyet meâli.

hayet Dimyat'a girdiler. Anlaşılmaz bir muamma! Yılgın asker silâhını bile terk etmişti! Ahali de altı aylık erzakını bile bırakarak kaçmıştı! Gerçi Dimyat boşaltılmıştı. Fakat silâh ve erzak ile ağzına kadar doluydu. Yedinci asrın haçlısı Dimyat'a, ondördüncü asrın haçlısının[*] Kırkkilise'ye girdiği gibi büyük bir debdebe ve tantana ile girerek işgal etti.

Müslüman'lar haçlılardan korkabilir mi?

İmanla dolu kalplerde korkuya yer kalmamalıdır.

Hakikaten tarih bir tekerrürden ibaretmiş.

Haçlılar Dimyat'ı istilâ eder etmez bütün camileri kiliseye çevirdiler ve şehre iyice yerleştiler. Mısır'ın en mühim, en sağlam bir kalesine sahip olduklarına güçlükle inanıyorlardı. Dimyat'tan da Kahire'ye mesafe bir hamle idi.

Melik Salih bu bozgundan dolayı çok üzüldü. Hastalığı arttı. Askerin önünü aldırdı. Hepsine ibret olsun diye, firarilerin kumandanlarından bir çoğunu idam ettirdi. Emir Fahrüddin'in bu ri'catı İslâm için bir âr, bir leke addedildi. Melik Salih her ne kadar Mansure havalisinde bulunan kaleleri tahkim ettirip silâhlandırıyorsa da, Dimyat'ta kalan silâh ve mühimmat büyük bir kayıp idi. Melik Salih gazabından, cezaya müstehak kim varsa cezalandırmaktan yorulmuyordu. Askerlerinin içine düştüğü bu utanacak halden kan ağlıyordu. Bu arada cezalanan

---

[*] 1912 Balkan Harbi'nde.

emirlerin aileleri Kahire'de isyan etmeğe teşebbüs ettilerse de, Emir Fahrüddin nasılsa Melik Salih'in hasta olduğunu söyleyerek hepsini yatıştırmağa muvaffak oldu. Emir Fahrüddin idam edilmeyi hak ettiği halde bu işin içinden kolayca sıyrılmasını bildi. Halbuki bu ri'catın asıl sebebi kendisiydi.

Haçlılar Dimyat'ı işgal ettikten sonra, Müslüman askerlerle aralarında bazı çete savaşları oluyorduysa da mühim bir harp vuku bulmadı. Pek çok haçlı esir alındı ve bunların hepsi Kahire'ye gönderildi. Müslüman'lar yavaş yavaş cesaretlerini kazanmaya başlamıştı. Bazı küçük çatışmalarda galip geldiler. Bu galibiyetlerden ümitlenerek haçlıları kati bir muharebede ebediyyen ezmek niyetini beslerken Şabanın on dördüncü Pazar gecesi Melik Salih iyice fenalaştı ve o gece bekâ alemine göçtü.

Kırk yaşında bulunuyordu. Vefatı gizli tutuldu. Halk ve asker üzülüp ümitsizliğe kapılmasın diye, cenazesi bir tabuta konarak geceleyin gizlice Mansure'den çıkarılıp Şeceretü'd-dürr'ün bulunduğu Menîl sarayına götürüldü ve orada defnedildi. Melik Salih'in vefat ettiğini karısı ve bir iki sırdaşından başka kimse bilmiyordu. Şeceretü'd-dürr iç isyanlardan korkuyordu. Kocasının vefat ettiğini ilan ederse, belki asker arasında bir isyan çıkar diye kumandan Emir Fahrüddin ile Baş Ağa'yı huzuruna davet ederek olayı olduğu gibi anlattı ve gizli tutmasının sebebini de söyledi. Emir Fahrüddin ve Baş Ağa bu hareketini tasvib ettiler. Bunun üzerine saltanata veliahd olan, Melik Salih'in oğlu Melik Muazzam Turan Şah'ı Hısnı Keyfa'dan getirtmek üzere komutanlardan Aktay isminde bir zatı görevlendirmeyi kararlaştırdılar ve derhal gönderdiler.

Bu tedbirlerden sonra Şeceretü'd-dürr ahali arasında emirnâmeler neşrettirdi. Askerlere yemin ettirerek evvela Melik Salih'e, sonra da Melik Muazzam Turan Şah'a itaat edeceklerine dair söz aldı. Mansure'den gelen emirnâmeleri Muhil adında biri yazmıştı. Bu sultanın hizmetkârlarından biri idi. Fakat yazısı Melik Salih'in yazısına çok benzerdi. Bu beyannâmeler Melik'in kendi ağzından çıkmış gibi yazılmıştı. Hatta Kahire'de Cuma hutbelerinde Melik Salih'in isminden sonra Turan Şah'ın da isminin zikrolunması ve paralar üzerine nakşolunması emredildi. Bu aralık doktorlar Mansure sarayına sanki tedavi devam ediyormuş gibi gidip geliyorlardı. Vefatı her ne kadar inkâr ediliyor ve yalnızca ağır hasta olduğu söyleniyorsa da günün birinde casusun biri gerçeği öğrendi ve doğruca Dimyat'a ulaştırarak haçlıları ayaklandırdı.

Dokuzuncu Lui, artık Mansure'ye hücuma hazırlandı. Bütün askerleriyle harekete geçti. Nihayet muharebe başladı. Şiddetli bir çarpışma oldu. Her iki taraf da büyük zayiat verdi. Haçlıların pek çoğu esir alındı. Pek çoğu da öldürüldü. Buna karşılık İslâm ordusunun başkumandanı da şehid edildi.

Kumandansız kalan asker perişan bir halde mukavemet ediyordu. Mısır pek güç durumdaydı. Haçlı istilâsının İslâm'a pek büyük bir darbe olduğunu görüp anlayan Melik Salih'in memlükleri(köleleri) harekete geçtiler. Bu memlükler pek nüfuzlu bir askerî birlikti. Menîl'de ikamet ettiklerinden kendilerine bahriyeli köleler denirdi. Bunlar arasında Baybars isminde biri askere başbuğ oldu. Orduyu derleyip toparlayarak kahramanca bir hücumla haçlıları dağıtmayı başardı.

Bu zafer haberi Mısır'ı ve Mansure'yi sevince boğdu. Şenlikler yapılarak Allah'a hamd ü senâlar edildi. Zaferden hemen sonra Turan Şah, Mısır'a vasıl oldu. Ve o gün Melik Salih'in vefatı ilan olunarak oğlu Melik Muazzam Turan Şah yerine tayin edildi, Şeceretü'd-dürr de artık kocasının matemiyle meşgul olarak, devlet işlerini Turan Şah'a terk etti. Turan Şah'ın gelişine kadar kocasının vefatını büyük bir maharetle ve devletin hayrı için saklamıştı.

IV

Turan Şah saltanat tahtına oturur oturmaz haçlılara karşı kat'i bir muharebeye girişmek üzere hazırlıklara başladı. Bunları Mısır'dan tamamıyla kovmak için her ne lâzım geldiyse yaptı.

Haçlıların karargâhı Dimyat'ta bulunuyor idiyse de askerin en çoğu Mansure ve İşmun civarlarında toplanmış olduklarından, Turan Şah, Dimyat ile aralarını kesmek üzere bir çevirme hareketi yaparak, hemen hemen bütün haçlı ordusunu muhasara altına aldı.

Haçlılar bu şekilde sarılınca erzaksız kaldılar. Bu arada Turan Şah, denizde de büyük bir zafer kazanarak haçlıların pek çok olan gemilerinden elli kadarını ele geçirdi.

Kuşatılmış olan düşman ordusu fena bir halde bulunuyordu. Turan Şah az bir müddet zarfında bunları tamamen perişan etmek ümidini besliyordu. Gerçekten de bu son muvaffakiyetlerinden cesaretlenen İslâm askeri düşman üzerine öyle müthiş bir hücum ettiler ki, bütün ordularını tarumar eylediler.

Haçlılar Dimyat'a doğru firara koyuldu. Fakat firarları esnasında, İşmun kanalı üzerinde kurmuş oldukları köprüyü yıkmayı unuttuklarından, İslâm askerleri onları takip ederek Dimyat'a yakın bir noktaya kadar kovaladılar. Fransa Kralı maiyeti ile beraber bir tepeye çıkmaya muvaffak olmuştu.Müslüman'lar tepeyi de sarmaya başlayınca teslim olacaklarını söyleyerek aman dilediler.

Bu son kanlı çarpışmada aile fertlerinden bir çoğu katledildiğinden, yanında bulunan bazı vekilleri kendisini terketmediler ve beş yüz askerle birlikte hep beraber teslim oldular. IX. Lui her ne kadar Kudüs kendisine verilmedikçe Dimyat'ı terk etmeyeceğini ve teslim olmayacağını söylediyse de kendisine kulak asan olmadı. Vekilleriyle beraber esir ettiler ve Kadı Fahrüddin'in evine hapsettiler. Turan Şah da Dimyat havalisinde ve Nil'in kenarında bulunan Faraskur şehrinde kalmaya karar vererek, ordusu ve devletin ileri gelenleriyle beraber oraya doğru yola koyuldu. Melik Muazzam Turan Şah çok zorba ve zalim bir sultandı.

Faraskur'a varır varmaz ilk işi ahşap bir köşk yaptırmak oldu. Köşk Nil sahilindeydi. Yüksek bir de kulesi vardı. Tamamlanınca Turan Şah buraya yerleşti. Âdeti üzere hemen zevk ü safa âlemlerine başlayarak hem haçlıları hem de devleti unuturcasına gaflet içinde eğlenceye daldı. Sabahtan akşama kadar içiyor, devamlı sarhoş geziyordu. Bahriyeli kölelerini hiç çekemez oldu. Çünkü bunlar kendisine nasihat etmekten geri durmuyorlardı.

Melik Muazzam Turan Şah da kendisine karşı gelinmesinden hoşlanmadığından onlara yüz vermez, Şam'dan getirdiği gençlerle eğlenirdi. Bunların güzelliğinden, sohbetlerinden hoşlanırdı. Bazan geceleri içki içerken bu gençleri yanına toplar, etrafına çepçevre şamdanlar yaktırırdı. Sonra da ayağa kalkarak eline bir kılıç alır, şamdanların mumlarını teker teker biçerek,

— İşte bahriyeli köleleri de böyle keseceğim! diyerek bağırır, ortalığı velveleye verirdi.

İşte Turan Şah devrine böyle başladı. Ortalığın böyle karmakarışık olduğu bir zamanda yapması gereken hiçbir şeyi yapmadığı gibi, memleketi parçalayacak, anarşiye itecek ne kadar hareket varsa hepsini birer birer yaptı. Turan Şah vicdansız mağrur ve müstebid bir melikti. Tahta çıktıktan kırk gün sonra halk kendisinden soğudu. Yaptıklarını ve hareketlerini ayıplıyorlardı. Bahriyeli köleler gibi muazzam bir kuvvet ise kendisine açıkça diş biliyor, şamdan olaylarından dolayı, intikamlarını her ne pahasına olursa olsun alacaklarına yemin etmekten çekinmiyorlardı.

Mısır'da bir kişi bile taraftarı yoktu. Faraskur köşkünde ahbaplarıyla rezilce eğlencelerle vakit öldürdüğü kadar, beylerini, kumandanlarını da incitmemiş olsaydı, belki mahvı fermanını kendi eliyle imzalamamış olurdu. Fakat herkese musallat oluyordu. Herkes de kendisinden şikâyetçi oluyordu.

Bu aralık Şeeeretü'd-dürr köleleri ve askerleriyle Menîl sarayında rahat ve debdebe içinde ömür sürerken Turan Şah'dan kendisine bir haber geldi. Turan Şah, babasından kalan bütün mal ve mülkleri zorla almak istiyor, hatta Şeceretü'd-dürr'ü tehdit ediyordu.

Şeceretü'd-dürr de, «Babanın malını hep mukaddes cihada sarf ettim,» cevabını gönderince, Şah pek öfkelendi ve babasının karısına karşı kullanılamayacak kadar öfkeli bir dille karşılık verdi. Şeceretü'd-dürr böyle bir muameleye alışkın değildi. Onun gibi öfkeli mizaçlı ve asabî bir kadının tahammül edemeyeceği kadar mütecaviz bir hareketti. Köleleri derhal Turan Şah'ın aleyhine kışkırtmaya başladı. Köleler zaten Turan Şah'a düşmanlık beslediklerinden, bu hususta hiç de zorluk çıkarmadılar.

Şeceretü'd-dürr kırılmıştı. Melik Salih'in vefatı günlerinde üvey oğluna o kadar sadakatle hizmet ettikten ve kendisini Suriye'den getirttikten sonra babasının vefatını ilan ettiğini hatırlayarak Turan Şah'ın bu hareketini büsbütün çirkin buluyordu. O zaman memlekette bir isyan çıkmaması, sırf kendi yüzünden, kendi olağanüstü mahareti sayesinde olmuştu. Bu kadar güzel idaresinin mükâfatı bu muydu? Çektiği onca korkulara, heyecanlara teşekkür, bu ağır sözler miydi? Hayır! Bu Şeceretü'd-dürr'ün katlanabileceği bir muamele değildi!..

Turan Şah'ın çevresi de kendisini Şeceretü'd-dürr'e karşı tahrik ediyorlardı. Yalan ve dedikodu dolapları alabildiğine dönüyordu:

— Siz bir kalıptan ibaretsiniz. Asıl Melik Şeceretü'd-dürr' dür. Kuvvet de kölelerin elindedir. Siz aciz ve zayıf bir meliksiniz. Onlar var oldukça siz mutlak hakim olamazsınız, diyorlardı.

Bu sözler Turan Şah'ı çıldırttı. Kölelerin hepsini öldürteceğine yemin ediyordu. Ancak Şark mütefekkirlerinin, «insan her umduğuna nail olamaz. Rüzgâr geminin esmediği yönden eser» dediği gibi, Turan Şah da köleleri katledemeden, kendisi onların eliyle katledildi! Mumları uçururken başlarını kestiğini farzettiği kölelerin başı ve Şam'a elçi olarak gönderilmiş olan Aktay'ın teşvikiyle bütün köleler isyana karar verdiler. Turan Şah, bu Aktay'a İskenderiye muhafızlığını vereceğini vaad etmiş olduğu halde, bu sözünde durmamıştı. Aktay da bu sebepten kölelerin en hararetli bir taraftarı kesilmişti.

Muharrem'in yirmi dokuzuncu Pazartesi günü Melik Turan Şah beyleri ve köleleriyle beraber yemek yedikten sonra köşküne çekilmek üzere yemek çadırını terk etti. Herkes de yerli yerine döndü. Turan Şah yalnız başına köşkün sofasında otururken kölenin biri içeriye hücum ederek Melik'i öldürmek üzere kılıcını indirdi. Turan Şah ise o anda elini kılıca doğru tuttuğundan bir iki parmağı doğrandı. Hücum eden Melik'in kanını görünce dehşete düştü ve paniğe kapılarak, kılıcını bir tarafa fırlatıp kaçtı.

Melik Muazzam ilk anda fenalaştı. Bir müddet baygın kaldı. Sonra ayılarak aklını başına topladı ve köşkte hayatının tehlikede olduğunu anlayınca hemen tahta kuleye koştu. Kuleye çıkınca aşağıdaki köleler kendisini gördüler ve hemen köşkü sardılar. Turan Şah imdat çağırdı. Fakat kendisini seven bir fert bulamadı. Beyler, köleler ve bütün ahali aleyhine dönmüşlerdi. Hiçbir taraftan yardım bulamadı. Bu esnada Emir Hüsameddin süvari köleleri ile köşke doğru yürüdü.

Yalnızca, Bağdad Emiri'nin elçisi Turan Şah'ın imdadına yetişmek istediyse de onu da derhal tehdit ederek susturdular. Faraskur'da bir çığlıktır koptu. Şehrin içinde kölelerden ve beylerden başka bir şey görünmüyordu. Hep köşke hücum ediyorlardı. Artık Turan Şah için kurtuluş ümidi kalmamıştı. Aşağıdakiler hücum ediyor;

—İn, inmezsen kuleyi yakacağız! diye bağırıyorlardı.

Fakat Turan Şah inmiyordu. Bunlardan imdat diliyor, affetmeleri için durmadan yalvarıyordu. Sonunda kuleyi ateşe verdiler. Köşk yanmağa başladı.

Alevler Turan Şah'a kadar yükseldiği sırada kendisini Nil'e attı. Fakat suya düşer düşmez herkes arkası sıra koşmaya başladı. Yetişemeyenler ok atıyordu. Yaklaşabilenler kılıçlarının ucuyla paralıyorlardı. Turan Şah avazı çıktığı kadar,

— Amanın beni bırakın! Mısır'dan gideyim. Ben size bu kadar zulmetmedim ki, siz bana bu kadar azap çektiriyorsunuz! diye bağırıyordu.

Fakat artık herkes intikam arzusuna kapılmıştı. Sayısız bir kalabalık çığlıklar atarak peşinden yüzüyor, öldürmeye çabalıyordu.

Turan Şah'ı, nihayet yakaladılar ve üzerine atılarak katlettiler.

Eyyubîlerin soy zincirini kıran Melik Muazzam Turan Şah, «Yanarak, boğularak, katledilerek» göçtüğünden dolayı tarihçilerin daima hayret ve merakına mucib olmuştur. Yetmiş gün hüküm sürdü. Herkesin nefret ettiği bir kişi olarak ebediyyen yok olup gitti.

Bunun üzerine Emir Hüsamüddin evvelce başlanmış olan sulh müzakerelerine son vererek sulhu imzaladı. Haçlılar perişan bir haldeydi. Orduları darmadağın olduğu gibi, Dimyat'ta mahsur kalmışlardı. Kıtlık, yokluk, veba ve türlü türlü belâlar zaten azalmış olan askerî güçlerini günden güne yok ediyordu.

Sulh pek parlak şartlar dahilinde imzalandı. Harp tazminatı olarak haçlılar, dört yüz bin dinar vermeğe mecbur oldular.

Hicret'in 648'inci senesi Safer'inin üçüncü günü, Endülüs Müslüman'larını yurtlarından hayvanlar gibi süren Fransa Kralı, Müslüman hapishanesinden nihayet çıkarak Emir Fahrüddin'in evini terk etti. Haçlılar Dimyat'ı boşalttı.

Yelken açarak yine Beytü'l-Makdis'i kurtarmak fikriyle mağlup ordularını alarak Mısır'dan uzaklaştılar.

Emir Hüsamüddin ise İslâm askerleri, emirler ve köleler ile beraber süratle Kahire'ye doğru yola çıktılar.

Yolda şenlikler yapılıyordu. Haçlıların Mısır'dan koğulduğu haberi Mısır halkını coşturdu. Her tarafta sevinç ve neşe hakimdi. Emir Hüsamüddin ve maiyeti alkışlar arasında Kahire'ye girdi ve doğruca Menîl sarayına giderek Şeceretü'd-dürr'ü «Emîretü'l-mü'minîn» nasb ve tâyin etti.

Şeceretü'd-dürr'e Melike İsmetüddin ünvanı verildi. Ve bu ünvan ile Mısır tahtına oturdu. Şeceretü'd-dürr Eyyubîlerin devrini kapamış, Memlüklerin devrini başlatmıştı.

V

Bu fâni dünyaya konup göçen insanlar, muhteşem bir kervansaraya inen seyyahlara benzerler. Büyük otellerde kalan mühim adamlar bu ikametlerinin hatırası olarak otelin şeref defterine bir şeyler yazarlar. Bu, o şahsiyetin durumuna göre, ya parlak bir fıkra, ya enteresan bir cümle, yahud da sadece bir isimden ibaret olur.

İnsanlar da bu varlık âleminde geçirdikleri zamanı devamlı kılmak için hepsi kendi liyakatlerine göre bir eser bırakır. Bu eser de hayatlarıdır ki, ya alelâde bir geçimdir, ya maceralarla dolu günlerdir, yahud da olağanüstü seçkin bir zamandır. Bu ise kendisinden sonra gelenlere manidar bir misâl olarak kalır. Hayatı olanca kemâliyle geçirmek, her fâniye nasib olmaz. Sessiz sedasız yaşayıp gitmek herkesin harcıdır. Kolay ve rahat bir hayat tarzıdır. Bir eser bırakmak ise her cihetten müşkül ve çok seçkin bir insan olmaya bağlıdır. Çünkü ekseriyetle «kösemenin koyunları» arasından çıkmak bir cesaret sayılır.

Şark kadınlarına hiç ehemmiyet verilmemiştir. Hatta nasıl bir halet-i ruhiyeye sahip olduklarını bilenler bile pek azdır. Şimdiki halde bir içtimai mevkileri olmadığından, eski zamanlarda hususi bir mevkileri olup olmadığını soran da yok. Biz Şark kadınları Avrupa Medeniyeti ile azıcık bir temasta bulunduk; hemen gördüklerimize kapılarak şahsiyetlerimizi unuttuk! İki cami arasında kalan bînamaza döndük. Garb'ın medeniyetini takip etmek hepimiz için bir vazifedir. Fakat Garb'ın uğruna da Şark'ı büsbütün ihmal etmek, inceliklerini, güzelliklerini ve yüceliklerini terk ederek tamamen Garblılaşmak biz İslâm kadınlarına yakışmaz. Şimdiki biz, Şark kadınları, artık cici bebek olmaktan vazgeçelim. Yalnız süs ve ziynetle uğraşılacak bir zamanda yaşamıyoruz. Cedlerimizden daha iyi öğrenelim. Kendi hayatımızı kalıcı kılacak şekilde bizden sonra geleceklere hazırlayalım. Hepimiz üzerimize düşen mesuliyetin mühim mânasını anlamağa çalışalım. Zira her fert insaniyetin bir parçasıdır. Bütün insanların toplamı da insaniyeti teşkil ettiğinden hepimiz ayrıca bir insaniyete sahibiz.

Biz, biz olmağa gayret edelim! Başımıza hangi felâket geldiyse cehaletimiz yüzünden geldi. Yirminci asırda ayyıldız nasıl karanlıklarda kalabilirdi? Böyle bir sembole sahip olan ümmet, cihanın en münevver insanları olmamalı mıydı?

Eğer büsbütün yok olmak, yeryüzünden silinmek istemiyorsak hayatımız için çabalayalım. Hayat kavgası kanununu tatbik ederek var kuvvetimiz ve bütün iyi niyetimizle Avrupa'nın bize karşı beslediği kötü niyetleri izaleye gayret edelim! Hiç değilse, eski Şark kadınlarının ehemmiyeti kadar bir ehemmiyet kazanabilirsek, süratle alçalışımızı belki durdurabiliriz.

Şeceretü'd-dürr, bir mükemmeliyet örneği değildi. İslâm'ın öyle karışık bir zamanında, siyaset sahnesine çıkarak, hüküm yürütebildiğinden dolayı enteresan bulduğum için okuyucularıma takdim ediyorum.

Emir Hüsamüddin ile maiyeti kendisini Melike tayin ettikleri sırada Mısır'ın en güzel bir yerinde, Nil'in kenarında, Menîl sarayında ikamet ediyordu. Takriben kırk yaşındaydı. Çok güzel ve çok cazibeliydi. Melik Kâmil devrinden beri devlet işlerine aşina olduğundan siyaset ve idaredeki tecrübesiyle şöhret bulmuştu.

Şeceretü'd-dürr her şeyden evvel bir ikbal düşkünüydü. Şanını, şöhretini, kendi gayretiyle kazandı. Pek cömert, ahalinin huzur ve rahatını ister bir kadındı. Vergileri azalttı. Tahta geçince kölelere rütbeler ve hediyeler dağıttı. Halkın sevgisini kazanmak en büyük emeli idi.

Menîl'deki sarayının nefaseti zevk sahibi olduğunu gösterirdi. Odaları ve sofaları beyaz ve sarı simden işlenmiş ipekler ve atlaslarla kaplanmıştı. Şamdanları ise Abbasilerinki gibi altın ve gümüştendi ve anber yakılırdı. Şeceretü'd-dürr sofra takımlarına da çok meraklıydı. Sahanlar hep kıymetli taşlarla süslü olduğu gibi, bardaklar ve billurların kenarları da incilerle bezenmişti. Aynı şekilde elbiseleri de son derece süslü ve sanatlıydı. Debdebeden ve gösterişten hoşlanırdı.(Şimdiki halde, tam sarayının olduğu yerde bir gazino inşa olunacakmış!)(*)

Melike tayin edildikten sonra Şeceretü'd-dürr, artık sarayını ve o güzel yerleri terk ederek Selahaddin Eyyubî'nin yaptırmış olduğu mahud ve meşhur kaleye yerleşti ve orasını hükümet merkezi yaptı. Bütün Kahire'ye

---

(*) Kitabın yazıldığı tarihte...(Nâşir).

nazır olan bu yüksek yeri bütün hükümdarlar tercih etmişlerdi.

Menîl sarayı isyanlara ve ihtilâllere mukavemet edemeyeceğinden, kalenin sağlam duvar ve burçları her bakımdan daha elverişli bir sığınak teşkil ediyordu. Şeceretü'd-dürr her gün vezirlerini özel bir dairede toplar, kendisi de ince bir perdenin arkasından toplantılarına iştirak ederdi.

Memlûklerden İzzeddin Aybek ismindeki zatı Atabek tayin etti. Atabek, sadrazam derecesine eş bir rütbe idi. Bu zat, pek parlak bir zekâya mâlik olup, ilim ve infanının yüksekliğiyle tanınmıştı. Aybek Bey iyi bir askerdi. Halka da kendisini sevdirmenin yolunu bulmuştu. Orduyu lâyıkıyla idare ediyordu. Günden güne Şeceretü'd-dürr'ün teveccühünü de daha çok kazanıyordu.

Şeceretü'd-dürr, Cuma hutbelerinde adını okutturduğu gibi, adına para da bastırdı. Parasının bir yüzünde «Bismillahirrahmanirrahiym» ve tarih, diğer yüzünde «el-müsta'sı miyetü'ssalihıyye meliketü'l-müslimm validetü Mansur Halil halifeti emir el-mü'minîn» nakşedilmiştir.[62]

Şeceretü'd-dürr'ün devri pek parlak bir şekilde devam ediyordu. Halk arasında ayağı uğurlu addediliyordu. Fakirlere pek çok hayır ve hasenatta bulunuyordu. Cin fikirli, her şeyden haberdar, her işe aşina bir Melike idi. Bir «bid'at-ı hasene» olmak üzere Mısır'da hâlâ yü-

---

(62) Tarih-i İbn İyâs.

rürlükte olan güzel bir âdet çıkarmıştır. O da «Mahmil-i Şerîf»(63) âdetidir. İlk defa olarak Mısır Mahmil'i Mekke'ye gönderilmiştir. Bid'at-ı hasene sahipleri ise sevap kazanmış sayılırlar. Zira güzel bir yeniliği dinî törenler ve millî âdetler sırasına geçiren muhterem zatlar elbette Peygamberin(s.a.v.) rızasına nail olurlar. Hz. Muhammed(s.a.v.) ümmeti arasında iyi bir şey icad eden kıyamete kadar sevap kazanır ve İslâm'da fena bir şey ihdas eden de kıyamete kadar günah içinde kalır. Şeceretü'd-dürr hususî hayatına rağmen, umumî hayatı itibarıyla müstesna bir Müslüman kadını idi. Milletinin fikirlerini etraflı bir şekilde tetkik etmişti. İdaresi diktatörce ve zorba değildi. Bir işe başlamadan yahut bir şeye karar vermeden önce daima bir meclis toplardı. Vezirlerinin fikirlerini aldıktan sonra kendi eliyle kararnâmeleri ve fermanları imzalardı. Halka doğrudan doğruya bir emir vermek istediğinde İzzeddin Aybek'i huzuruna çağırır ve onunla konuştuktan sonra, o emrini verirdi. Atabek de bu vazifesinde Melikesini daima memnun bırakırdı.

Şeceretü'd-dürr'ün devri böyle umumi bir hoşnudluk ile şurup giderken, Turan Şah'ın Suriye'ye kaçmış olan taraftarlarıyla zamanın halifesi Mustasım Billâh'ın yetiştirmeleri birleşerek, Mısır'da şan ve şevketle hüküm süren Melike İsmetüddin'i tahtından indirmek üzere hileler çevirmeğe başladılar.

Bir kadının Meliketü'l-Müslimîn sıfatıyle saltanat sür-

(63) Her yıl Haremeyn'e(Mekke ve Medîne'ye) hacı kafilesiyle gönderilen armağanlar.

mesinin Şeriat'e aykırı olduğunu bahane ederek isyana kalkıştılar. Halbuki Şeceretü'd-dürr, Halife'nin düşmanlığını davet edecek ve Suriyelileri şikâyet ettirecek hiçbir fena muamelede bulunmamış, bilakis Mustasım Billah'a karşı daima hususî bir hürmet beslemişti. Fakat şikâyetler gittikçe şiddetini artırıyordu. Nihayet Bağdad'dan Mısır'a bir tehdit mektubu gönderildi ve Şeceretü'd-dürr'ün tahttan indirilmesi için kat'i emirler gönderilerek, kölemenlere şu yolda bir beyannâme yazıldı:

«Biliniz ki, eğer Mısır'da saltanata lâyık erkek kalmamış ise, biz size bir değerlisini gönderelim! **«Bütün devlet işlerini bir kadının eline teslim eden bir millet felâh bulmaz»** hadîs-i şerif'ini hiç işitmediniz mi?»

Bu sözler Mısır halkını derin bir düşünceye daldırdı. Hakikatte Şeceretü'd-dürr'ün hükümeti her hususta Şeriat'e uygundu. Çünkü meşveret etmeden hiçbir iş gördüğü olmuyordu. İktidarı ise her zümreyi memnun bırakıyordu. Fakat Suriyelilere meram anlatmak kabil olmazsa, haçlı hücumundan korkulduğu bir zamanda, Müslüman'ların böyle bir tefrikaya düşmesine izin verilebilir miydi?

Köleler bütün bunları uzun uzadıya düşündükleri bir sırada, Şam'da Turan Şah'ın taraftarları, Şeceretü'd-dürr'ün saltanatını sırf bir kadın olduğundan dolayı kabul etmek istemediklerinden Suriyelileri kışkırttılar ve bunları ayaklandırarak Haleb Emiri «Melik en-Nasır Yusuf Eyyubî'»yi Şam'a davet ederek, Rebiülevvel'in sekizinde kendisine biat edip Suriye hâkimi tâyin ederek o koca ülkeyi Mısır'dan ayırdılar. Suriye'de bulunan Şeceretü'd-dürr taraftarlarının ise hepsini katlettiler.[64]

Yüce bir gayeye hizmet etmek ve var kuvvetiyle o gaye etrafında birleşmek, icabında gayesi uğrunda canını feda etmek ideal sahibi kişilerin bir düsturu olmak lâzım gelirken, Şeceretü'd-dürr'ü istemeyenler kendi garazlarına heybetli bir saltanatı kurban ediyorlardı. Haçlı hücumlarına rağmen keyiflerine, mizaçlarına uyan bu ihtilâlci grup, bir aralık durulmuş olan suları yeniden bulandırmış oldular.

Şeceretü'd-dürr dirâyetli bir kadın olması hasebiyle, halin ne derece vehamet kazandığını görünce, derhal bir danışma meclisi topladı. Suriyelileri nasıl memnun edebileceğini ve Suriye'yi Mısır'a tekrar sağlam bir şekilde bağlamak lâzım geleceğini bunlardan sordu. Mesele hem nazik, hem gayet mühim idi. Şeceretü'd-dürr hissiyatına kapılmayarak, soğukkanlılıkla müzakereye girişti. Vezirlerinden yardım istedi.

Meclis pek ciddi davrandı. Melike İsmetüddin'e karşı pek minnettar ve hükümetinden ziyadesiyle memnun oldukları halde, yine de halkın asayişini teminat altına almak fikrini ileri sürdüler ve oy birliğiyle Şeceretü'd-dürr'ün tahtı bırakması kararını verdiler. Vezirler bununla da yetinmeyerek, Aybek'in Mısır'a hakim tayin edilmesi ve hemen sonra da Şeceretü'd-dürr ile evlenmesi kararını aldı ve bu kararlar hemen tatbik edildi. İzzeddin Aybek, derhal Mısır tahtına çıkarıldı. Bundan sonra Ha-

(64) Hitat, el-Makrîzî

life'ye bir ihbarnâme gönderilerek durumun değiştiği bildirildi.

Zahiren mevki değiştirmiş görünen Şeceretü'd-dürr'ün, hal ve hareketi asla değişmemişti. Eskiden nasıl hüküm sürüyorduysa, Atabekle evlendikten sonra da yine perde arkasından hükümetin dizginlerini elinde tutuyordu. Atabek'i kendisine bir paravana yaptı. Atabek ise Şeceretü'd-dürr'e hizmet etmeyi kendisine bir borç biliyordu. İzzeddin Atabek, zaten öteden beri İsmetüddin'e kul köle olduğundan, her emrini harfiyyen yerine getiriyordu. Şeceretü'd-dürr'ün kulu, kurbanı idi. Şeceretü'd-dürr Mısır'ı olduğu gibi Atabek'in gönlünü de fethetmişti. Hemen rahatına, sefasına âlet kılmıştı.

Melike İsmetüddin'in cazibesine, güzelliğine, zekâsına, azametine hayran olmamak pek müşküldü. Kendisini kim tanıdıysa meftunu oldu. Melik Salih, her arzusunu bir emir telakki ederdi. Atabek de, Melike'yi bütün gençliğiyle seviyordu. Halbuki Şeceretü'd-dürr Aybek'ten daha yaşlı idi.

Atabek pek akıllı ve dirayetli bir kişi olduğundan, Memlükler kendisine yürekten bağlandılar, hiç sözünden çıkmaz oldular.

İzzeddin Aybek, Mısır meliki tâyin olunduktan sonra Melikü'l-Muizz Aybek unvanını aldı. Karısı ile beraber idare ettikleri hükümetten herkesin kalbi müsterihti. Kısa bir müddet içinde bu kadar değişiklikler gören halk, nihayet tam bir sükuna kavuşacağını ümid ediyordu.

Halbuki Suriye halkı tekrar ayaklanmıştı.

Turan Şah'ın akrabasından birisi bir hayli taraftar toplamış ve bazı Mısır Memlüklerini de yanına çekmeğe muvaffak olmuştu. Bunların büyükçe bir kuvvetle Mısır üzerine hareket ettiği haberi bir yıldırım gibi ortalığa düşünce, ahali yine dehşet içinde kaldı. Suriyeliler Aybek'in hükmünü kabul etmek istemiyorlardı. Saltanata karşı isyan ederek Mısır'a hücuma geçiyorlardı. Ne pahasına olursa olsun, Eyyubîlerden birinin Mısır tahtına getirilmesini istiyorlardı.

Nihayet doğuda bulunan Melik Mesud'un oğlu Muzafferüddin Yusuf adında birini Suriye taraflarından getirterek, kendisini Mısır Meliki olarak tanıdılar.

Mısır, zavallı Mısır öteden beri garabetler diyarıdır! Tezad, daima müsamahakâr siması altında kaynaşır durur! Hicretin 649'uncu senesinde Mısır tahtında iki hakim oturuyordu: Biri Melik Muiz Aybek, diğeri de Muzafferüddin Yusuf! İkisinin adına da para bastırıldı. Cuma hutbelerinde ikisinin adına birden hutbe okundu! İki hakim birden hüküm sürüyordu. Tabiî bu arada Şeceretü'd-dürr de dairesinde sessiz sedasız emirler vermekten geri durmuyordu. Aybek olsun, Muzafferüddin olsun onun keyfine göre hareket etmeye mecburdular.

İkisini de kukla gibi oynatıyordu. Kalenin kalın ve sağlam duvarları arkasında, kuytu ve sessiz sofalarında üç etekli, inci işlemeli esvablarıyla gezinen Melike İsmetüddin asıl Mısır sultanı bulunuyordu.

Aybek bu anda kendi nüfuzunu artırmak için pek çok köle satın almış ve bunları kendisine tam bir sadakatle bağlamıştı.

Yine bu aralık Muzafferüddin Yusuf'un takımı bir gün kaleyi muhasara ettiler. Maksatları Aybek'i tahttan indirmekti. Ne var ki Aybek bunlarla başa çıkarak pek çoğunu darmadağın ettiği gibi, reisleri olan mahud Turan Şah'ın katili Aktay'ı da öldürerek kesik başını surların üstünden aralarına attı. Aktay'ın öldürülmüş olduğunu gören muhasaracı yedi yüz kadar süvari hemen kaçmaya koyuldular. Bundan sonra Aybek, Muzafferüddin Yusuf'u hapsettirerek Mısır'da yine tek başına saltanat sürmeğe başladı.

VI

Aşk, her zaman ve mekânda, her diyar ve memlekette görülen hüda-yı nâbit bir lâhutî nebattır. Bu lâtif yapraklı nebatın boy atmasına ne rüzgârlar, ne fırtınalar, ne de yağmurlar mani olabilir. Zira istediği yerde mutlaka çıkar. Bu sevimli nebatın pek latif ve ciddi bir ihtimam isteyen bir çiçeği vardır.

Gariptir ki, aşk güneşinin kızgın ışıkları bazan bunun rengini uçurduğu gibi, gözyaşı yağmuru da çoğu zaman kokusunu izale eder. Bazan da büyük bir gönül fırtınasına tutulduktan sonra şekli bozulur ve dağılır. Hasılı aşk pek narin bir çiçektir. Bir nefesle solabilir. Hem çorak, hem de münbit yerlerde biter. Fakat toprağının bereketine göre ya kısa, yahud uzun ömürlü olur.

İşte bu yabani nebatın çiçeğini beslemek hayatî bir marifettir. Bu marifete herkes vâkıf olmadığı için, birçok kişinin çiçekleri az bir müddet içinde solup gidiyor.

Şeceretü'd-dürr ile Melik Muiz Aybek'inki de dört senelik fırtınalı bir hayattan sonra büsbütün başka bir hale dönüştü. Aybek'in çiçeği gitgide zayıflamış ve nihayet solmuştu. Sebebi ise Şeceretü'd-dürr'ün gururu idi. Bu gurur Aybek'in gönlündeki alevleri söndürmüştü. Melike İsmetüddin ahali için fevkalâde bir melike idi. Fakat özel hayatında gösterdiği şiddetli otorite sarayı halkını titretiyor, Aybek'i de bezdiriyordu.

Hicri 648 senesinde evlendiklerinden beri Melik Muiz Aybek, Şeceretü'd-dürr'ün gerçekten meftunu idi. Zekâsına, güzelliğine, mevkiine ve o parlak mazisine derin bir hürmet besliyordu. Şeceretü'd-dürr onun bu halet-i ruhiyesini çok iyi biliyordu. İlelebed devam edeceğinden de emin bulunuyordu. Aybek'in sevgisinden gurur duyuyor, memnun oluyordu. Aybek'in başka bir kadın sevebileceği ise asla aklına gelmiyordu. Gelecek olsaydı Melik Muizz'i haksız bulurdu. Zira İzzeddin Aybek'i, Mısır'a sultan eden kendisi olmuştu. Bunu Aybek'in yüzüne karşı her zaman söylerdi: «Sen her ne rütbeye nail olduysan, benim sayemde oldun» derdi. Aybek de fena halde sıkılırdı.

Başlangıçta bu sözlere her ne kadar ehemmiyet vermiyor idiyse de, senelerin geçmesiyle mânalarını biraz fazla ve ağır bulmaya başladı. Gerçi Şeceretü'd-dürr velinimetiydi. Fakat kendisi de yabana atılacak insan değildi. Hizmeti geçmiş, okumuş, yazmış, parlak bir zabit ve zeki bir emirdi.

Melike İsmetüddin sevilir bir kadındı. Zira yüce yaratılışlı, seçkin şahsiyetli idi. Ne çare ki Aybek'ten yaşlıydı. Yaşadığı hayatın yoğun gaileleri güzel yüzünde artık izler bırakır oldu. Eski güzelliği sönmeye başlıyordu. Yaşıyla beraber hırs ve şiddeti de artıyordu. Gayet öfkeli, asabî ve müstebid bir kadın oluyordu. Aybek'i durmadan tersliyor, son derece üzüyordu. Aybek de kendisine bezgin ve dargın görünüyordu. Her gün birbirlerini kırıyorlardı. Melik Muiz her gün tekrarlanan bu çekişmelerden nefret ederek bazan kaleden uzaklaşır oldu.

Bu uzaklaşmalar ise Şeceretü'd-dürr'ü daha da kızdırıyordu. Zira, Muizz'in artık kendisini sevmediğini gördüğünden onu nasıl alıkoyacağını şaşırıyordu. Muizz'in sevgisi azaldıkça kendisininki çoğalıyordu. Aybek'in her hal ve hareketinde bir mâna bulur, her gezintisini kıskanır oldu.

Şeceretü'd-dürr'le evlenmezden evvel İzzeddin Aybek'in bir karısı vardı. O kadın da biricik oğlunun anası idi. Şeceretü'd-dürr bu kadının varlığından haberdar olunca, Muizz'e onunla görüşmemesini emretti. Emrimi yerine getirilmez korkusuyla da Melik Muizz'i huzuruna çağırarak, oğlunun annesini talâk-ı selâse ile boşaması için ısrar etti. Meramına nail olduktan sonra yine rahat edemedi. Böyle olayların sık sık tekrarlanması yüzünden Muiz karısından iyice uzaklaştı ve hareme pek seyrek uğrar oldu. Aralarındaki itimadsızlık ve hoşnudsuzluk günden güne şiddetini artırdı ve bu soğukluk zamanla âdeta bir düşmanlık halini aldı.

Nihayet bu hal şöyle kanlı ve feci bir surette sona erdi: İnsanlar ne kadar ulvî olurlarsa olsunlar, yine de insandırlar. İnsan ise kusurdan, noksandan tamamiyle arınmış olamaz. Şeceretü'd-dürr müstesna bir kadınken gururu yüzünden bedbaht oldu. Bu adi hasleti yüzünden de o güzel geçmişini bir cinayetle lekeledi.

Muiz Aybek, kendisinden o derece bizar oldu ki, sırf Şeceretü'd-dürr'e nisbet olsun diye, Musul Emiri Bedreddin Lü'lü'nün kızına talip oldu. Bu emîre ile evlenmek istediğini de Memlûklere bildirdi.

Bunlar arasında Şeceretü'd-dürr'e sadık olanlar, Aybek'in velinimetlerinin üstüne Musul Emiri'nin kızıyla evlenmesini caiz görmediklerinden itiraz ettiler ve Muiz gibi liyakatli ve namuslu bir zatın böyle bir şey yapacağını ummadıklarını söylediler.[65] Bunun üzerine Muiz hiddetlendi ve Şeceretü'd-dürr taraftarlarını yakalatarak hapse atılmaları için emir verdi.

Bunlar hapse götürülürken Melike'nin sık sık bulunduğu kafesli bir balkonun altından geçiyorlardı. Kendisini orada gördüler ve durdular. İçlerinden birisi, hepsinin başı olan Sebüktekin biraz ayrılarak yukarıya baktı ve etraftakilerin söyleyeceği sözleri anlamamaları için Türkçe olarak:

— Allah için Melike, bizim tevkif sebebimizi bize anlat da şu dertten kurtulalım. Biz sana sadıkız, bunu iyice bil. Melik Muiz Aybek, senin kocan Musul Emiri Bedreddin Lü'lü'nün kızını istediği zaman biz isyan ettik. Zira bu hareketini sana karşı bir hakaret saydık. İşte kabahatimiz budur ki, bizi hemen yakalattırdı, diye seslendi.

Şeceretü'r-dürr bu sözleri duyduğunu anlatmak için mendilini salladı. Sonra Memlükler hapse atıldı. Fakat yüreklerindeki intikam ateşini artık Melik Muiz söndüremeyecekti.

Bu sırada Muiz Aybek yine sarayda değildi. Özbekiye civarında Menazırü'l-lûk denilen köşkünde ikamet

(65) Tarih-u Mısru'l-hadîs.

ediyordu. Şeceretü'r-dürr'e hem küskündü, hem de (müneccimin uyarısı üzerine) karısının gazabından fena halde çekiniyordu. Müneccimi bir kadın eliyle öldürüleceği kehanetinde bulunmuştu.

Gerçekten de Şeceretü'd-dürr Melik'in bu yokluğundan istifade etmeyi düşünüyordu. Muizz'i kat'i olarak cezalandırmayı bütün maharetiyle tasarladıktan sonra, kocasını kaleye davet etmek üzere tekrar tekrar aracılar gönderdi. Şeceretü'd-dürr, artık o eski parlak siyaset kadını değildi. Kıskançlığı, kederi ve hiddeti asabını bozarak, kendisini çılgın bir kadın haline getirmişti. Soğukkanlılığının yerini intikam hırsı, âlicenaplığının yerini ise bir cinnet ve merak almıştı. Melik Muiz önceleri Şeceretü'd-dürr'ün davetlerine gitmek istemedi. Çünkü müneccimin kehanetini unutmamıştı. Korkuyordu. Fakat sonunda davetlerin samimiyetine inanarak kalkıp kaleye geldi. Şeceretü'd-dürr, Aybek'i büyük bir hürmet ve aşırı derecede iltifatlarla karşıladı. Hatta evvelki davranışlarını unutturacak bir tatlılıkla Aybek'in elini de öperek, etrafında pervane kesildi.

Akşam üstü Muiz Aybek, hamama girmek istedi. Hamamın kapısını açıp da içeriye girer girmez, ellerinde kılıçlar olduğu halde birkaç akağanın(haremağası) kendisine doğru yürüdüklerini görünce, başına gelecekleri anladı ve bu suikasti Şeceretü'd-dürr'ün hazırladığını tahmin ederek ismiyle çağırdı.

Şeceretü'd-dürr hemen kapının dışında olmalıydı ki, Aybek'in acıklı feryatlarına dayanamayarak içeri girdi.

Aybek kendisini görür görmez ellerine kapandı, affını istirham ederek pişmanlık gösterdi.

Bunun üzerine Şeceretü'd-dürr:

— Artık bırakınız ağalar! dedi.

Fakat akağalar Aybek'in sonradan intikam alacağından korktular ve:

— Şayet bunu şimdi sağ bırakırsak, ne sen, ne de biz hayatta kalabiliriz, dediler ve hemen oracıkta boğarak öldürdüler. Cesedini de derhal hamamın soğukluğuna yatırdılar ve Melik Muizz'in hamamda bayılmış olduğunu bütün saraya yaydılar.[66]

Bu olay 655 Hicrî senesi, Rebiülevvel'in 25'inde çarşamba günü meydana geldi. Ertesi gün, katledildiği haberi ortalığa yayılınca, Aybek'in oğlu Nureddin Ali, babasının yerine saltanat tahtına oturdu.

Nureddin Ali, kaleye çıkar çıkmaz, terkedilmiş bir halde yaşayan annesini büyük bir debdebe ile sarayına buyur etti. Felâketzede annesinin huzuruna da, babasının katili ve annesinin felâket sebebi olan Şeceretü'd-dürr'ü, getirtti.

Nureddin Ali'nin annesi de cariyelerine emrederek nalınlarla Melike İsmetüddin'in güzel ve mağrur başına vurdura vurdura bitap düşürtüp, katlettirdi. Sonra da cesedini yarı çıplak bırakarak kale burcundan bir hendeğe attırdı. Cesedi bu hendekte üç gün kaldı. Hatta şalvarı-

(66) Tarih-u Mısru'l-hadîs.

nın ipek uçkuru incilerle işlemeli olduğundan bazıları bu incileri çaldılar. Şeceretü'd-dürr'ün adamları kendisini ağır işlemeli şalvardan tanıdılar. Kahire'de Seyyide Nefise civarında ve kendi hayır eserlerinden olan ve hâlâ mamur bir halde bulunan Şeceretü'd-dürr Camii'nin maksuresinde sağlığında yaptırmış olduğu türbesine defnettiler. Aybek'i öldüren harem ağalarından birkaçı firar edebildiyse de, yakalananlar kalede asılarak idam edildiler.

Bundan sonra Melik Muizz'in oğlu Emir Ali, «Melik Nureddin Aybek» unvanıyla hüküm sürmeye başladı.

Tek başına üç ay ve müştereken yirmi sene kadar hüküm süren Şeceretü'd-dürr, hayatı boyunca, kendinden evvel gelen hiçbir İslâm kadınının elde edemediği bir mevki gururuna kurban olarak böyle kanlı bir şekilde saltanatına son verdi. Tarihçiler kendisinden bahsederken, çok akıllı, çok okumuş, eli kalem tutar diyorlar ve engin tecrübesini överek orta çağın bir harikası sayıyorlar. Ne kadar üzülecek bir haldir ki, «mahmil-i şerif» âdetini çıkaran ve bu kadar hayrat ve hasenat sahibi olan bu kadın, feci bir şekilde öldürüldükten sonra en adi katiller gibi bir hendeğe atıldı kaldı.

«Kimsenin âhı kimsede kalmaz» sözü ne derin bir hakikati ifade eder. Hayat bir sabır dersidir. Nureddin Ali' nin annesini boşatan İsmetüddin, onun yüzünden öldürüldü. Kaleden kovduğu kadın, kendisini kalenin burcundan bir hendeğe attırdı. Melik Muizz'i öldürttüğü halde onun oğlu vasıtasıyla kendisi de öldürtüldü.

İnsan hatasız olamaz. Yüksek makam ve mevkilere ulaşanlar bile günahsız sayılamazlar. Şeceretü'd-dürr ise bir mükemmeliyet değildi. Ancak hislerine ve aklına hakim olabildiği müddetçe muteber, parlak, uyanık beyinli bir siyaset kadınıydı. Hislerine hakim olamayarak, kalbine esir olduğu günden itibaren alelâde bir kadından başka bir şey olamadı. Alelâdeliğinin başı da fevkalâdeliğinin sonu oldu.

Büyük İslâm kadınlarının bu garip nümunesi, hayatının ilk devirlerindeki hizmet ve sarf ettiği iyi niyetli gayretlerinden dolayı her cihetten hürmete lâyıktır. Asıl önemli olan da halka hizmettir. Özel hayat bundan ayrıdır.

Şeceretü'd-dürr zamanı için bir siyaset perisiydi. Vefatından bugüne kadar çok seneler geçti. Şark âlemi her türlü değişikliğe uğradı. Birçok devletler yıkıldığı, birçok memleketler battığı halde hiçbirisinin enkazından böyle bir kıvılcım parlamadı. Melike İsmetüddin'in yerini tutacak hiç bir kimse zuhur etmedi. Şeceretü'd-dürr'ül-Eyyubiyye yekta ve kıymetdar bir cevherdir. Şark'ın en garip bir incisidir. Devri enteresan ve meraklı bir günler dizisi oldu. İslâm'ın daha beter tefrikalara uğramaması için olanca maharetiyle çalıştı ve muvaffak oldu. Gariptir ki, sonu çok feci olan bu güzel kadının ömrü fevkalâde heyecanlı ve çalkantılı geçti. Her şahsın hayatı bir zamandır. O zamanın sonu da başka bir hayatın başlangıcıdır.					El-Ma'mure, 19 Ramazan 1331

(Birinci Cildin Sonu)

Prenses Kadriye Hüseyin

BÜYÜK İSLÂM KADINLARI

(Muhadderât-ı İslâm)

Cilt: 2

بِسْمِ اللهِ الرَّحْمَنِ الرَّحِيمِ

HASBİHAL

Bundan bir buçuk sene önce «Muhadderât-ı İslâm»ın birinci cildini neşretmiştim. Çok rağbet gördü. Bütün müslüman ülkelerde, dilimizi bilen aydınlar tarafından hürmetlerle karşılandı. Buna şahid olmak üzere de tarafıma hayli mektuplar gönderildi. Az bile olsun edilen iyiliğin hayrı görüldü. Bir hizmet hissiyle meydana getirilen eserimin ümmet arasındaki tesiriyle de mükâfatım verilmiş oldu. Bundan dolayı Hüda-yı Müteal'e hamd ü senâlar ederim.

İşte bugün de «Muhadderat-ı İslâm»ın ikinci cildini neşrediyorum. Birinci cildinde hayat hikâyeleri nakledilerek takdim kılınan dört kahraman İslâm kadınına bu cildle beş kahraman İslâm kadını daha ilâve etmiş oluyorum. Bu sayılar arttıkça, medeniyet bahsinde delillerimiz de artar ve vicdanî kanaatları takviye eder. Kadınlığın yükselmesi mazideki kahramanları tanımakla olur. Sağlam bir esas üzerine kurulan bina elbette ayakta kalır.

Bu beş kahramandan birincisi, Peygamber Efendimizin(s.a.v.) kızı «Fâtımatü'z-Zehrâ» (r.anha)dır. Kadınların efendisi olduğu için başta bulunuyor. İkincisi «Rabia el-Adeviyye»dir. Hüdâ'ya ibadet ve ûbudiyet nûmunesidir. Üçüncüsü meşhur kadın şair «Hansâ» dır. Mersiyeleriyle, gelmiş geçmiş bütün şairleri geride bırakmış bir dâhi kadındır.

Dördüncüsü «**Mü'minlerm Emîresi Zübeyde**» ve beşincisi «**Kurtuba Melikesi Emire Sabiha**»dır. Bu iki kahraman ise hüküm ve hükümet sürdükleri günlerde ülkeleri ve insanları nazik parmakları arasında balmumu gibi bulundurmuşlar, kendi arzuları istikametinde onları şekilden şekile komuşlardır. Görmesini bilenlere bu kahramanlar da birer ibret misâlidir.

«**Muhadderât-ı İslâm**»ı okumak, geçmişteki büyük İslâm kadınlarını kendi çağına getirmek ve onların ruhânî meclislerine girerek tarihî ahvâllerini bilmek demektir. Bu bakımdan ilgi ve bilgi dairelerini genişleterek, geçmişteki Büyük İslâm kadınlarını örnek almak isteyen bütün muhterem okurlarıma bu eserimi de takdim eder ve Muhadderât-ı İslâm mahfiline girip tedkik buyuracaklara birinci «bab»dan itibaren yol gösterici bir vasıta olurum. Pek eminim ki: Güzel ahlâk anberiyle rayihalanmış bulunan bu İslâm kadınları mahfilinde zamanımız mahfillerine asla benzemeyen tarz ve kıyafetlerle ruhanî yüzler görecekler ve hikmet ve ibretlerle dopdolu sözler işiteceklerdir. Ecir ve sevabın ise ilâhî hazineden verilecektir.

Birinci cildimin Türkçe bilen kardeşlerim tarafından hürmetlerle karşılandığına şehadet eden mektuplar içinde Recaîzâde Ekrem Bey merhumun bir mektubu vardır ki, buraya alarak nâmını yad ve temiz ruhunu şad etmek isterim. Merhum büyük bir ehl-i dil idi. Ehl-i dilin nâmını dilde tutmak ise insaftır.

«Tevfik-i Hudâ cümleye refîk olsun». Âmin.

Kadriye Hüseyin

(TAKRÎZ)

RECAÎZÂDE EKREM BEY'İN MEKTUBU

İsmetlu Prenses Kadriye Hüseyin hanımefendi hazretlerinin, huzûr-ı pür-nûr-ı kemâlât-perverlerine ma'rûzdur.

İsmet-meâb Prenses Hazretleri,

Mâlum-ı hakâyık âşinayînizdir ki «Hayru'n-nâsi men yenfeu'n-nâs»(*) hakikat-i ictimaiyesi ricâl ve nisvânı tefrik etmemiştir. İlm ü irfan ve bunlardan mayedâr-ı füyûz-ı bî pâyân olan bir hâme-i nûr-efşân ile halkımıza neşr-i ziyâyı fazilet ve marifeti küçük yaşından beri akdem-i işgâl ittihaz eden zât-ı fezâil-simâtınıza «hayru'nnisâ» unvanını bile az görenlerdenim.

Mazhariyet-i pertev-i teveccühatınızla hâiz-i mübâhat olan bu âciz bendenize bir cümle-i taltifiye ile gelen «Muhadderât-ı İslâm»ı zîver-i dest-i iftihar ettiğim gün heman mütalâasına başladım ve az müddet zarfında tekmil okudum. Kitabın meziyyât-ı âliyyesi bendenizde şu kanaatı hasıl etti ki, bu eser-i bihterîni o müstesnâiyyet ve mükemmeliyyette vücuda getirecek muhaddere-i fâzıla bugün az çok mevcud olan meşâhir-i nisvânımız içinde yine ancak siz olabilirdiniz.

Telif-i güzîninizin bu ilk cüz'ünde menâkıb-ı zekiyye-i ibret-bahşâsı tahkiye buyurulan zevcât-ı mutahhara-i cenab-ı peygamberîye dâir gerek «Ravzatü'l-Ahbâb»da

(*) Hadis-i şeriftir. (Naşir)

gerek «Kıssas-ı Enbiya» da hayli malûmat münderictir. Fakat bunlar vukuat sırasınca pek müteferrik bir haldedir. Bu cihetten kat'-ı nazar Ravzatü'l-Ahbâb'ın şîve-i beyanı bugün o kadar hoşa gitmiyor. Kıssas-ı Enbiya vâkıa adîmü'l-emsal bir eser-i aliyyü'l-alâ ise de müellif-i fâzılının arasıra seci' iltizamından ve sanâyi-i bediiyyeye temayülünden dolayı tasannu' ve tekellüfle şâibedâr görünüyor. «Muhadderât-ı İslâm» ise gerek üslûb gerek tertib ve tasnif itibariyle onların vasatında ve mastur olduğu maksada nazaran en hayırlısıdır.

Prenses hazretleri; emin olmalısınız ki, mevhub min indi'llah olduğu nümâyan olan irfan ve fazilet ve vücûh-i liyakatinizle zât-ı seniyyeniz az vakitte mağbût-i efazıl-ı ricâl ve nisvân olmaya namzedsiniz. Tetebbuât-ı mütevâliyesiyle daima tevsi-i malûmât ve mahfûzât etmekten hâli kalmayan karîha-i sabîhanızda öyle bir küşâyiş-i serî' ve hele bir düziye müterakki ve müteâli olan selîka-i beyanınızda öyle bir inşirah-ı bedî var ki, bendenizi hayretlere ilka ediyor. Eserin dîbâcesi hükmünde bulunan «Hasbıhal»i fevkalâde bir tehâlük ve tehassüs ve telezzüzle okuduktan sonra artık kitabı elimden bırakamadım. Ve o şevkle sona kadar devam ettim. Filhakika o ne selîs, ne açık, ne hassas, ne mûnis, ne dilrûbâ ifadedir!.. Bu kadar şerâit-i hüsn-i üslûbun hepsini câmi bir telif-i nâfi'e tesadüf ettiğimi tahattur edemiyorum. Sehl-i mümteni' işte böyle yazılara ıtlak olunmalıdır.

İsmet-meâb! Kitab-ı müstetâbınızı bendeniz bir recül sıfatıyla mütalâdan bu derece mütehassis ve müste-

fid olursam bunu okuyacak muhadderât-ı İslâmın daha ne kadar çok istifade ve istifaza temin etmiş olacaklarını ve bu haysiyetle eser-i bînazîrinizin bu halka ahlakî ve içtimaî ne büyük menfaatler bahş edeceğini kıyas ve tahmin ettikçe zât-ı fezâil-simâtınızın kemâlât-ı ilmiyye ve ahlâkiyyesi ve makûl ve mes'ûd bir gayret-i milliyye; makbûl ve mahsûd bir muhabbet-i vataniyye ile şiddet-i darabânını duyar gibi olduğum mübarek kalb-i enverinizin hissiyât-ı necibesi önünde serfürû-berde-i takdîs ve ta'zîm olarak dünyada en saadetli en devamlı bir 'ıyş ü hayata nâiliyetiniz ve telîf-i latifenizin diğer cüzlerini de va'd buyurulduğu vechile tab' ve neşre ve bunlardan başka daha yüzlerce telîfât-ı müfîde vücuda getirmeğe muvaffakiyetiniz için hâlisâne duâhân oluyorum.

Kitab-ı müstetâbınızın tekmil münderecatı hakkındaki takdirat ve ihtisâsâtım çoksa da bunları arzu ettiğim liyâkatta yazmağa vakit bulunsa bile bendenizden çok elde ihtiyar ve bîmedâr hâme-i huşk ü zaîfede kudret yok. Binâenaleyh huzur-ı seniyyenize teşekkürât ve tebrikât ve ta'zimâtımı arz ile tasdîâtıma nihayet veriyorum; sultanım efendim hazretleri...

İstanbul 19 Teşrinevvel 1329

Recaîzâde Ekrem

Bugünkü dille

BECAÎZADE EKREM BEY'İN MEKTUBU

Prenses Kadriye Hüseyin Hanımefendi Hazretlerinin huzuruna sunulur.

Prenses Hazretleri,

Mâlumunuz olduğu üzere «İnsanların hayırlısı, insanlara yararlı olandır»(*) ictimaî hakikati, kadın ve erkek ayırımı yapmamıştır. İlim ve irfanınız ve bunlardan feyz alan nurlar saçan kaleminizle halkımıza marifet ve fazilet ışıkları yaymayı küçük yaşından beri en önde gelen bir vazife kabul eden zâtınıza «kadınların hayırlısı» ünvanını bile az görenlerdenim.

Teveccühünüze mazhar olmakla öğünen bu âciz kulunuza bir iltifat cümlesiyle gelen «Muhadderât-ı İslâm»ı elime aldığım gün, hemen okumaya başladım ve az müddet zarfında tamamen okudum. Kitabın yüksek meziyetleri bendenizde şu kanaati hasıl etti ki, bu güzel eseri bu kadar müstesna ve mükemmel bir şekilde yazacak faziletli islâm kadını, bugün az çok mevcud olan meşhur kadınlarımız içinde yine ancak siz olabilirdiniz.

Seçkin eserinizin bu ilk cildinde, verdiği ibretlerle kalbleri temizleyen menkıbeleri anlatılan Peygamber cenablarının temiz zevcelerine dair gerek «**Ravzatü'l-Ahbâb**»da gerek «**Kıssas-ı Enbiyâ**»da hayli mâlumat vardır. Fakat bunlar olayların gelişme seyrine göre pek

_____
(*) Hadîs meâlidir.(Nâşir)

dağınık bir haldedir. Bu ciheti dikkate almasak bile, Ravzatü'l-Ahbâb'ın üslûbu bugün o kadar hoşa gitmiyor. Kıssas-ı Enbiya gerçi emsali olmayan, fevkalâde bir eser ise de, faziletli müellifinin arasıra seci'li yazmasından ve edebî sanatlara meyletmesinden dolayı sunîlik ve zor anlaşılır olmak gibi kusurları bulunuyor. Muhadderât-ı İslâm ise gerek üslûb ve gerekse tertip ve tasnif itibariyle ikisi ortasında ve yazılmasında güdülen maksada nazaran en hayırlısıdır.

Prenses Hazretleri; emin olmalısınız ki, Allah vergisi olduğu âşikâr olan irfan ve faziletiniz ve diğer meziyetlerinizle, az vakitte kadın ve erkek fazilet erbabının gıbta ettiği bir şahsiyet olmaya namzetsiniz. Sürekli araştırma ve incelemelerle durmadan genişleyip zenginleşen fikirlerinizde öyle hızlı bir gelişme ve hele bir düziye terakki edip yükselen üslûbunuzda öylesine güzel bir açılış var ki, beni hayretlere düşürüyor. Eserin «giriş»i hükmünde bulunan «Hasbıhal»i fevkalâde bir heyecanla, duygulanarak ve lezzet alarak okuduktan sonra, artık kitabı elimden bırakamadım. Ve o şevkle sona kadar devam ettim. Hakikaten o ne sağlam, ne açık, ne hassas, ne cana yakın, ne gönül alıcı ifadedir! Güzel üslûbun bütün şartlarını böylesine kendisinde toplayan bir esere tesadüf ettiğimi hatırlamıyorum. Sehl-i mümteni, işte böyle yazılara denilmelidir.

Prenses Hazretleri! Kıymetli kitabınızı bendeniz bir erkek sıfatıyla okumaktan bu derece duygulanır, yararlanırsam, bunu okuyacak Müslüman hanımlar kim bilir ne kadar istifade edecek ve feyiz alacaklardır... Bu bakımdan benzersiz eserinizin bu halka ahlâkî ve içtimaî ne büyük faydalar sağlayacağını düşündükçe ilmî ve ahlakî olgunluğunuzun, ve akılcı ve yüksek bir din gayreti, makbul ve övülmüş bir vatan sevgisi ile şiddetle çarptığını duyar gibi olduğum aydın kalbinizin asil hisleri önünde hürmetle eğilir, dünyada en saadetli ve en devamlı bir ömür ve hayata nâil olmanız, eserinizin diğer cildlerini de vaad buyuırduğunuz üzere neşretmeniz ve daha yüzlerce faydalı eserler vücuda getirmeniz için halisâne dua ediyorum.

Kıymetli kitabınız hakkında duygu ve düşüncelerim çoksa da, bunları arzu ettiğim liyakatte yazmaya —vakit olsa bile—bende ve benden de çok bu kuru ve zayıf kalemde kudret yok. Binaenaleyh yüksek huzurunuza teşekkürlerimi, tebriklerimi ve hürmetlerimi sunarak başınızı ağrıtmaya son veriyorum; sultanım, efendim hazretleri...

İstanbul 19 Teşrinevvel 1329

Recaîzade Ekrem

SEYYİDETÜ'N-NİSÂ
FÂTIMATÜ'Z-ZEHRÂ

(radiyallahü anha)

Birinci Bölüm

İLK YILLARI

Fâtımatü'z-Zehra(radıyallahu anha) annemizin hayat çiçeği, mevsiminde açılan ve az müddet sonra dökülen hoş kokulu, meyve çiçeği gibi henüz ömrünün baharında solmuş gitmiştir. Şu kadar var ki: O emsalsiz çiçeğin Müslüman'lar arasına bırakmış olduğu hoş kokusuyla, mübarek meyveleri hâlâ bile cihanımızı doldurmuş ve istikbaldeki bekasını temin eylemiştir. Fâtıma annemiz(radıyallahu anha)nın hayat hikâyesi basit ve nezih bir tarih sahifesi işgal ediyor. Hayatında ne velveleli bir macera, ne endişeli bir vak'a, ne de olağanüstü bir hadise vardır. Bununla beraber bu sade hayatın geçen her günü bizi şiddetle kendisine çeker. Çünkü hayatının saflığı, hüviyetinin ulvîliğini gösterir ki, bu da kalbleri kendisine celb eder.

Hazret-i Fâtıma annemiz gerçek mânasıyla, büyük İslâm kadınlarının en pâk, en sâf, en güzel ve en hassas bir nûrânî simasıdır. Hatta ruhunun ulvîliği mübarek yüzünde de görüldüğü için «Zehra»(*) lâkabına da lâyık görüldü.

Resûl-i Ekrem(s.a.v.) efendimizin sevgili kızının hayat hikâyesini nakle teşebbüs ettiğim şu sırada bilmem ki Peygamber Efendimizin hayatına bütün vakit nasıl temas etmeden kalem oynatabileceğim? Çünkü Hazret-i Fâtıma (r. anha) nın hayatı Resûl-i Ekrem efendimizin hayatiyle o kadar alâkadardır ki, birinin hissiyâtından bahsederken diğerinin duygularını nakletmemek kabil değildir.

Ne kadar yazıktır ki, İslâm tarihçileri Peygamber Efendimizin bu aziz kızına dair toplu bir eser yazmaya, zamanları gereği lüzum görmemişlerdir! Hayat hikâyesine tamamıyla vakıf olabilmek için muteber kitaplardan ancak on, on iki kitabı gözden geçirmek lâzım geldi; bunlardan alınan mâlumat ise ancak küçük bir hayat hikâyesi vücuda getirecek dereceye vardı. Bizde kadınlar hakkında tetkiklerde bulunup kayıtlara geçmenin münasip olmayan işlerden sayıldığı eski kitaplarda bile görülüyor. Parlak bir şöhrete mâlik olanların ismi mevcut ise de, tarihini etrafıyla bilip öğrenmek ancak bin türlü zahmet ve külfete bağlıdır. Halbuki o kadınlar —şimdikilerin affına mağruren— ciddi bir zihniyete mâliktiler ve belli bir gayeleri vardı. Bununla beraber muhtelif çalışmaları bir ihmal perdesi arkasında gizli kaldı gitti. Biz Müslüman'lar, yalnız hal için çabalar ve yaşarız. Geçmişlerimizden örnek almak fikri hatırımıza gelmediği gibi gelecek nesillere kendimizi beğendirmek gibi bir düşünce-

(*) Zehra: Çehresi hem güzel, hem ak, berrak, parlak olan hatun. Hazret-i Fâtıma'ya(r. teâlâ anha) bu cihetle vasf olmuştur.(Lugat-

miz de yoktur. İşte sadece hâl için yaşamaktan ancak şu vahim netice çıkabilir... Bizler, mazisini hatırlamayan ve istikbalini düşünmeyen, merhamete ve yol gösterilmeye muhtaç bir insan kütlesiyiz!

Konuyu saptırmak gibi olacak ama, şunu da ilâve etmek isterim ki, doğu ülkelerinde eski eserler pek çoktur. Fakat her yerinde o eserler büyük olsun, küçük olsun târümâr bir haldedir. Hatta bunlar hakkında elde bir rehber bile yoktur, İşte İslâm tarihi de aynı durumdadır. İftihar kaynağımız olabilecek nice meşhur mevcudiyetler vardır ki, yalnız isimlerini biliyoruz. Hayatlarına ait tafsilat bize bugüne kadar mâlum değildir. O emsalsiz varlıklarımızı evvelden beri mazinin hatıralar müzesine yerleştirmiş olaydık, bizler şimdi İslâm âleminde garip olmaz ve bilhassa kendi âlemimizde bîgâne, malûmatsız bir seyyaha benzemezdik!..

Fahr-i Kâinat(s.a.v.) efendimiz ile Haticetu'l-Kübrâ (r. anha) nın muazzez kızları Hazret-i Fâtımatü'z-Zehra Mekke-i Mükerreme'de, Kureyş kabilesi mübarek Kâbe'yi tamir ettikleri sene, yani Hicret'ten on yedi sene önce dünyayı şereflendirdiler. Resûl-i Ekrem'in en küçük evladındandır. Hazret-i Fâtıma doğduğu yıl Peygamber Efendimiz otuz beş yaşındaydı.[1] Hazret-i Peygamber bu kızını gözünün nûru gibi severdi.

Fatıma annemiz, beyaz renkli, hassas kalpli, güzel ve çok zeki, mübarek bir kızdı.[2] Çok hassas kalpli

(1) ed-Dürrü'l-Mensûr.
(2) Meşahir-i Nisa ve Kamus-ı A'lâm.

olan insanlar, safayı da cefayı da daha katiyetle hissettikleri gibi, aynı zamanda hayattan hem pek çok lezzet alır, hem daha ziyade ıstırap duyarlar. Peygamber Efendimizin sevgili kızı da işte bu gruptan bir Havva kızı idi. Bunun için de kısa ve nûranî hayatında sevinçleri kederleri kadar derin bir iz bıraktı.

Fâtımatü'z-Zehra(r. anha) nın çocukluk günlerine dair muteber kitaplarda pek çok tafsilat yoktur. Hususî fikirlerine dair ise aşağı yukarı hiçbir şey bilmediğim gibi izdivacından önce vaktini nasıl geçirdiği ve ne gibi işlerle meşgul olduğu da maalesef bize pek mâlum değildir. Resûl-i Ekrem'in gönlünde pek mühim bir yeri olduğunu bildiğim halde, o saadetli evde kıymetli varlığıyla hangi fezaları doldurduğuna ve on sekiz yaşına kadar ne suretle büyüyüp yetiştiğine dair bir esere de rastgelmedim.

İkinci Bölüm

HAZRET-İ ALİ İLE İZDİVACI

Hazret-i Fâtımatü'z-Zehra annemizin İmam Ali(kerremallahu vecheh) hazretleriyle evlenmesi Hicret'in ikinci senesinde ve Receb ayında vuku buldu. Hazret-i Fâtıma o zaman insan ömrünün en parlak ve en renkli bir safhasında, on sekiz yaşında idi. İmam Ali(kerremallahu vecheh) hazretleri ise yirmi bir yaşında bulunuyordu. Fâtıma annemiz ile İmam Ali hazretleri kefâet(*) cihetinde her bakımdan muvafık, her suretle münasip ve her hususta birbirine lâyık iki nur ve iman dolu şahsiyet idiler. İkisi de yüksek fikirli, ince hisli, iyi huylu ve güzel yüzlü, ulviyyete meftun sevimli bir çift âşık idiler. Fazilet ile kemâlin, asalet ile güzelliğin birleşip uyuşması denilebilecek olan müşterek hayatları, sade, tekellüfsüz, büyük bir samimiyet ve emniyetle aşağıdaki gibi başladı:

Hicretin ikinci senesinde, İmam Ali(kerremallahu vecheh), bir gün bizzat hane-i saadete geldi ve içeriye girerek, Peygamber Efendimize hitaben **«Esselâmü aleyke ya Muhammed»** dedi ve sustu.[3] Bu sükûtu üzerine Resulullah Efendimiz Hazret-i Ali'ye hitaben **«Ya Ali bir söyleyeceğin mi var?»** diye sorunca, İmam Ali cevaben **«Evet yâ Resûlallah, ben Fâtıma'yı zevceliğe istemeye geldim»** dedi. Bunun üzerine

---

(*) Kefâet: Evlenecek iki kimse arasındaki denklik.
(3) Bu hususta başka rivayetler dahi varsa da Siyer-i Halebi'nin rivayetini en kavi olmak üzere kabul ettim.

Fahr-i Kâinat Efendimiz İmam Ali'ye yalnız «**Merhaben, ehlen**» diyerek bundan başka bir şey buyurmadılar. İmam Ali de şaşkın şaşkın hane-i saadeti terke mecbur oldular.

Hazret-i İmam Ali Resûl-i Ekrem'in hane-i saadetini terk ettiğinde Peygamber Efendimizin cevabından hiç bir mânâ çıkaramadığı için Ensâr'dan bazılarına bu hali anlattı. Onlar da Hazret-i Ali'yi müjdeleyip tebrik ederek Peygamberin kabulüne nail olduğunu söyleyip «Merhaben, ehlen» demenin, sen lâyıksın demek olduğunu anlattılar. Hazret-i Ali de memnun olup ferahladı.

İmam Ali, Peygamber'in huzurunu terk ettikten sonra, Resûlullah Efendimiz kızını yanına çağırdı. «Kızım Fâtıma! Ali seninle evlenmek istiyor, sen onu kabul ediyor musun?» diye sordu. Hazret-i Fâtıma ise bu sözler üzerine sesini çıkarmayıp önüne bakınca, Resûl-i Ekrem bu sükutu kabul ve rıza alâmeti addederek kızının İmam Ali ile evlenmesine karar verdi.

Bu karardan sonra Peygamber Efendimiz bir gün Hazret-i Ali'yi yanına çağırttı ve «Ya Ali, sen Fâtıma'yı istiyorsun fakat acaba çeyiz ve nikâh için ne vereceksin bakayım?» diye buyurdu. İmam Ali de bunun üzerine «Ya Resulallah benim elimde ne var ki ne vereyim, mal olarak ancak bir at ile bir zırhım var» diye cevap verince Hazret-i Peygamber «At sana lâzım olur, fakat zırhını git sat, parasını bize getir, Fâtıma'nın çeyizini görelim» dedi. İmam Ali derhal zırhını aldı ve pazara götürüp sattı. İmam Ali'nin zırhını Hazret-i Osman pazarda dört yüz yetmiş dirheme satın aldı ve hemen "bedelini verdi. İmam Ali bu parayı aldı ve giymiş olduğu abasının yenine bağlayarak doğruca hane-i saadete gitti ve paraları Peygamber Efendimizin önüne koyup «İşte zırhın bedeli ya Resûllallah» dedi. Peygamber Efendimiz de orada bulunan Hazret-i Bilal'e bir avuç para vererek «Ya Bilâl git de bununla Fâtıma'ya güzel kokular al» buyurdu. Geri kalan parayı da Ümmü Sulemî'ye verdi. Ümmü Sülemî ise bu parayı saydıktan sonra Peygamber kızının çeyizini almak üzere pazara gitti ve aşağıdaki eşyayı satın aldı.

İki yün entari.

Bir adet kadifeden yapılmış kısa hırka.

İki gümüş bilezik.

Bir takke.

Bir tencere.

Bir el değirmeni

İki su testisi.

Bir küçük su testisi.

Bir maşrapa.

Keten bezinden yapılmış iki adet döşek ki, biri hurma lifiyle, diğeri de meşin, ve sahtiyan kırpıntılariyle doldurulmuştu.[4]

---

(4) Ravzatül'l-Ahbâb

İşte Hicret'in ikinci senesinde Resûl-i Ekrem Efendimiz'in kızına yaptığı çeyiz bunlardan ibaretti. İktisad bakımından Müslüman'lar için ne kadar etkili bir derstir.

Ümmü Sülemî bu çeyizi getirdikten sonra Peygamber Efendimiz Ensar'dan büyük bir cemaati davet etti. Resûl-i Ekrem Efendimiz bu cemaatin önünde güzel bir hutbe okuyarak Cenab-ı Hakk'a hamd ü sena ettikten ve evliliğin faydalarını beyan buyurduktan sonra «**Allah'ın emriyle Fâtıma'yı Ali'ye verdim**» diye buyurdular. Bunun üzerine kızına ve damadına pek çok dualar ederek «**Allahu Teâlâ ikinize de güzel geçim ihsan eylesin ve pek çok hayırlı evlad versin**» dedi. Nikâh töreni bu şekilde sona erdikten sonra Resûl-i Ekrem Ensar'ın önüne bir tabak hurma koydu ve hepsine birden «**Kapışınız**» kelimesiyle hurmadan yemelerini emir buyurdular.

İşte Peygamber kızının düğün cemiyeti bu şekilde son buldu. Ortalıkta debdebe ve şatafat namına bir şey yoktuysa da gönüllerdeki sevinç ve hoşnudluk kâinatı bir bayram günü gibi hoş ve aydınlık gösteriyordu. Zaten saadet bir gönül hoşluğu demek değil midir? Gönül sönük ve gamlı olursa cihan her ne türlü süsle süslenmiş ve her ne renkle renklenmiş bulunursa bulunsun yine gamlı ve neşesiz görünür!..

O mübarek cemaat dağıldıktan sonra Resûl-i Ekrem Ümmü Sülemî'yi çağırdı ve «**Ya Ümmü Sülemî kızımı al, Ali'nin evine götür, kendilerine de benim biraz sonra yanlarına geleceğimi haber ver**» dedi. Ümmü

Sülemî de Hazret-i Fâtıma'yı alarak kocasının evine götürdü. Resûlullah Efendimiz yatsı namazını kıldıktan sonra eline meşinden yapılmış bir su testisi alarak Hazret-i Ali'nin evine gitti. Bu testideki suya **Muavvizeteyn** sûresi ile diğer bazı dualar okudu ve Hazret-i Fâtıma ile İmam Ali'ye **«Bundan içiniz ve abdest alınız»** buyurdu. Ve bu sudan biraz başlarına serpti, dua etti. Sonra kızı ve damadıyla biraz daha kaldıktan sonra gitmek üzere ayağa kalktığı sırada Hazret-i Fâtıma ağlamaya başladı.

Resûl-i Rabbü'l-âlemîn Efendimiz kızına hitaben **«Kızım ben seni öyle bir kimseye verdim ki, imanı herkesin imanından daha kuvvetlidir, bilgisi herkesin bilgisinden daha fazladır, kendi ailemiz içinde en cömerdi ve en iyi huylusudur»** buyurdu ve İmam Ali'nin evinden çıktı, gitti.

Ensar, Hazret-i Fâtıma'nın düğünü münasebetiyle bir koç ve birkaç kile darı hediye etmiş olduklarından Peygamber'in ailesi de bunlara o akşam bir tabak hurma ile kuru üzüm ilâve ederek bir düğün yemeği hazırlayıp tertib ettiler. İşte Hazret-i Fâtıma annemizle İmam Ali(kerremallahu vecheh) hazretlerinin kalplerinin birleşmesi bu şekilde oldu. Bu safvet ve sadeliğe diğer bir şey ilâve olunamaz; sevmek ve sevilmek, bahtiyar olmak ve bahtiyar etmek için bu âlemde samimiyet ve emniyet çatılarının üstüne kurulan muhabbet yuvaları her türlü fırtına ve kasırgalara dayanır, her türlü maddî âfet ve ruhî elem darbelerini tahammül ederek kıymet kazanır, kuvvetlenir, pek metin olur, insan ömrünün her mevsiminde daha güzelleşerek ziynetlenir.

İmam Ali ile Hazret-i Fâtıma işte birbirlerini böyle ciddiyet ve metânetle sevdiler ve saadetin bütün mânasıyla mesud oldular. Peygamber Efendimizin duası berekatiyle güneşin en okşayıcı ışıkları, semanın en tatlı renkleri, gençliğin en müessir neşeleri hep İmam Ali'nin evinde toplanarak bu iki mübarek gönlün hayatını fevkalâde parlak nurlara gark eylediler.

İnsan hayatının böyle neşeler, nurlar ve tebessümler ile geçen günlerinden her biri etkileyiciliğinin ve âhenginin derecesine göre birer kıymetli cevhere benzemez mi? Muhabbetle dolu olan vakitler yakutlara, ümidle geçen günler zümrüdlere, sadâkatle geçen zamanlar firuzelere, âhenkle akıp giden anlar incilere benzer değil midir? Bu vakit cevherleri ne kadar ihtimamlar ve itinalarla bakılıp sevilmeyc lâyıktır. Her biri geçip gittikten, takılıp bittikten sonra ağır ve işlemeli mahfazalara konulup kilitlenmelidir. Çatlayıp kıymetten düşmesinler ve tozlanıp kirlenmesinler diye pek çok dikkat ve ihtimama muhtaçtırlar!.. Hayatın baharının nevruzu geçtikten ve nurları, neşeleri ve tebessümleri biraz solduktan sonra bu kıymetli cevherleri çekmecelerinden çıkarıp birer birer seyretmek, hepsinin haiz olduğu mânaları yad eyleyerek uzun uzun süzmek, tatlı hatıralarla gelen sevgileri, dostlukları, sevinçleri tazelemek yine bir saadet, yine bir teselli addedilmez mi?

Fahr-i Kainat(s.a.v.) Efendimiz, aziz kızlarına, evlilik

vazifelerinden hissesine düşen ev işlerini yapmasını ferman buyurmuşlardı. Binaenaleyh Hazret-i Fatıma hamur yoğurur, yemek pişirir, el değirmeninde ununu öğütür, evini süpürür ve temizlerdi. İmam Ali'ye de evi dışında lazım olan işleri görmesini tenbih buyurmuşlardı. İmam Ali develeri sular, çarşıdan evine lâzım olan eşyayı alır getirirdi.

Bir gün İmam Ali hazretleri zevcesine **«Ya Fâtıma ben kuyudan su çeke çeke yoruldum, ellerim kabardı»** dedi. Hazret-i Fâtıma da **«Ya ben ne diyeyim? Benim de ellerime baksana!..**[5] **El değirmeni ile arpa öğüte öğüte ellerimde kuvvet kalmadı, hem de büyüdüler ve kabardılar»** cevabını verince Hazret-i Ali **«Ya Fâtıma! Ashâb-ı kiram bugünlerde gazadan döndüler ve pek çok esirler getirdiler. Baban Resûlullah'ın yanına gidip de halimizi anlatarak evimizde hizmet etmek için bir câriye istesen iyi olmaz mı?»** dedi. Hazret-i Fâtıma da bu fikri beğenerek hemen hâne-i saadete gitti ve babası Fahr-i Kâinatı orada bulamadığından halini mü'minlerin annesi Hazret-i Âişe'ye anlatıp evine geri döndü.

Peygamber Efendimiz akşam üstü mübarek evini şereflendirdiğinde Hazret-i Âişe(r. anha) meseleyi olduğu gibi anlatarak Hazret-i Fâtıma'nın bir cariye istediğini arz etti. Bunun üzerine Resûlullah Efendimiz hemen kalkıp kızının evine gitti ve kızını görünce **«Fâtıma kızım, bugün sen bize gelmişsin. Âişe'ye halini anlatıp**

(5) Ravzatü'l-Ahbâb.

bir cariye isteyeceğini haber vermişsin öyle mi?» diye sual buyurdu. Hazret-i Fâtıma cevap vermezden evvel İmam Ali derhal mazeret beyan eder tarzda **«Ya Resûlallah, Fâtıma'yı ben gönderdim. Zira evimizin işi pek çoktur ve Fâtıma'nın rengi soldu, hali kalmadı. Hatta elbisesi bile eskidi. Âdeta bir cariye gibi iş görüyor»** dediğinde, Hazret-i Peygamber İmam Ali'ye cevaben buyurdu ki: **«Siz bir hizmette fazla yorulursanız Allah'ın azametini tefekkürle halinizden dolayı Hak sübhanehu ve teâlâ hazretlerine hamd ediniz. Allahü ekber, elhamdülillah deyiniz. Derhal rahat eder ve yeniden kuvvet bulursunuz».** Hazret-i Fâtıma ile İmam Ali bunun üzerine sükût ettiler.

Hazret-i Fâtıma'nın üçü oğlan ve ikisi kız olarak beş çocuğu dünyaya gelmiştir. İsimleri Hasan, Hüseyin, Muhsin, Ümmü Gülsüm ve Zeyneb'dir. Muhsin küçük iken vefat etti.[6]

Fâtımatü'z-Zehra(r. anha) akıllı, dirayetli, cömert, şair ve şeriatın inceliklerine vâkıf bir büyük İslâm kadını idi. Din ve tarih ilimlerini iyi bilirdi. Peygamber Efendimizin kızı olmakla gururlanmazdı. Tatlı dilli olup hatır kırmazdı. Kocası Hazret-i Ali gibi fakirlere yardım ederdi. İmam Ali fakir olmadığı ve emlâk ve akar sahibi bulunduğu halde fakirane bir surette yaşamayı tercih eder ve gelirini Allah yolunda fakirlere ve muhtaçlara dağıtmaktan zevk alırdı. Garibdir ki, varlıklı bir aile reisi bulunduğu halde alelâde bir aba ve elbise giyer ve arpa ekme-

(6) ed-Dürrü'l-Mensûr.

ği yemekle yetinirdi.[7]

Hazret-i Hasan çocukluğunda pek tehlikeli bir hastalığa tutulmuştu. Babası Hazret-i Ali ashab-ı kiramla mescid-i şerifte bulunurken o muhterem zatlardan biri kendisine, oğlunun sıhhatine kavuşması için adak adamasını tavsiye etti.[8] İmam Ali evine döndüğünde üç gün oruç tutmaya niyet etti. Hazret-i Fâtıma da aynı niyeti beğenerek kendisi de üç gün oruç tuttu. Hazret-i Hüseyin ise kardeşinin sağlığına kavuşmasının böyle bir adakla olacağına inanarak o dahi aynı niyette bulundu.

Birinci gün Hazret-i Ali bir bildiğinden üç ölçek arpa alarak evine getirdi. Hazret-i Fâtıma ihtiyatlı davranarak bu arpanın sadece üçte birini öğütüp beş parça ekmek yaptı. Akşam vakti namazlarını kıldıktan sonra iftar niyetiyle ekmeklerini yemek üzere bulunurlarken fakir bir zat kapıya geldi ve «**Yâ ehl-i beyt! Ben fakir ve muhtacım. Bana yediriniz ki, Hüdâ da size Cennet'te yedirsin**» dedi. Bu isteği duyan İmam Ali Hazretleri hemen elindeki ekmeği bıraktı. Fâtıma'ya da kendi lokmasını o fakire vermesini söyleyince Hazret-i Fâtıma da derhal gönül hoşluğuyla rıza gösterdi. Yemeklerini teşkil eden bu beş parça ekmeğin hepsini o fakire verdiler.

İkinci ve üçüncü günlerin akşamı da aynı haller tekrar etti ve oruçlarını ancak su ile açabildiler. Dördüncü

(7) Kitabü'l-Fahri.
(8) Kitabül'l-Fahri.

gün Hazret-i Hasan Allah'ın inayetiyle hastalığından şifa bulduğu için İmam Ali oğulları Hasan ve Hüseyin(radiyallahu anhüma)yı alıp birlikte Resûlullah'ın huzuruna geldi. Hallerini hikâye ederek Hazret-i Fâtıma'nın bîtab ve bîmecal kaldığını arz eylediğinde, Resûlullah Efendimiz, Hazret-i Cebrail'in bir vahiy tebliğ eylediğini ve bunda güzel amellerinin Allah katında kabul olunduğunun bildirildiğini müjdeledi.

Bilmem ki böyle bir hoş amel, böyle bir cömertlik sahibi nasıl bir tarifle takdim edilebilir! İmam Ali ile Hazret-i Fâtıma'nın işte bu gibi halleri insanın gönlünü tatlı teselliler ve neşelerle doldurur ve fedâkarlığın, ulviyetin bu son derecesini taklide bizi davet eder.

Nebi-i Zîşân Efendimizin kızı bulunan Fâtımatü'z-Zehra hazretleri bizim gibi bir Havva kızı olduğu halde bütün hayatında daima yükselmeye çalışır, nefsini ıslah ve olgunlaştırmak arzusuna bütün ömrünü vakf ve hasr ederdi. Bu ise hepimize en tesirli bir ahlâk dersi olabilecek kadar açık bir misaldir. Bir gün İmam Ali üzgün bir halde mescid-i şerife gitti ve arkasını duvara dayayarak hemen oracıkta uyuyakaldı. Buna sebeb ise, hayatının renkli ve nurlu simasının biraz bulanmış olmasıydı. Hazret-i Fâtıma ile aralarında geçen küçük bir anlaşmazlıktan dolayı mescid-i şerifde bu vaziyette yatarken Resûl-i Ekrem Efendimiz gelip İmam Ali'yi gördü. Kızı ile Hazret-i Ali arasındaki anlaşmazlıktan haberdar bulunduğu için hemen mübarek elleriyle Hazret-i Ali'nin üstündeki tozları temizledi ve «**Burada ne yatıyorsun ey**

üstü başı tozlu, topraklı» diye buyurarak Ali'ye evine dönmesini emreyledi.

O günden itibaren İmam Ali kendisinin Ebu Türab[9] diye çağırılmasından daima memnun kalmıştır.

Hazret-i Fâtıma'nın konuşma tarzı ve telaffuzu ve hatta yürümesi bile babası Resûlullah Efendimize benzerdi ve bu benzerliğe herkes hayret ederdi. Hazret-i Fâtıma'nın babasına karşı beslediği fevkalâde muhabbetini muteber İslâm kitapları dile getirdiler. Nice şiirler okundu, kasideler söylendi, tarihler doldu. Kocasına ve çocuklarına olan muhabbetin kat kat üstünde olan bu muhabbet diyebilirim ki, o tertemiz hayatının ekseni ve yörüngesi addedilir. Yirmi sekiz senelik hayatına en ziyade ışık saçan Resûl-i Ekrem Efendimizin kendisine karşı gösterdiği şefkati, unutulmaz iltifatları hoş sözleri ve babaca nasihatleri idi. Hazret-i Fâtıma'nın tabiatındaki ulviliği daha da açan, şahsiyetine önem kazandıran ve kadınlıkta bir başka nur parlatan hep babası, Resûlullah Efendimizin ruhanî sohbetleri oldu. Gerçi kendisi yaratılıştan yüce idi. Fakat ruhanî temasların tesiriyle büsbütün nurlu bir hüviyete mâlik, ve kadınların efendisi ünvanına mazhar oldu.

Annemiz Fâtımatü'z-Zehra hazretleri bütün ailesinin gözdesi idi. Herkes kendisini severdi. Kendisi ise herkesten ziyade babasına düşkündü; bütün kalbiyle, ruhuyla Resûl-i Ekrem'i severdi. Evlenmesinden vefatına kadar olan on sene zarfında herkesin kalbinde tatlı ha-

(9) Tarihü'l-Hulefa.

tıralar nakşetti; Hazret-i Ali her arzusunu ve her sözünü derhal yerine getirmeye hazır olduğu gibi, çoluk çocuğu da kendisine her bakımdan hürmet ve itaat ederlerdi. Çocuklarını severdi ve pek iyi bakardı; namaz ve niyazında, cömertlik ve ihsanında büyük İslâm kadınlarının en cana yakını addedildi. Kendisinden bir çok hadis-i şerif rivayet ederler. Gayet sağlam şiirler söylerdi. Mühim meselelerin halli hususunda maharet gösterirdi. Hicretin on birinci senesine kadar hayatı bu şekilde letafet ve sevinç içinde geçti. Nice fakirlerin kırık kalplerini tamir etti, nice muhtaçlara yardımda bulundu. Çok iyilikler ederek ihtiyaç sahiblerini memnun bıraktı. Nihayet Hicretin on birinci senesi, babasının hastalığını takip eden ahirete intikali, saadet ve rahatına birdenbire sekte vurdu. Cihan hakikaten gözüne zindan göründü. Kendisi için artık yeryüzünde rahat etmek mümkün değildi. Zira Peygamber'in hayat yıldızının sönmesiyle, kalbinin seması artık ışıksız kalmıştı.

[«Dehr içinde hangi gün vardır ki akşam olmadık!..»]

Fahr-ı Kâinat Efendimizin hastalığı esnasında bir gün, Hazret-i Fâtıma pek üzgün bir halde babasının evine gitti. Resûl-i Ekrem'in yanında, mü'minlerin annesi Hazret-i Âişe vardı. Peygamber Efendimiz kendisine **«Buyurun kızım»** dedi, gözlerinden öptü ve yanına oturttu. Resûlullah çok hastaydı. Yanında oturan kızına doğru eğilerek kulağına yavaşça bir şey söyledi. Hazret-i Fâtıma bunun üzerine şiddetle ağlamaya başladı.

Peygamber Efendimiz sevgili kızını ağlıyor görünce tekrar kulağına bir şeyler daha söyledi: Hazret-i Fâtıma sevinir gibi tebessüm etmeye başladı. Hazret-i Fâtıma'nın gözyaşlarını takib eden gülümsemesini gören Hazret-i Âişe ise, bu hale bir mâna veremedi ve Peygamber'in kızına, **«Ben zannederdim ki sen diğer kadınlardan daha iyi bir şeydin. Meğer sen de öbürlerine benziyormuşsun! Bir ağlıyor ve bir gülüyorsun. Hüzünle ferahın birbirini böylesine takib ettiğini ancak bugün gördüm. Peygamber Efendimiz senin kulağına ne söyledi?»** diye sorduysa da Hazret-i Fâtıma cevaben **«ben Resûlullah'ın sırrını kimseye söyleyemem»** dedi.[10]

Resûlullah Efendimiz ölüm döşeğinde bulunduğu müddetçe kızı yanından asla ayrılmadı. Bir gün yine baş ucunda otururken büyük bir teessürle Resûl-i Ekrem Efendimize **«Ey babacığım, ölüm halinde bulunuyorsun, ümmetinin seçkinlerinden birini yerine tayin et de diğerleri senin bu tayinini kabul etsinler ve sonra cihad meydanın olan bu dünyadan makam yerin olan âhirete intikal eyle. Renginin sararmış ve bitkin olduğunu görüyorum. Ey babacığım, bilsen ki benim kalbim senin muhabbetinle nasıl dopdoludur. Senin bana bırakmış olduğun yâdigârları düşünüyorum. Benim düşünülecek bir şeyim yoktur. Gönlümü, o kadar şiddetli bir hüzün kapladı ki, ben onu ta'ziye ediyorum. Ben seni kaybeylediğim için vay**

_____

(10) el-İkdu'l-Ferîd.

başıma gelenlere! Seni kaybettiğim için ne kadar yanıp yakınıyorum, benim için kimseler yanıp yakınmaz», dedi. Bu sözlerini dinleyen Resûl-i Ekrem Efendimiz mübarek başlarını kaldırarak Hazret-i Fâtıma'ya hitaben «Ey benim kızım! Bu öyle bir gündür ki, artık kimse ile işim kalmadı. Artık yaptıklarımın karşılığını göreceğim. Karşılığım iyi ise dâim, değilse bâki kalacaktır. Ben o kavimlerin nasıl olduklarını bildim. İşlerini adalet ile gördüm. Allah şahidimdir. Daima düşünerek hareket ettim. Halleriyle uğraştım. Kendi giydikleri elbiseler gibi ben de giyindim. Kendileriyle beraber namaz kılarken ne kibirlendim ne böbürlendim. Karnımı doyuracak bir şey edinmedim. Vücudumu okşayacak yumuşak şeyler de giyinmedim. Her halimde zarurî olan içinde kaldım. Ben beka âlemine göçünce kendi işlerini kendileri görsünler. Vücudumu soğuktan korumak için giydiğim elbiseyi ve örttüğüm örtüyü ver. Rutubetten vücudumu koruduğum hurma yaprağından yapılmış döşeğimi bile kendilerine iade et» dedi ve başını yastığa koydu... Resûlullah Efendimiz mübarek ruhlarını teslim ettikleri vakit hâne-i saadette Hazret-i Âişe ile Hazret-i Abbas ve Peygamberin kızı ile kocası İmam Ali bulunuyorlardı.

Resûl-i Ekrem'in vefatından sonra mü'minlerin annesi Âişe, Fâtımatü'z-Zehra'ya Peygamber Efendimiz hazretlerinin kendisine evvelce ne söylemiş olduklarını sorunca Hazret-i Fâtıma cevaben[11] «Babam vefat

---

(11) ed-Dürrü'l-Mensur.

edeceğini söylediği için ağladım. Sonra ehl-i beytim içinde en evvel sen bana kavuşacaksın ve sen kadınların efendisi olacaksın sözlerini ilâve buyurdukları için de memnun oldum ve güldüm» dedi.[12].

Resûl-i Ekrem'in vefatından dolayı kızı o kadar üzüldü ki, o günden itibaren vefatına kadar asla gülmedi. Kâinat gözüne şevksiz, dünya tatsız, güneş nursuz ve sema renksiz göründü. Zaten gözyaşları arasından seyredilen manzaralar daima bulanık ve sönük olur değil mi? Yeis yaşlarının çokluğu, hayatın parlaklığını ve âlemin zevkini azaltmaz mı? Öz ağlarsa göz de ağlar, derler! Cihanın cazibesi de özün neşesine bağlı değil midir? Varlıkların ışıkları içimizin aynasında yansır. Gönlümüzün mahzun olduğu bir gün kâinat, gözümüze gamlı gelir, hoşnud bulunduğumuzda ise rengârenk görünür. Dünyanın güzelliği sevinçli oluşumuza bağlı olduğu gibi, cazibesi de hislerimize bağlıdır.

Hazret-i Fâtıma'nın ağlamasını takib eden gülümsemesi, babasının âhirete göçüşünden sonra, âilesine olan muhabbet ve aşkına rağmen şu dünya hayatımızla artık pek az alâkası kaldığının bir delili olup Resûlullah Efendimize kavuşacağı için bütün sevdiklerini kolayca terk edebileceğini de gösterir. Hepimizin bu fani dünyaya kalben bağlanmamız birbirimizi sevdiğimiz ve sevdiklerimizle bu cihanda beraber yaşadığımız içindir. İnsanlık kitlesine hepimiz tek tek bir çok manevî iplerle bağlıyız. Bağların biri kopunca alâkamızdan biri eksili-

_____
(11) ed-Dürrü'l-Mensur.

yor; bu bağlar zamanla birer birer kırıldığından artık kimse ile alâkamız kalmıyor. Dünyaya karşı lâkayd kalıyoruz. Bazen da Hazret-i Fâtıma(r. anha) gibi ruhî bağlarımızın en sevgilisi çözülünce diğer bağlarımızın düğümünü de gevşetiyor. Bu fanilik içinde ancak kavuşma gününün yaklaşmasıyla teselli bulabiliyoruz. **Dünya bu ya!**

Peygamber Efendimizin vefatından bir müddet sonra Hazret-i Fâtıma büyük bir keder içinde babasının mübarek türbesini ziyarete gitti ve yerden bir avuç toprak aldı. Koklayarak yüzüne sürdü, ağladı. Ağlarken **«Ahmed'in kabrinin toprağını kolladıktan sonra insan en kıymetli bir kokuyu koklamasa ne olur! Ey gündüzler! Benim başıma gelen belâlar eğer sizlerin başına gelseydi hep geceye dönüşürdünüz»** diye figân etti ve hıçkırıklarını tutamayarak **«Göklerin ufukları tozlar ve dumanlar içinde kaldı. Güneş bile saklanarak ortalığı kapkaranlık bir halde bıraktı. Peygamber'den sonra yeryüzü mahzun ve gamlı oldu, vah bu halinize! Memleketin doğusu, batısı inlesin. Mısır ve Yemen ağlasın! Dağlar ağlasın, fezalar ağlasın, Beytullah ağlasın. Ey nuru mübarek olan son Peygamber! Kur'an'ı sana indiren sana salât ü selâm etsin»** dedi. Hazret-i Fâtıma'yı işitenler hep ağladılar, nihayet Peygamber Efendimizin kızı taşkın gönlünü boşalttıktan sonra yalnız ve yorgun, babasının kabrini terk etti ve üzüntü içinde evine döndü.

Üçüncü Bölüm

HALİFE SEÇİMİ

Resûl-i Ekrem(s.a.v.) Efendimiz mübarek ruhlarını teslim buyurdukları zaman Medine-i Münevvere ahalisi büyük bir dehşete düştüler ve bu kara habere bir türlü inanmak istemediler. Şüphe ve tereddüd içinde Medine sokaklarına yayıldılar. Birbirlerine bu söylentinin aslı olup olmadığını sormaya koyuldular. Halk arasında telaş ve panik hüküm sürüyordu. Herkes sabırsızlıkla öteye beriye gidip geliyorlardı. Hane-i saadetin etrafını sararak gerçek durumu öğrenmek için bağırıp çağrışıyorlardı. Her yüzde gam ve keder, hayret ve endişe vardı. Herkes ağlıyordu. O'nsuzluk ortalığı yeis ve hüzne gark etmiş, mü'minler uğradıkları bu felâketin hakiki mânasını daha pek anlamadıkları halde, Resulullah'ın ebedî yokluğuna nasıl tahammül edeceklerini düşünüyorlardı.

Halkın bu ruh hali ashab-ı kiram ve ensara da geçerek, bunların bir kısmı, Resûl-i Ekrem'in halefinin Ebû Bekir es-Sıddîk olacağı söylentisinden şaşırmış ve kızmış bulunuyorlardı. Esasta, Ebû Bekir'in şahsına her ne kadar karşı çıkmıyorlarsa da meşveret edilmeksizin Resûlullah'ın halifesinin tayin olunacağından dolayı kırgındılar. Bunların başında İmam Ali ve Hazret-i Zübeyr(r. anhüma) bulunuyordu ki, ashab ve ensar-ı kiramdan bazıları da gelmişler ve hep Hazret-i Fâtıma'nın evinde toplanmışlardı.[13] Bunların hepsi hararetli hararetli

---

(13) Şerh İbn Ebi'1-Hadîd.

orada tartışıyorlar ve bîat törenine gitmekten ve mescid-i şerifde bulunmaktan kaçınıyorlardı.

Mesele gittikçe vahim bir hal alıyordu. Kimsede soğukkanlılık kalmamıştı. Fırtınalar geçirmiş kazazedeler gibi halk ne yapacağını, ensar ne söyleyeceğini şaşırmış, şaşkın, sersemlemiş, dehşete düşmüş bir halde dalgalanıp duruyorlardı.

Hazret-i Ebû Bekir(r. anh,) bu aralık mescid-i şerifde bulunuyordu. Ensar ve ashabdan muhalif bulunmayanlar akın akın gelip kendisine bîat ettikleri sırada Hazret-i Ömer'e «**Halid bin Velid nerededir**» diye sordu. Ömer de «**Buradadır**» cevabını verince «**Haydi siz gidiniz de Ali ile Zübeyr'i buraya getiriniz**» dedi. Bunun üzerine Hazret-i Ömer, Halid ile beraber Hazret-i Fâtıma'nın evine gitti. Kapıya varınca Halid'i dışarda bırakarak kendisi içeriye girdi. Evin içinde İmam Ali ile Hazret-i Zübeyr'den başka bir hayli halk da vardı. Bunlar Hazret-i Ömer'i görünce şaşırdılar. Hazret-i Ömer Zübeyr(r. anh) in elindeki kılıcı göstererek, «Bu elindeki kılıç nedir?» diye sordu, Hazret-i Zübeyr de, «**Ben bu kılıcı Ali'ye bîat etmek için aldım**» cevabını verdi. Hazret-i Ömer Zübeyr'e daha büyük bir zarar vermemek için hemen yakalayıp kılıcını elinden aldı. Kılıcı bir taşa çarparak kırdıktan sonra kapının önünde bulunan Hazret-i Velid'e yüksek sesle «**Halid sen Zübeyr'i sımsıkı tut ve asla bırakma**» diye emretti. Hazret-i Velid de Zübeyr hazretlerini bütün kuvvetiyle yakaladı, zaptetti. Bu aralık halk Hazret-i Fâtıma'nın evi önünde toplanmış bulunuyordu. Herkes geçmekte olan olayın sonunu bekliyordu. Hazret-i Ömer Zübeyr hazretlerini teslim ettikten sonra Hazret-i Fâtıma'nın evine tekrar girerek İmam Ali'ye hitaben, **«Ya Ali kalk da bîat et»** dedi. Fakat İmam Ali sessiz kaldı ve asla bir cevab vermedi. Hazret-i Ömer İmam Ali'nin susması üzerine hemen kollarından sarılarak fevkalâde bir kuvvetle yerinden kaldırdı ve Hazret-i Halid'e teslim etmek üzere kapıya doğru yürürken Hazret-i Fâtıma bu korkutucu hali gördü; sevgili kocasını Ömer'in böyle sert bir muamele ile kapıdan çıkarmak istemesine tahammül edemeyecek bir feryad kopardı. Haşimîlerden birçok kadınlar da koşup gelerek derhal etrafına toplandılar. Hazret-i Fâtıma hiddetle, **«Ey Ebû Bekir, Resûlullah'ın ehl-i beytine kadar çabuk hücuma geçtin! Ey Ömer, ben yemin ediyorum ki, Allah'ıma kavuşuncaya kadar seninle konuşmayacağım»** diye feryâd etti. Bu esnada Hazret-i Ömer İmam Ali'yi de Hazret-i Halid'e teslim ederek halkın ortasından geçtiler ve hepsi bîat toplantısına gelerek Hazret-i Ebû Bekir'e bîat ettiler. Ebû Bekir es-Sıddîk(r. anh.) ayağa kalkarak İmam Ali ile Hazret-i Zübeyr'e özür beyan eyledi. Ve hemen sonra **«Bîatim beklenmeyen bir olaydır. Allah cümleyi bunun şerrinden muhafaza eyledi. Fitne ve fesaddan korkuyordum. Yemin ederim ki ben asla bu bîate hırs ve arzu göstermedim. Ne dilimle ne de kalbimle bunu Allah'tan istedim. Ben çok büyük bir işi üzerime aldım. Halbuki benim bunun uhdesinden gelecek ne kuvvetim ne de kudretim vardır. Ben isterim ki bu vazifemi bütün halkın**

yardımiyle ve halka danışarak yapayım» dedi. Muhacirin ve ensâr da bu arzusunu kabul ettiler. İmam Ali ile Hazret-i Zübeyr beraberce **«Bizim kırgınlığımız sadece meşveret hususunda idi. Yoksa biz bu göreve Ebû Bekir'i herkesten daha lâyık buluruz.** Zira kendisi **Hazret-i Peygamber'in o şerefli mağaradaki arkadaşıdır, ve ikinin ikincisidir. Hazret-i Peygamber hayatında yerine Ebû Bekir'in mescid-i şerifte imamlık etmesini emir buyurdu»** dediler. Toplantı da bunun üzerine son buldu. Hazret-i Ebû Bekir halkın sükûnet bulduğunu görünce Hazret-i Fâtıma'nın evine gitti ve ondan Hazret-i Ömer'in affını rica etti. Hazret-i Fâtımatü'z-Zehra da Ömer'i affetti ve barıştılar. Bu üzücü olaylar sırasında, soğukkanlılığını kaybetmeyerek büyük bir kararlılık ve cesaretle vazifesini yapan Hazret-i Ömer, İslâmı müdhiş bir tehlikeden, Müslüman'ları da helâk edici bir bölünmeden kurtararak, fevkalâde bir basîret ve kudretle fesad ve fitneyi derhal yatıştırmağa muvaffak oldu.(r. anh.)[14].

İslâmın sarsılmasına ve nihayet mahvolmasına sebebiyet verebilecek olan bu halife seçimi meselesi ancak Allah'ın yardımıyla çözülebildi. Hazret-i Ömer'in üstün gayreti ikinci defa olarak İslâmın ruhunun kurtularak yükselmesine sebeb oldu. Her ne kadar en hafif zarara tercih ederek Hazret-i Fâtıma'nın evine hücum ettiyse de onun sulh ve kurtuluşla neticelenen bu olayın en hayırlı bir fâili olduğunu anlayan Hazret-i Fâtıma'nın ne yüce bir kadın olduğunu takdir etmemek de imkân hari-

(14) Şerh İbn Ebi'1-Hadîd.

cindedir.

Resûl-i Ekrem Efendimizin vefatından sonra bir gün Fâtımatü'z-Zehra(r.anha) hazretleri câriyelerinden birine bir mikdar para vererek **«Çarşıya git ve Peygamber'in kızının sadakasını kabul edecek bir kimse var mı? diye seslen ve her kim kabul ederse onu bana getir.»** dedi. Câriye de sadakayı alarak çarşıya gitti ve orada **«Resûlullah'ın kızının sadakasını kabul edecek bir kimse var mı»** [15] diye seslenince bir şahıs gelerek **«Ben kabul ederim»**, dedi. Câriye, sadakayı verdikten sonra o adamı Hazret-i Fâtıma'nın huzuruna getirdi.

Hazret-i Peygamberin kızı bu zatı kapısının önünde kabul ederek **«Sen nerelisin?»** diye sordu. O da, **«Ben mağribliyim»** cevabını verdi. Hazret-i Fâtıma bunun üzerine **«Mağrib'in hangi tarafındansın?»** diye sorduğunda «Berber'denim» dedi. Hazret-i Fâtıma sözüne devam ederek, **«Babam bir gün bana: Her peygamberin havarisi vardır. Benim zürriyetimin de havarisi Berber'dir. Hasan ve Hüseyin katlolunacaklardır. Çocukları Mağrib'e kaçacaklar ve bunları Berberler himaye edeceklerdir. Katillerin vay başlarına! Ve himaye edenlerin de ne mutlu canlarına, dediğini hatırlıyorum»** dedi.[16]

Katlolunacak çocuklarının zürriyetini himaye edecek Berber kavminin birine Hazret-i Fâtıma'nın sadaka ver-

---

(15) ed-Dürrü'l-Mensur.
(16) ed-Dürrü'l-Mensur.

mesi garib tesadüflerden sayılmaz mı? Gerçekten de Hasan ve Hüseyin(r. anhüma) hazretleri katledildi. Çocukları evvelâ Mısır'a sonra batıya geçti.

İslâm âlemi nice harikulâde olaylara sahne oldu. Ancak bir anda görülüp kaybolan kayan yıldızlar gibi bunlar da bir zaman içinde parlayıp yine bir an içinde akıp gittikleri için nasıl ve nice oldukları hatır ve hayallerde hayal meyal kalmıştır.

Dördüncü Bölüm

FEDEK VAK'ASI

Dünya durdukça dünya ehlinin hayhuyu devam eder. Yaşama kavgası kanunu asla sona ermez ve insanoğlu da yürek çarpıntısından bir an olsun kurtulamaz. Bu bir kaidedir.

Resûl-i Ekrem(s.a.v.) Efendimizin vefatından sonra Hazret-i Fâtıma'nın sakin ve gamlı hayatı Fedek hadisesi ile karıştı. Fedek, Resûlullah'ın kendi mübarek elleriyle dikmiş oldukları bir hurmalıktı. Bu ağaçların hurmasından ailesine kafi mikdarını ayırdıktan sonra geri kalanını mü'minlere hediye buyururlardı. Baki olan âleme göçmelerinden sonra ise Hazret-i Fâtıma Fedek'i Ebû Bekir'den istedi, İslâm tarihçileri bu olayı şöyle anlatırlar.[17]

Hazret-i Fâtımatü'z-Zehra bir gün Ebû Bekir es-Sıddîk hazretlerinin meclisine gelerek «Babam bana Fedek'i verdi. Şahidlerim de Ali ile Ümmü Eymen'dir» dedi. Ebu Bekir ise cevaben «Baban hakkında söylediğin sözlerden şüphe etmem. Elbette doğrudur. Ben de Fedek'i sana verdim», dedi ve bir deri üzerine Fedek'i Hazret-i Fâtıma'ya verdiğini yazarak bunu Peygamber'in kızına teslim etti. Hazret-i Fâtıma, Fedek'in bu belgesini aldı ve Ebû Bekir'in meclisinden çıkarak evine döndüğü esnada Hazret-i Ömer'e tesadüf etti. Ömer (r. anh.) Peygamber'in kızına hitaben, **«Ya Fâtıma nere-**

---

(17) Şerh İbn Ebi'l-Hadîd.

218 BÜYÜK İSLÂM KADINLARI

den geliyorsun?» diye sordu. Hazret-i Fâtıma da cevaben **«Ben Ebû Bekir'e gittim ve Fedek'i Resûlullah'ın bana verdiğini söyledim ve şahidlerimin de Ali ile Ümmü Eymen olduğunu bildirdim. Buna binaen Ebû Bekir bana işte şu belge ile Fedek'i verdi»** dedi, Hazret-i Ömer bu sözlerden hiç hoşnud olmadı ve Hazret-i Fâtıma'nın elinden deriyi alarak doğruca Ebû Bekir'in huzuruna geldi ve Resûlullah'ın halifesine, **«Sen Fedek'i Fâtıma'ya mı verdin? Tapusunu da mı yazdın?»** diye sordu. Ebû Bekir de **«Evet öyle oldu»** cevabını verince Hazret-i Ömer, **«Ali, Fedek'in kendi mülkü olmasını istiyor, Ümmü Eymen ise bir kadındır»** dedi ve derhal belgenin yazısını silerek meşini oracıkta parçaladı. Peygamber'in kızını da şaşkınlık ve keder içinde bıraktı. Hazret-i Fâtıma meselenin bu şekilde halloluna-mıyacağını idrak etti ve her ne kadar kendisini babasının vefatından sonra aciz ve kimsesiz hissediyorsa da Fedek için tekrar Ebû Bekir'e müracaat etmek lüzumunu düşündü. Hazret-i Resûlullah'ın Fedek'i kendisine bağışladığından emindi. Fakat babasının **«Peygamberlerin yeryüzünde malları olmaz»** buyurduklarını da hatırladığı halde babasının halifesi bulunan Ebû Bekir'e, bu meseleyi bir kere daha açmayı uygun gördü ve bir gün yine Ebû Bekir hazretlerinin meclisine geldi.

Hazret-i Fâtıma(r. anha) bu defasında Kureyş kadınlarından bazıları da beraberinde bulunduğu halde Ebû Bekir'in meclisine girdi. Yürüyüşü Resûl-i Ekrem Efendimizin yürüyüşüne o kadar benziyordu ki, kendisini görenler hayrette kaldılar. Hazret-i Ebû Bekir, Peygamber'in kızı geldiğinde, ensar ve muhacirîn ile mescid-i şerifde bulunuyorlardı. Hazret-i Fâtımatü'z-Zehra'nın oturması için bir çarşaf serdiler ve Fâtıma hazretleri meclise girince kendilerine ayrılan yere oturdular.

Fâtıma(r. anha) oturur oturmaz derinden öyle bir ah etti ki, bunu işiten bütün cemaat titrediler. Hatta hazır bulunanlardan bazıları ağladılar. Hazret-i Fâtıma cemaatin tamamen sükûnet bulmasını beklemeye başlamıştı. Nihayet Hazret-i Ebû Bekir'e hitaben aşağıdaki konuşmayı yaptı:

«Allah Teâlâ hazretlerine hamd ü sena ve Peygamberi'ne salât ü selâm ederim. Resûl-i Ekrem sizin içinizden zuhur etti. Sizin ayrılığa düşmeniz ve birbirinize karşı düşmanlık beslemeniz kendisinin gücüne giden şeylerdendir. Sizin bir musibete uğramanızdan korkardı. Başınıza bir şeyler gelmesinden çekinirdi. Zira kendisi bütün mü'minlere karşı son derece şefkatli ve koruyucu idi. Hepinizi esirgerdi. İşte içinizden zuhur eden bu peygamberin kim olduğunu ararsanız, Resûlullah'ın, sizin değil benim babam olduğunu bulursunuz. Bu peygamber müşriklerin arasından çıkarak şerîatlarından ayrıldı. Fenalıklara kulak asmadı, alçaklıklardan uzak durdu, hikmet ve güzel nasihatlerle bunları Allah'ın yoluna davet etti. Müşrikler bu peygambere hiddetlendiler. Fakat Resûlullah bunların başlarını ezdi, putlarını kırdı, hepsini bozguna uğratarak kaçırmağa muvaffak oldu. Bu şekilde hak göründü ve bâtıl kayboldu.

«Resûl-i Ekrem ağzını açıp da halka ve cemaate hitab etmeye başladığında şeytanların dilleri tutulurdu. Kimse kendisine karşı bir söz söyleyemezdi. Kelime-i ihlâs işte bu şekilde güzel bir sona erdi ve tamam oldu.

«Sizler bir ateş çukurunun kenarında toplanan açgözlülere benziyorsunuz. Susamışların bir yudum su içebilmek ve açların bir lokma ekmek yemek için bekledikleri gibi, siz de her fırsatı ganimet biliyorsunuz. Susuzun susamasına, açların iştihasına benzer bir hırsla bir ekmek parçası ve bir yudum su bulmak için her türlü zillet ve hakareti kabul ediyorsunuz.

«Allah Teâlâ, sizleri kurtarmak üzere Resûlünü vasıta kıldı. Sizi kurtuluşa erdirdi. Fakat hatırlamıyor musunuz ki bu kurtuluşunuz ne kadar zahmet ve mihnetten sonra oldu. Sizin kurtulmanız uğruna ne kadar canlar telef oldu unuttunuz mu? Müşrikler her ne vakit harp ateşini uyandırdılarsa, Peygamber Efendimiz hemen o ateşi söndürmeye çalıştı ve muvaffak oldu. Fesatlar çıktığında, fitneler başkaldırdığında, kıvılcımlar parlamaya başladığında daima kılıcıyla fesadları, fitneleri bastırır ve alevleri söndürürdü. İşte sizler de bu yüzden tam bir emniyetle refah ve saadete nail oldunuz.

«Ne zaman ki Resûl-i Ekrem Efendimiz vefat etti, artık nifak yeniden zuhur etti. Dinin abâ ve kabâsı(kaftanı) çürüdü. Sakin duran fitneciler ve saklanan yalancılar hep birden meydana çıkarak harekete geldiler. Şeytan başını kaldırarak size seslendi. Sizi davet etti. Sizler ise hem şeytanı dinlediniz hem davetini kabul ettiniz. Sizler kanmaya hazır olduğunuz için şeytan sizi kandırdı. Sizi dargın buldu. Size tembihler etti ve her ne söylediyse itaat ettiğiniz için, sizin olmayan şeyleri arzu ettiniz, sizin olmayan seylere el ve göz attınız... Halbuki vakt-i saadet gideli çok zaman olmadı. Sizi cehennem kâfirleri hemen kuşattı. Kitabullah elinizde duruyor. Yasakladığı şeyler hep bellidir. Delilleri ise bütün meydandadır. Emirleri de son derece açıktır, işlerinizi sözlerinize uydurmayarak Kur'an-ı Kerim'in yasakladıklarına doğru yürüyecek olursanız vaz başınıza! İslâmdan başka bir dine meyl edenlerin özrü kabul edilmeyecek ve âhirette bunlar azaba müstehak olacaklardır. Sizin açtığınız yaralara tahammül ediyoruz. Siz bizim için mirasın yokluğuna hükmedip cahilane zanlarda bulunuyorsunuz. Uyanık kavimler Allah için doğruyu söylerler, doğru hüküm verirler! Ey Ebû Kuhafe'nin oğlu Ebû Bekir! Sen babana varis olursun da ben babama ne için varis olamam? Bu hükmün doğru değildir! Dünyada bir şey baki kalmayacaktır. Mahşer günü seni göreceğim. Hak Teâlâ'nın hükmü güzeldir. Taraftarım Muhammed'dir. Buluşacağımız yer kıyamettir. İşte o vakit hakkı iptal edenler zarara uğrayacaklardır», sözleriyle bu uzun nutkuna son verdikten sonra Hazret-i Ebû Bekir ayağa kalktı ve Allah Teâlâ'ya hamd ü senâ ve Peygamberine salât ve selâm ettikten sonra Hazret-i Fâtıma'ya hitaben

«Ey kadınların en hayırlısı! Ey en hayırlı babanın kızı! Allah'a kasem ederim ki Ben Resûlullah'ın görüşlerini asla terk etmedim. Ben onun izinden asla dışarı çıkmadım. Mürşid kendisine inananlara yalan söylemez. Allah benim şahidimdir. Allah'ın şahitliği ise kâfi gelir. Ben Hazret-i Peygamber'in «Biz nebîler ne altın, ne gümüş, ne ev ve ne de akara varis oluruz. Ancak kitab, hikmet, ilim ve nübüvvete varisiz» buyurduğunu işittim» dedi. Hazret-i Fâtıma da cevaben «Peki mademki ben Fedek'e varis olamayacağım, sen Fedek'i nasıl idare edeceksin? Ne hüküm vereceksin?» diye sorduğunda Ebû Bekir es-Sıddîk hazretleri, «Yemin ederim ki bu hususta babanın yaptığı gibi yapacağım. Sana ve âilene yetecek kadar hurmayı ve gelirini verdikten sonra kalanını Müslüman'lar arasında paylaştıracağım» dedi. Bunun üzerine Hazret-i Fâtıma Hazret-i Ebû Bekir'e, «Böyle yapacağına yemin eder misin?» dedi. Ebû Bekir de «Vallahi öyle yapacağım» dedi. Hazret-i Fâtıma da hemen oturduğu çarşafın üzerinden kalkarak doğruca babasının kabrine gitti ve ağlayarak nazmen şöyle söyledi:

«Senden sonra neler oldu neler!.. Eğer sen yaşasaydın bu kadar çok olmazdı. Elde bulunan bir mülkü kaybeder gibi seni kaybettik! Kavmin hep fesatçı oldu! Keşke senden sonra bize ölüm nasib olaydı. İşte o vakit seninle benim arama böyle bir toprak yığını engel olmazdı». Peygamberin kızı sözlerini bitirdikten sonra evine döndü,

Bu olaydan sonra Ebû Bekir Fedek'in gelirini alır ve Fâtıma ve çocuklarına yeteri kadarını verdikten sonra kalanını Müslüman'lar arasında pay ederdi. Hazret-i Ebû Bekir'in hilâfetinden sonra Hazret-i Ömer de Fedek'i aynı şekilde idare ederdi. Daha sonraları Hazret-i Osman ve İmam Ali(r. anhüma) da yine Ebû Bekir'in kararı gereğince Fedek'i idare ettiler.

Muaviye bin Ebû Süfyan başa geçtiğinde, Hazret-i Hasan vefat edince Fedek'in üçte birini Mervan bin el-Hakem'e ve üçte birini Yezid bin Muaviye'ye ve üçte birini de Ömer bin Osman bin Affan'a verdi. Mervan bin el-Hakem'in hilâfeti zamanında Fedek'in tamamı miras yoluyla kendisine kaldığından oğlu Abdülaziz'e hediye etti. Abdülaziz'in oğlu Ömer ise hilâfet tahtına oturunca Fedek'i Fâtıma'nın çocuklarına geri verdi. Emevî saltanatı yıkıldığında Fedek Abbasîlere geçti. Mehdî, halifeliği zamanında Fedek'i yine Fâtıma'nın çocuklarına verdi. Me'mun devrine kadar Fedek Abbasîlerin mülkiyetinde bulunduktan sonra, Abbasîlerin çökmesiyle nihayet Fatımîlerin eline geçti. Hazret-i Fâtıma'nın evlâdı Fedek'in hurmalarını hacılara dağıtırlardı. Nihayet Fedek'in ağaçlarını kestiler ve iki asra yakın uzayıp giden Fedek meselesi bu şekilde son buldu.

Beşinci Bölüm

HAZRET-İ FÂTIMA'NIN VEFATI

Hazret-i Fâtımatü'z-Zehra(r. anha), Peygamber Efendimizin vefatından altı ay sonra, Hicretin on birinci senesi ve Ramazan'ın üçüncü Salı gecesi beka âlemine göçtüğünde yirmi sekiz yaşında bulunuyordu.

Vefatı sırasında Ümmü Sülemî yanındaydı. Rivâyet eder ki, Hazret-i Fâtıma ruhunu teslim edeceği gün gusül ederek yeni elbiseler giydikten sonra sağ elini yastığının altına koydu ve yüzünü kıbleye çevirerek yattı; **«Ben şimdi ruhumu teslim edeceğim, Beni kimse gasl etmesin ve açmasın»** dedi ve Rahman'ın rahmetine kavuştu. Geceleyin «Bakî'»a defnedildi. Cenaze namazında Hazret-i Ebû Bekir ve bütün ashab ve ensar-ı kiram bulundular. Ebû Bekir(r.a) cenaze namazında tekbir getirdi.

Na'şın İmam Ali ve Fazl bin Abbas kabrine indirdiler. İmam Ali(r.a.) sevgili zevcesini defnettikten sonra bir gün Peygamber'in kabri civarına gelerek yakarırcasına:

«Ya Resûlallah, sana hepimizden evvel kavuşan ve benden sana selâm getiren kızındır! Ya Resûlallah, aziz kızının ayrılığına tahammül edemiyorum. Bu halime teselli verecek bir şey varsa o da seni kaybetmekle bize gelen elem ve musibetin daha acı olduğunu düşünmemdir. Seni kabrine ben yatırdım, ve ruhunu teslim ettiğinde ben yanındaydım. İnnâ lillah ve inna ileyhi râciûn. Emanet Allah'a iade olundu.

Rehin geri alındı. Lâkin hüznüm dâimîdir. Gecelerim uyanık geçiyor ve böyle de geçecektir. Ta ki senin, bulunduğun yerde Hak Teâlâ Hazretleri bana bir yer ihsan etsin. Bir kısım ümmetinin zulümde ittifak etmiş olduklarını kızın sana haber verecektir. Kendisinden sor. Halimizden haber al. Aradan çok vakit geçmedi. İkinize de selâmla veda ederim. Seni şimdi terk edeceğim; fakat istemeden... Şimdi seni terk etmem burada seninle kalmaktan usandığım için değildir. Hayır! Ben seni terk ediyorsam, ancak Allah Teâlâ sabırlılara karşı vaadinden beni mahrum eylemesin diyedir; ya Resûlallah», dedi.

Evet! İnnallahe maa's-sâbirîn!.. Felâketi veren Cenab-ı Hak, felâket derecesinde de sabır ve tahammül veriyor. Kavurduğu kalbleri de o acıları sayesinde yükseltiyor, temizliyor. Felâketlerin büyüklüğü ve şiddeti o kalblerin fevkalâdeliği, hassasiyeti derecesinde olduğu için, keskin hisli bir gönlün düştüğü keder ve musibet o gönlü bir kat daha yükseltir. Keder, insanın olgunlaşmasına sebeptir. Saadet, bencil eder; mesud gönüller ekseriyetle hoşgörü ve merhametten mahrumdur. Gamlı kalbler daha insancıldır. Başkalarının mahrumiyet ve mahzunluğunu kolaylıkla hissederler. Ne kadar muhtaç bir durumda olduğunu süratle anlarlar. Varlıkları daha müşfik nazarlarla süzerler, İmam Ali içine düştüğü bu halden fazlasıyla üzgündü. Kalbi sızlıyordu. Ağlıyordu. Fakat keder ateşini gözyaşları bile bir türlü söndüremiyordu. Peygamber Efendimizin vefatından sonra Hazret-i Fâtıma'nın da ayrılığı ile ikinci defa kimsesiz kalmıştı. Bu iki sevgili vücudun ayrılığı pek yakıcı bir mahrumiyet, devâ, kabul etmez bir yara idi. Hazret-i Fâtıma'nın eşliğiyle kıymetlenen on senelik hayatının bir daha yaşayamayacağı mesud günler olduğunu düşünerek daha fazla müteessir oluyordu. Teselliyi ancak Fâtıma'nın türbesinde buluyordu. Çünkü orada kederi biraz olsun hafifliyordu. Bu ruhî buluşmalarında sevgili Fâtıma'sına mersiye olarak tatlı ve acıklı şiirler okur ağlardı. Hazret-i Fâtıma'ya seslenerek[18] **«Ey sevgilim! Dünyanın pek çok kederleri ile üzüntülü ve meyusum. Derd sahibleri ömürlerinin sonuna kadar hastadırlar. İki dostun buluşmasında daima bir ayrılık hayali vardır. Ayrılmayan dostların sayısı pek azdır. Zaten de Ahmed'den sonra seni kaybetmekliğim dostluğun baki olmadığına açık bir delil değil midir?»** diyordu. İmam Ali'nin ayrılık acısı pek şiddetliydi. Kendisini bir türlü zaptedemeyerek, Hazret-i Fâtıma'nın türbesinde bir gün, **«Ne oldu ki ey sevgilim, kabirlerin arasından geçtiğim vakit selâmıma artık cevap vermiyorsun? Ey kabir? Sen söyle nen var? Seni çağırana ne için cevap vermiyorsun? Dostlarının sohbetlerinden mi usandın acaba?»** diye feryad ettiğinde gâibden şu sözleri işitti: **«Ey sevgilim! Sana ben artık nasıl cevap vereyim? Ben şimdi taşların, toprakların arasında kaldım. Toprak güzelliğimi hep bitiriyor, beni bitirdiği için de seni unuttum ve eşime ve dostuma görünmez oldum. Artık aramızdaki dünya dostluğu kesildi; benden sana ve herkese selâmlar olsun».**

(18) ed-Dürrü'l-Mensûr.

Çiçeklerin en mest edicileri gurûb vakti koku saçan ve geceleyin uykuya dalanlarıdır. Güllerin en güzeli en az dayananıdır. Pembe şafakların ve leylakî fecirlerin letafeti ne kadar az sürer. Âhenkler, şiirler, sevinçler hep çabucak mahv olan saadetlerdendir. Tebessümler, iltifatlar, sevdalar hep ruhun birer ıtırlı hatırası ve hayat semasının kayan yıldızlarıdır. Mevsimlerin en renklisi bahardır, baharların da en güzel çiçeği tabiat tablosunda en çabuk solandır.

Hayatların en kıymetlisi, güllerin, çiçeklerin, âhenklerin, şiirlerin, fecirlerin, hatıraların, mevsimlerin en münevveri, en sevgilisi bu cihanda en az ömür sürenidir. Sevilmek, sevmek, okşanılmak, hoşlanılmak, hürmetler, takdirler ortasında bir müddet yaşamak, sonra leylakî gurûblar gibi mevcudata güzelliğini, kâinata eserlerini göstererek sönüvermek ve sönmesiyle dünyada unutulmaz bir hatıra, teselli kabul etmez bir acı ve sükûnet bulmaz bir esef bırakmak, ebedî nurlara, sevinçlere, saadetlere doğru yükselmek ve bu kubbede kalan hoş sadâ sayesinde daima hatırlanmak, daima yad olunmak, daima sevilmek... Varlığıyla ortalığa tebessümler ve neşeler saçarak bu dünyayı bir zevk u sefa meclisine döndürmek ve bu zevk meclisinin en etkileyici bir şiiri, en latif bir âhengi, en kıymetli bir ziyneti olduktan sonra kayboluvermekle bu âlemi bir hüzün evi haline getirmek ve bu hüzün evinin en hazin bir hatırası, en acıklı bir ahı, en yakıcı bir vedâı olmak... İşte bu cihanda çok sevilip çabuk kaybolan bir ulvî kalbin hayatı, çok sevilip çabuk kaybolanların içinde en birinci ve seçkin bir yer tutan Hazret-i Fâtımatü'z-Zehra(r. teâlâ anha)nın hayat hikâyesi hep bundan ve yalnız bundan ibaretti. Merhamet ve iyilik, hayatının en büyük kıymetleri olduğu gibi muhabbet ve letâfet de en güzel ziynetleri idi. Peygamber Efendimizin gözünün nuru, İmam Ali(kerremallahu vecheh) hazretlerinin sevgili zevcesi, Hasan ve Hüseyin(radiyallahu anhüma)nın şefkatli annesi bu üç müstesna sıfatta her türlü fazilet ile şöhret buldu, her bakımdan kemâl sahibi olduğunu gösterdi.

İmam Ali(radıyallahu anh) hazretleriyle geçen âhenkli hayatı, ancak en güzel güllerin ömrü kadar sürdü.

Rengârenk gurûbların ve pembe şafakların büyüleyici güzelliği gibi kâinata bir güzellik ve cazibe hatırası bırakarak ömrünün baharında söndü gitti. Sönüşü ise, tabiatın bahar mevsimini en hazîn bir hazâna dönüştürdü.

Hazret-i Fâtımatü'z-Zehra'nm hayatının baharı bu kadar mevsimsiz sona ermeseydi, şüphesizdir ki mü'minler kendisini bugüne kadar böylesine içten bir teessürle yad etmezlerdi. İmam Ali hazretlerinin keder ve yesini de bu derece şiddetle yüreklerinde duymazlardı.

Mazimizin avdet etmiş demlerine benzeyen şu bir daha görünmeyecek vücudların macerasını hürmetle, muhabbetle, esefle yad etmek, hususiyetlerini hatırlamak, hatıralarını tazelemek, isimleri işitilen fakat yüzleri meçhul olan güzellerin resimlerini vefatlarından bir

müddet sonra görmek gibi değil midir? Simaları, bakış-
ları, endamları ve bütün cazibeleri gözümüzün önünde
canlandıkça onları daha fazla seveceğimiz ve onlara
daha derinden acıyacağımız muhakkaktır. Geçen tatlı
günleri yad ettiğimiz gibi, onların da güzellikleri gözleri-
mizin önüne geliyor. Hayatlarını tafsilatlı olarak bildiği-
miz için de; bu çok sevilen ve çabuk kaybedilen sevgili-
lerin nurlarının, sürurlarının ve tebessümlerinin; matem-
lere, hicranlara, gözyaşlarına dönüşmüş olduğunu gör-
düğümüzde, onları esefle hatırlamaktan ve hasretle yâd
etmekten kendimizi alamıyoruz.

Hazret-i Fâtımatü'z-Zehra(r. anha)nın hayat hikaye-
sini kısa ve özlü olarak ancak Bâki merhumun meşhur
mısraiyle bitirebilirim.

فانيست جهان ، در او وفا نيست

باقى همـه اوست جمله فانيست

Fânist cihan, der-i o vefâ nist

Bâkî heme O'st, cümle fânist

Emsâlsiz şair hayatın mânasını bu beyitle ne kadar
üstâdâne ifade etmiştir! Keşmekeşler, mücadeleler, sa-
vaşlar, rekabetler, baskılar, hep bu hareketler ne için-
dir? Mademki cihan fanidir! Mademki cümlemiz fark gö-
zetilmeksizin bu kararsız dünyanın bir cilvesine bağlıyız
ve hepimizin saadeti ancak bir anlık bir nefes ve lezzet-
ten başka bir şey değildir!.

RÂBİA EL-ADEVİYE

Râbia el-Adeviye hazretleri Basralı İsmail'in kızı[19] ve «Al-i Atîk»in âzâdlısı olup Basra'da dünyaya gelmiştir. Doğum tarihi her ne kadar elimizde bulunan muteber biyografi kitaplarında yazılı değilse de seksen sene kadar ömür sürdüğü —ve yaklaşık olarak Hicret'in 13'ncü senesine doğru[20] vefat ettiğine göre— ilk Hicrî asrın büyük İslâm kadınlarından olduğu bilinmektedir. Râbia el-Adeviye'nin diğer bir ismi de Ümmü'l-Hayr Râbia'dır. Bütün hayatı nefsini ıslah, zühd, takva ve Mevlâ'sına ibadetle geçti. Zamanının en etkileyici bir kemâlât örneği idi. Bu yüksek dereceye ulaşabilmek için her türlü fedakârlığa katlanarak fakr ü zaruret içinde yaşamayı kendisi için gerekli bildi. Hazret-i Râbia İslâm âleminin bir aziz vücududur.

Asrının ve zamanının kadınlarından üstündü. Üstünlüğü de yalnız zühd ve takva bakımından değildi. Râbia, fazilet ve irfan, ilim ve edeb hususunda da seçkinliği elde etmeye muvaffak oldu. Çağdaşları hep kemâlâtının hayranı idiler. Takva sahiplerinin meşhurlarından Hasan-ı Basrî hazretleri, büyük sofilerden Şakîk-i Belhî, büyük müctehidlerden Süfyan-ı Sevrî, belagatli şairlerden Kec Hâkimi Melik Dinar hep Râbia el-Adeviye'nin sohbetinden zevk alır. İlim ve irfanından istifade eder-

---

(19) İbn el-Cevzî.
(20) İbn Hallikân.

lerdi. Kendisiyle sık sık dinî ve ilmî mevzularda konuşur, tartışırlardı. Akıl ve zekâsını zühd ve salâhını takdir ederlerdi.

Hazret-i Râbia henüz pek gençken anne ve babası vefat etmiş olduklarından kimsesiz kalmıştı. Üstelik o günlerde Basra'da kıtlık ve pahalılık alabildiğine hüküm sürdüğünden zavallı Râbia nasılsa bir zalim adamın eline esir düşmüştü. Bu müstebid adam bîçare kızı bir müddet yanında alakoyup nice güç işler yaptırarak azap çektirdikten sonra nihayet diğer bir kimseye sattı. Râbia bu kişinin evinde de her türlü zahmet ve meşakkati çekmeye mecbur oldu. Fakat her güçlüğe sabır ve tahammül ederek hiç şikâyet ve isyan etmedi. Çünkü şikâyet etmeyi nefsine yakıştıramazdı.

Bir gün bir sokakta yürürken yanından geçen bir kimsenin sert ve dik bakışlarından ürkerek başını diğer tarafa çevirdiği esnada ayağı kayarak yere düştü ve bileği kırıldı. Kolunun acısından biraz yüz üstü yatmaya mecbur olduğu sırada, **«Ya Rab, hem kimsesiz hem de esirim! Şimdi de bileğim kırıldı. Bu azabların hepsine sabır ve tahammül ederim. Ancak bütün bu azablardan daha beter bir azab vardır ki, işte ruhumu ıstırab içinde kıvrandırıyor ve ona karşı dayanma gücüm kalmadı, o ıstırab da tahammül edilmez bir meraktan ileri geliyor. Ya Rabbim benden hoşnud musun?.. İşte bunu anlamak ve bilmek istiyorum»** diye niyaz etti. Akabinde gaibden[21] **«Ya Râbia,**

---

(21) Tezkiretü'l-Evliya.

**âhirette senin mertebene melekler gıbta edecekler-
dir»** sözlerini işitince bileğinin ağrısını unuttu. Teselli
bulmuş ve rahatlamış olarak efendisinin evine döndü.

Bir gece Hazret-i Râbia'nın efendisi daha uyuma-
mıştı. Evin içinde bir ses işittiğinden odasından çıkarak
sesin geldiği yöne doğru ilerledi ve Râbia'nın sesi oldu-
ğunu anladı. Biraz daha yaklaştığında Râbia'nın pek
mütevazi bir halde ibadet ettiğini gördü. Şaşkınlık ve
hayretle durdu ve tam bir kalb temizliğiyle Allah'a yal-
vardığını işitti. Hazret-i Râbia, **«Allahım bilirsin ki kal-
bimin en samimi arzusu sana ibadet etmek ve yüce
emirlerini hakkıyla yerine getirmektir. Ancak şahsî
hürriyetime mâlik olmadığım için bu arzumu maale-
sef gerektiği gibi yerine getiremiyorum. Mazurum,
çünkü esirim»**, diye yakarıyordu. Râbia el-Adeviye'nin
efendisi, olduğu yerde kalakaldı. Bu temiz ve iffetli kızı
artık bundan fazla esir bırakmayı, yanına lâyık görmedi-
ği için ertesi sabah Râbia'yı yanına çağırarak, **«Râbia,
artık sen hürsün. Seni azad ettim, istersen burada
kal, istemezsen git, ben seni şimdiden sonra hiç
esir bırakmam»** dedi. Hazret-i Râbia da bunun üzerine
efendisinin evini terk etmeyi tercih ederek kendi rızkını
kendi eliyle tedarike başladı. O zamandan itibaren Haz-
ret-i Râbia'nın hayatı bir kemâl dersi oldu. Bütün vakti-
ni hayır ve hasenata vakf etti ve **«Dünyanız için ebedi-
yen yaşayacaksınız gibi çalışınız, âhiretiniz için de
yarın öleceksiniz gibi tedarikte bulununuz»** hadîs-i
şerifine bütün mevcudiyetiyle itaat etti. Bilhassa hadîs-i
şerifin ikinci cümlesini, seksen senelik ömrü boyunca

tatbik etmekle meşgul oldu. Çünkü Râbia el-Adeviye dünya rahatını âhiret saadetine feda etmekten lezzet bulurdu.

Meşhur sûfîlerden bir zat bir gün yanına gelerek sohbette bulunduğu esnada bu fani dünyadan şikâyet etti. Hazret-i Râbia bu zatın şikâyetlerine tahammül edemeyerek **«Hakikaten dünyaya düşkün ve bağlı bulunuyorsun ki, durmadan ondan konuşup dilinden düşürmüyorsun. Bir kimse bir şeyi satın almak istediği zaman, devamlı ondan bahsedip onu düşünür. Eğer dünya ile asla alâkan olmayaydı, onun ne iyiliğinin ne de kötülüğünün sana zerre kadar bir tesiri olurdu»** cevabını verdi.

Hazret-i Râbia'nın garib hallerinden biri de ömrünce asla bir hediye kabul etmemesidir.[22] Bir gün hastalanarak döşekte yatmaya mecbur oldu. Hasan-ı Basrî hazretleri de hatırını sormak için evine geldiği sırada kapısının önünde bir tacirin bekleyerek ağladığını gördü ve hayretle, **«Sana ne oldu? Ne ağlıyorsun?»** diye sorunca tâcir de cevaben,

«Râbia'ya bir kese altın getirdim. Kabul edip etmeyeceğini bilmediğim için muztaribim, ya Hasan-ı Basrî, sen içeriye gir de beni ıstırabımdan kurtar», dedi. Hasan Basrî hazretleri de eve girerek keyfiyeti Râbia'ya anlattıktan, sonra, Ümmü'l-Hayr hazretleri ona, **«Ya Hasan, sen bilmez misin ki Hak Teâlâ hazretleri, kendine ibadet etmeyenlere bile her gün rızık ihsan**

(22) İbn Hallikân.

buyuruyor. O halde kendisine karşı sonsuz bir aşk besleyenlere rızıklarını göndermez mi zannediyorsun? Cenab-ı Rabbü'l-âlemînin kudret-i ilahiyyesine vâkıf olduğum günden itibaren gözümü başka hiç bir cihete çevirmedim. Bu tacirin, malını helâlden kazanıp kazanmadığını bilmediğim halde hediyesini nasıl kabul edebilirim? Ben bu keseyi mümkün değil kabul edemem; git ona teşekkür et hem de mazur görmesini rica ettiğimi kendisine bildir», dedi.[23]

Tüccardan biri yine bir gün Ümmü'l-Hayr'ı ziyarete gitti. Evinin tamire muhtaç olduğunu gördüğünde Hazret-i Râbia'ya geçici olarak kendi evlerinden birini vermeyi teklif etti. Râbia el-Adeviya de kabul edip yeni eve taşındı.

Tüccarın konağı pek mükellefti. Duvarlarda birtakım süslemeler vardı. Hazret-i Râbia böyle nakışlı duvarlara alışık olmadığından garip şekilli ve boyalı, süslü odaların herbirini uzun uzun seyretti. Hayran hayran bu tantanalı süslere bakmaktan kendini bir türlü alamıyordu. Etrafını bir müddet süzdükten ve iyice düşündükten sonra nihayet kendine geldi ve derhal evden çıkarak, «Buraya bir daha dönmeyeceğim. Çünkü bu evde kalırsam, içinde bulunan bütün bu güzel eşyaya alışacağım, letafetinden hoşlanacağım. Bu ise âhiret için lâzım gelen tedariklerden beni büsbütün alıkor diye korkarım» dedi ve tüccarın evini terk etti.

Hazret-i Râbia esasen Allah âşığı ve dünyayı terk

(23) Tezkiretü'l-Evliya.

etmiş bir zâhid kadın idi. **«Allah bes bâkî heves»**.

Vaktini hep ibadetle ve hayır işlemekle geçiriyordu. Bütün gece namaz kılar ve dua ederdi. Fecir zamanı halvete çekildiği köşesinde yatar ve sabaha kadar uyurdu. Bazan biraz fazlaca uyumuş olduğu zaman nefsine hitaben, **«Daha ne vakte kadar böyle yatacaksın? Bu halinle sen bir gün öyle bir uykuya dalacaksın ki seni ancak İsrafil'in sûr'u uyandırabilecektir»**,[24] derdi.

Hazret-i Râbia keramet sahibi bir kadındı. Tanrıya yakarması esnasında bazan gaibden sesler işitirdi. Rabbine kavuşmak için dünyayı büsbütün terk ettiğinden zamanının en müstesna kadınlarındandır. Bir yakarışında **«Allah'ım seni seven bir kalbi ateşine yakar mısın?»** diye niyaz eylediği sırada, **«Ben öyle yapmam. Hakkımda kötü zan besleme!»** diye gaibden bir ses işitti. Râbia el-Adeviye asrının seçkin kadınları arasında her bakımdan müstesna idi. Çünkü o faziletli İslâm kadınlarının hiç biri Ümmü'l-Hayr Râbia derecesinde her bakımdan mükemmel olamadılar. Bu mükemmeliyeti ise kendisine **«tacü'r-rical»**(erlerin baş tacı) unvanını kazandırmaya muvaffak olmuştur.

Bir gün kendisine **«Ya Râbia, Cenab-ı Hak, hakikaten pişman olan kullarını af buyurur mu?»** diye sorduklarında, Ümmü'l-Hayr; **«Eğer Allah teâlâ pişmanlığı kullarına vermese onlar nasıl pişman olabilir? Mademki kullarına pişmanlık hissi veriyor, o halde**

(24) Kamûsü'l-A'lâm.

pişman olmaları sebebiyle günahlarını mağfiret edeceği aşikârdır» cevabını verdi.

Bir gün de yine «Ya Râbia sen Allah teâlâyı cidden sever misin?» diye sorduklarında Hazret-i Râbia, «Şüphesiz» dedi. Bunun üzerine, «Öyle ise şeytanı düşman addetmez misin?» diye tekrar sorduklarında «Cenab-ı Rabbü'l-alemînin aşkı yüreğimi o kadar kapladı ki şeytanın düşmanlığından muztarip olacak halim ve vaktim yoktur», dedi[25].

Hazret-i Râbia'yı ziyaret edenler çoktu. Şöhreti pek büyüktü. Huzuruyla bereketlenenler ise yalnız orta tabaka halk olmayıp, İslâm âleminin fâzıl ve âlimleri kendisiyle aynı mecliste bulunmaktan büyük bir şevk ve lezzet hissederlerdi.

Hasan-ı Basrî hazretleri zevcesi vefat ettiğinde Hazret-i Râbia ile evlenmek istedi. Fakat Ümmü'l-Hayr(Râbia) ricasını kabul etmeyerek meşhur kasidesindeki şu sözlerle redd etti:

Kardeşlerim benim rahatım yalnızlığımdadır.

Sevgilim daima huzurumdadır.

Onun aşkıyla duyduğum lezzet ise zahmetimin devasıdır.

Onun cemâli benim mihrabım, kıblegâhımdır.

Ey kalbimin tabibi!

---

(25) İbn Hallikân.

Şifamı sana kavuşmakta buldum,

Ey sevincim, ey hayatım!

Ey neş'emin kaynağı...(26)

Hasan-ı Basrî hazretleri bir gün kendisine evlen-mekten söz açarak, «**Evliliğe hiç rağbetin yok mu? Hiç evlenmek istemez misin?**» diye sorunca, Tâcü'r-ricâl, «**Evlenmek ancak irade ve rızaları kendi ellerin-de olanlara mahsustur. Benim ise hiç iradem yoktur. Ben Allah'ın bir kuluyum ve O'nun emrine hazır ve müheyyâyım. Benim bir ehemmiyetim yoktur ki...**» cevabını verdi. Hasan-ı Basrî, «**Fakat bu derece zühd ve salâha nasıl nail oldun?**» diye sorduğunda, «**Nef-simi kâmilen mahvetmekle**» dedi.

Yine bir gün bazı âlimler Tâcü'r-ricâl'in evine gitmiş-lerdi. Sohbet esnasında, «**Ya Râbia! Cenab-ı Hak sev-diği kullarını mükâfatlandırmak için onlara bir kabi-liyet bahşederek kıymetlerini artırır. Fakat gariptir ki, bu iktidar ve kabiliyeti bu güne kadar hiçbir ka-dında görmedik. Hepimiz hayret ediyoruz. Bu yük-sek dereceye sen nasıl ulaştın? Sana bu nasıl nasib oldu?**» dediklerinde, Hazret-i Râbia, «**Evet, bu husus-ta hakkınız vardır. Fakat kadınlar hiçbir vakit kendi iktidarlarının meftunu olmadıkları gibi, hiçbir zaman da kudsiyet iddiasında bulunmadılar**», cevabını ver-di.

Râbia'nın hayatı garib olaylarla doludur. Aşağıda

---

(26) İhyâu Ulûm. Gazalî.

anlatacağımız fıkra diğerleri için de bir örnek olacaktır sanırız:

Ümmü'l-Hayr bir defasında itikat ve halktan uzlet ederek her zamankinden ziyade bir hararet ve şevkle ibadetine devam eder. Yedi gün oruç tutar ve yedi gece devamlı dua ve niyazla meşgul olduktan sonra gayri ihtiyari olarak nefsine hitaben, **«Ya Râbia! Beni ne vakte kadar böyle yoracak, ne zamana kadar bana böyle azab edeceksin»** dediği sırada hücresinin kapısı vurulur ve içeriye bir adam girer. Elinde bir sahan yemek vardır. Râbia el-Adeviye de adamın elindeki bu sahanı alır ve bir tarafa koyduktan sonra kandilini yakmaya gittiğinde bir kedi gelerek sahandaki yemeği yer. Râbia odasına döndüğünde kedinin yemeği yediğini gönünce, **«Ne yapayım! Orucumu su ile bozarım»**, der ve tekrar çıkıp su getireceği sırada kandili söner. Bu hale artık tahammül edemeyerek içini çeker ve **«Allah'ım bana ne için böyle azab çektiriyorsun?»** dediğinde, gaipten bar ses işitir; **«Ey Râbia, eğer sen istersen bütün dünyayı sana bahşederim; fakat o vakit kalbindeki aşkı da mahvederim. Zira dünya sevgisi taşıyan bir kalbde aşk-ı ilahî olmaz».** Bu sözleri işitmesiyle bir daha dünya saadeti ve rahatı arzu etmeyeceğine kendi kendine karar verir.

Bundan sonra Hazret-i Râbia otuz sene boyunca daima, ibadeti esnasında yukarda geçen cümleyi ağzına almamış ve her gün, **«Ya Rabbim! Gönlümde senin aşkından başka bir aşka yer kalmasın»** duasını tekrarlamaktan vazgeçmemiştir.

Hazret-i Râbia el-Adeviye'nin faziletlerinin meftunu olan Melik Dînâr demiştir ki: Ben bir gün Ümmü'l-Hayr'ın(Râbia'nın) ziyaretine gitmiştim. Onu gayet eski bir hasır üzerinde oturur bulmuştum. Yastık yerine bir tuğla koymuştu. Bir de kırık bir destiden su içtiğini gördüğüm vakit kendisine dedim ki: **«Ya Ümme'l-Hayr, benim pek zengin ahbaplarım vardır. İzin ver de onlara gidip senin rahat ve refahın için yardımlarını isteyeyim»**. Bunun üzerine Hazret-i Râbia ricamı redd ederek, **«Sen hatada bulunuyorsun! Zenginlerin rızkını veren Allah, fakirlerin ihtiyacını da görür. Bize düşen sabır ve kanaattir. Hüdâ'nın her takdirini sevinçle kabul etmek bize vâcibdir»**, dedi.

Çağdaşı olan büyüklerden Süfyan-ı Sevrî ile Abdülvehhab hazretleri bir gün Râbia'yı ziyarete geldiler. Ümmü'l-Hayr'ı son derece zayıflamış ve halsiz düşmüş bulduklarından «nasılsınız» demeye cesaretleri kalmayarak yalnız müteessir oldular. Nihayet Süfyan-ı Sevrî (kuddise Sirrah) hazretleri, **«Ey Ümmü'l-Hayr! Elem ve meşakkatlerini hafifletmesi için Cenab-ı Hakk'a dua et»**, dedi. Hazret-i Râbia bunun üzerine, **«Bu elemleri bana gönderen kimdir?»**, diye sorduğunda, Süfyan-ı Sevrî Hazretleri de, **«Rabbü'l-âlemîndir»** deyince, Hazret-i Râbia, **«O halde eğer Allah'ın dileği böyle ise, ben ona nasıl muhalefet edebilir ve elemlerimi hafifletmesi için, nasıl duada bulunabilirim»**, cevabını verdi. Süfyan Hazretleri de, **«Ya Râbia! Ben sana** cevap veremem. **Bu sebepten dolayı da ben seninle meşgul olacağıma sen benimle meşgul ol**», dedi. Hazret-i Râbia ise sözüne devam ederek[27] «**Ey Süfyan! Eğer dünyaya bu kadar meylin ve rağbetin olmayaydı mükemmel bir insan olurdun**», dedi. Bu olayı nakleden Süfyan, «**Ben artık tahammül edemeyerek ağladım ve: Allah'ım acaba benden hoşnud musun?** diye feryad ettiğimde, Râbia sözümü kesti ve, «**Ey Süfyan! Nasıl(Allah'ım benden hoşnud musun?) demekten hicab etmiyorsun? Acaba Allah'ın rızasını kazanacak güzel amellerde bulundun mu?**» hitabıyla beni susturdu», dedi.

Bir gün de yine büyüklerden bazıları evine gittiler ve «**Niçin böyle münzevî yaşıyor, evlenmek istemiyorsun?**» diye sordular. Hazret-i Râbia, «**Zihnimi üç şey meşgul ediyor**», dedi. O şeylerin ne olduğunu sorduklarında, «**Birincisi, vefâtımda kâmil bir imanla beka âlemine göçebilecek miyim? İkincisi, mahşer gününde iyi amellerimin mizanı sağ elime mi verilecektir? Üçüncüsü de Cennet ve Cehenneme sevk edilenlerin içinde hangi tarafa gönderileceğimdir**» cevabını verince, soru sahipleri «**Hiç birimiz bu senin söylediklerini bilmeyiz**», dediklerinde, Ümmü'l-Hayr, «**Zihnimi hep bu gibi meseleler meşgul ederken, ben kocayı ne yapayım?**» dedi.

Yine bir gün büyük sofilerden Süfyan-ı Sevrî Hazretleri, «**Ya Râbia! Senin iman ve Cenab-ı Hakk'a itika-**

---

(27) Meşâhir-i Nisâ.

dın ne merkezdedir?», diye sorduğunda, Râbia, «**Ben Allah'ıma Cehennem korkusu veya Cennet ümidiyle ibadet etmem; ancak kendisine olan kemal derecedeki aşk ve muhabbetimden dolayı kulluk görevlerimi ifa ederim**», cevabını vererek şöyle münacatta bulunmuştur:[28]

«**Ben seni iki muhabbet ile severim: Birisi benim kendi aşk ve iştiyakımdandır, diğeri de senin sevilmeye olan liyakatindir. Benim iştiyakım olan muhabbetim, senin zikir ve yâdınla meşgul olmamdır; senin de sevilmeye sezalığın bana müşahede mertebesini ihsan buyurmandır. Hamd ü senân ne bu kadar, ne de bu yüce makam kadar bana bendendir. Muhakkak ki, herhalde ve her cihette hamd ve şükür sana mahsustur**».

Hazret-i Râbia nereye gitse kefenini beraber götürür ve nerede otursa kefenini önünde bulundururdu.[29] Bu kefeni ise yün bir abadan ibaretti. Ruhunu teslim etmezden önce yakınlarından olan «Abede binti Şevval»i yanına çağırarak, «**Beni bu abaya sar, defnet**», dedi. O da Ümmü'l-Hayr'ı, vasiyeti gereğince bu abaya sararak defnetti. Abede binti Şevval bu olayı anlatırken der ki: «**Ben Râbia'yı vefatından bir sene sonra rüyamda gördüm. Yeşillere bürünmüştü ve başında da yeşil bir başörtüsü vardı. Ümmü'l-Hayr'ı bu kıyafette görünce hayretle kendisine hitaben, «Aman Râbia! Be-**

---

(28) Meşahîr-i Nisâ.
(29) İbn Hallikân.

nim seni kefenlediğim yün aba ile başörtünü ne yaptın?» diye sorduğumda, bana cevaben «Allah teâlâ onları çıkarıp bunları verdi», dedi».

Hazret-i Râbia Hicretin 135'inci yılında beka alemine yürümüş ve Kudüs-i Şerifin doğusunda bulunan Tur Dağı'nın tepesinde defn edilmiştir. Kabri hâlâ ziyaret edilir.(kaddesallahu teâlâ sırraha)

Görülüyor ki, Hazret-i Râbia el-Adeviyye İslâm âleminin pek garip ve en müstesna bir simasıdır. Büyük sofilerin de emsâlsiz bir nümunesidir. Seksen senelik ömrü ancak uzun bir kemâl ve mükemmellik dersi olarak geçti. Dünyasını âhireti için büsbütün feda etti. Çağdaşları gibi mesud bir hayat geçirerek müsterih ve hoşnud yaşayabilirdi. Fakat zaruret ve ihtiyacı, meşakkat ve zahmeti nefsine bir kemend kılarak arzu ve iştiyakını mahvetti.

Hazret-i Râbia'nın kemâl derecesine yetişmek mümkün değildir. Yaşamaya bu kadar hırsla sarıldığımız bir asırda ise dünyamızı âhiretimiz için feda etmek kabil değildir. Ancak günlük hayatımızı Hazret-i Râbia'nın hayat düsturlarına uydurabilseydik irfanımızı yine yüceltmiş olurduk. Peygamber Efendimizin de emirleri mucibince hem dünyamız için hem âhiretimiz için çalışmış bulunurduk ve «Yüksel ki yerin bu yer değildir»[*] diyerek kemâlin yüce derecelerine doğru yükselirdik.

---

[*] Namık Kemal'in bir mısrası.

HANSÂ

İslâm'dan Önce

Silsilesi «**Mudar**»a ulaşan «**Amr bin el-Hars**»ın kızı Hansâ, «Süleym» âilesinden muhterem ve aydın bir şiir simasıdır.

Süleym kabilesi de diğer Arap kabileleri gibi çölleri mekân tutmuştu. Bedevîlik âdet ve gelenekleriyle çadır altında yaşar, kanun ve esaretten azade, hür ve bağımsız bir hayat sürerdi.

Hansâ'nın kavmi o zamanlar garib bir ahlakî tezad içindeydi. Hem vahşî hem âlicenab, hem yırtıcı hem sevimli, cengâver bir kitleydi. Kendi heva ve heveslerine tabi, ancak cenkleşmek ve vuruşmaktan fayda ve lezzet bulan bu kavmin, birbirine muhalif pek çok kabileleri arasında kan davası âdeti yürürlükteydi. Bu sebepten dolayı da bütün hayatları birbirlerine düşmanlık etmekle geçerdi. Döğüşmeye can atarlardı. Ortalıkta rahat ve huzurdan bir eser yoklu. Tabiatiyle kuvvetliler zayıfları mağlub etmekle, zenginler de fakirleri mahvetmekle meşgûldüler.

Sefalet ve alçaklık her tarafta kol gezdiği gibi aynı zamanda da büyüklük eserleri, cömertlik ve sebat emareleri de halk arasında görülürdü. Fakat ahali, gerek şehirli gerek bedevi hep eski âdetlerine esir olmuş kalmışlardı.

İşte Hansâ, cahiliyet zamanının bu keşmekeşli devresinde, putperestliğin en cahil ve en koyu, muharebe ve çekişmelerin en kanlı olduğu günlerde bu fani dünyaya gelmiştir. Hansâ, Amr bin el-Hars bin eş-Şerîd'in kızı idi. Sülâlesi, Süleyman, Aylan ve nihayet o meşhur Mudar âilesine dayanırdı.

Resûl-i Ekrem Efendimiz(s.a.v.) daima bu kabileden bahsederlerdi: «**Her kavmin bir dayanağı vardır, o dayanak da kavmin bir kalesi sayılır. İşte Arab'ın da kalesi Aylân bin Mudar kabilesidir. Ben Süleym'den olan Avâtik'e mensubum. Bunlar şeref ve hayır sahipleridirler. Âlicenab insanlardır. Bunlar al sancak sahibleridirler**», buyururlardı.[30]

Hansâ'nın kabilesi Araplar arasında yiğitlik, cömertlik, güzel konuşma ve bilhassa şairlikle şöhret bulmuşlardı. Hansâ'nın Sahar ve Muaviye isimlerinde iki erkek kardeşi vardı. Bunları pek sever, sayar ve takdir ederdi. İkisi de cesur ve cömert olup son derece güzel konuşurlardı. Bu sebepten dolayı Hansâ'nın babası Amr büyük toplantılar olduğunda iki oğlunu da alır ve o devrin güzel konuşmalarıyla ün salmış kişilerine takdim ederek, «**Ben, Mudar kabilesinden şu iki hayırlı evladın babasıyım. Bakınız, görünüz. Bunlara itibar ediniz. Hiç benden evvel Mudar çocuklarından böyle iki çocuğa mâlik olmuş bir baba var mıdır?**» diye sorardı. Toplantıda, bulunan herkes de bu çocukları över ve tebrik ederdi.

Araplar beyaz benizli kadınlara «Temazur» adını ve-

_____
(30) Kitabü'l-Ağanî.

rirlerdi. Hansâ'ya da beyaz benizli olduğundan Temazur ismini verdiler. Asıl adı buydu.

Hansâ kelimesi **«hanes»** kelimesinin müennesidir. Hanes ise, burnu kısaca ve ucu azıcık yukarı kalkık mânasına gelir. Hansâ, ak benizli ve ucu sivrice ve biraz yukarı kalkık burunlu olduğundan ve birde **«hansâ»** dişi ceylan mânasına da geldiğinden kinâye yoluyla Temazur'a Hansâ, lakabını vermişlerdir.[31]

Hansâ yaratılıştan şâirdi. Pek genç yaşta şiir söylemeye başladı. Serbest, metanetli, dalkavukluk bilmez, kimseye baş eğmez, vakarlı ve yüksekten uçan bir kızdı.

Bir gün çölde bir su başında devesini katranlamakla meşgulken Düreyd bin es-Sımme isminde bir zat oradan geçiyordu. Hansâ'yı görünce durarak bir tarafta saklandı. Hansâ devesini katranladıktan sonra kuyu başına gitti ve üstüne bulaşmış olan katran lekelerini orada temizledi ve ellerini yüzünü yıkadı. Düreyd, Hansâ'yı olduğu yerden gizlice seyrettikten sonra yoluna devam etti. Şaireyi cidden beğendi. Âdeta meftunu oldu. Hansâ'nın hal ve letâfetini anlatıp vasfetmek içinde o gün uzun bir manzum medhiye yazdı.

Ertesi gün ise Düreyd Hansâ'nın çadırına geldi ve babasından bu kızını istedi. Amr, Düreyd'e cevaben, **«Hoş geldin ey Düreyd! Senin soyun sopun itiraz kabul etmez derecededir. Muhteremsin, talebi redd**

---

(31) Zehrü'l-Âdâb.

edilmez bir kerem sahibisin, yıldırılmaz bir yiğitsin. Ancak kızım Hansâ başka kadınlara asla benzemez. Ben bu isteğini kendisine bildireyim. Nasıl isterse öyle yapsın», dedi. Bunun üzerine Amr kızının bulunduğu yere gelerek dedi ki: «Kızım! Benî Çeşm'in büyüğü bulunan Düreyd bin es-Sımme bana geldi. Seni zevceliğe istedi. Ben hiçbir şey söylemedim. Çünkü sen kendisini tanırsın. Şayet onunla evlenmeye meylin varsa, kararını kendin benden daha iyi verirsin». Amr'ın bu söylediklerini çadırın arkasından dinleyen Düreyd nefesini tutarak Hansâ'nın cevabını can kulağıyla bekledi.

Hansâ babasına vakarla baktı ve, «Ey babam! Sen beni yaydan çıkan bir ok gibi, sarf-ı nazar ederek, Benî Çeşm'in bir ihtiyarıyla -hem de öyle köhne bir ihtiyarıyla ki bugün değilse bile yarın başına bir musibet gelmesi muhtemeldir- evlenir mi zannediyorsun?» dedi. Babası da kızının çadırını terk ederek Düreyd'in yanına geldi ve ona, «Ey Ebû Kurre! İsteğini şimdi kabul etmedi, ihtimal ki ileride redd etmez», dedi. Düreyd de Amr'a, «Evet, ben konuşmanızı dinledim» diyerek, üzgün bir halde çadırı terk edip geri döndü.

Bu olaydan sonra Düreyd bin es-Sımme, Hansâ'yı bir daha istedi. Hansâ'nın babası tarafından kardeşi olan Muaviye, Düreyd'in akrabası idi. Kızkardeşini ısrarla bundan istetti. Muaviye de razı gelerek, «Peki, ben gider ve halini Hansâ'ya anlatırım. Zaten ben ondan

bir şey saklamam», dedi ve hemen atına binerek dörtnala Hansâ'nın çadırına koşturup geldi. Hansâ, kardeşinin böyle dolu dizgin geldiğini uzaktan görünce hayretle «**Garip şey**» dedi. «**Kardeşimin böyle telaşla geldiğini görüyorum. Mutlaka bana pek mühim bir söyleyeceği olmalıdır. Acaba nedir?**» diye düşündü. O esnada Muaviye yaklaştı ve kızkardeşinin yanına gelerek, «**Sevgili kardeşim! Sen, benimle Düreyd bin es-Sımme arasındaki kardeşliği bilirsin... İşte bu zat seni benden istedi, karısı olmanı rica etti. İsteğini kabul etmeni pek arzu ederim. Çünkü Düreyd'le evlenmeni münasib görüyorum**» dedi. Hansâ ise kardeşine, «**Bu ne kadar soğuk bir şey oldu! Sen, sadık dostlarını bahtiyar edecek benden başkasını bulamadın mı?**» diye sorunca, Muaviye, «**Ey Hansâ! Düreyd'i kabul etmeni cidden istiyorum**», dedi. Hansâ da, «**Peki, bekle de biraz düşüneyim. Bir de sana bir şey söyleyeyim mi?.. Sen her şeyden evvel Düreyd'i bana gönder, ben bir kere onunla konuşayım**»karşılığını verdi.

Muaviye hemen Düreyd'e gitti ve «**Kalk bakalım! Hansâ seni istiyor. Bunu çadırda bana kendisi söyledi**» dedi. Düreyd de derhal süslü ve güzel bir yeni elbise giyerek atına bindi ve Hansâ'nın çadırına geldi.

Hansâ, Düreyd'i pek güzel karşıladı. Hatta özel bir iltifat olmak üzere de oturması için bir seccade yayarak üstüne bir yastık koydu. Hansâ Düreyd'le konuşmaya başladı. Bir müddet şundan bundan bahsettikten ve bir çok şeyler sorduktan sonra, âdet olduğu üzere bir kâse süt ikram etti.

Düreyd bin es-Sımme bu sütü içtiği esnada Hansâ kendisini alıcı gözüyle uzun uzun süzdü. Nihayet kendisine koca olmaya lâyık bulmayarak Düreyd'e gitmesini emretti. Düreyd bu muameleden hiç hoşlanmayarak, **«Ben ne vakte kadar böyle gidip geleceğim acaba?»** diye sordu. Hansâ da son derece metin ve sakin, **«Benim kararım sana sonra gelir»** dedi. Düreyd bundan başka bir cevaba nail olamayacağını anladığı için Hansâ'nın çadırını terk etti.

Düreyd çadırına döndükten sonra Hansâ, dostlarından birini çağırdı ve söyleyeceği sözleri Düreyd'e iletmesini rica ederek, **«Sen Düreyd'e gidersin ve tarafımdan, «Sen bir ihtiyar adamsın. Gözlerin zayıflamış. Halinde hiçbir kuvvet kalmamış. Gençliğin çok gerilerde kalmış. Artık senin bana lüzumun kalmamıştır» dersin»** dedi.

Düreyd bu sözleri işitince pek kızdı. Bir müddet sonra Muaviye, kızkardeşini zorla Düreyd'e vermek istedi. Fakat Hansâ redd ederek Düreyd'i asla kabul edemeyeceğini ısrarla anlattı.

Artık Hansâ'nın bu kesin kararından sonra Düreyd büsbütün gücenmiş ve kızmıştı. Olanca kudretiyle Hansâ'yı manidar bir kaside ile hicvetmeye başladı. Hicviyeler birbirini takip etti. Düreyd'in hicvini Hansâ'ya haber verdiklerinde bu kibar şaire, **«Mademki ben kendisini reddettim, artık ona bir söyleyeceğim kalmadı. Var-**

sın söylesin. Ben hiçbir vakit, hicivlerimi bile onun hicivleriyle bir arada bulundurmaya tenezzül etmem», dedi.

Hansâ'nın bu mağrur sözleri herhalde Düreyd'in hicivlerinden daha çarpıcı bir aşağılama idi. Bilmem ki Düreyd, Hansâ'nın bu cevabını işitti mi? Eğer kulağına gittiyse, iki kat merdud hissetmiştir. Hatta Arap şairlerinin hepsi Hansâ hakkında hicviyeler söylemiş olsalardı bile, yine bu metanetli kadının evvelce vermiş olduğu karardan dönmeyeceği halinden belliydi.

Düreyd olayından sonra Hansâ, Revaha bin Abdülaziz es-Sülemî adında biriyle evlendi.[32] Bu zat sonra vefat etti. Bir müddet sonra Hıfâf oğullarından Abdullah bin Abdüluzza adında bir zatla evlendi. Hansâ bununla bir zaman yaşadı. Bundan Abdullah isminde bir oğlu dünyaya geldi. Abdullah bin Abduluzza'dan sonra Mirdas bin Ebi Âmir es-Sülemî adında biriyle evlendi ve bundan Abbas, Yezid, Hazen, Ömer, Serâka ve Amr adlarında altı evlad annesi oldu.

Bu çocukların hepsi şâir oldular, içlerinde en müstesnası olan Abbas hepsinden daha şâir ve cesurdu. İslâmiyeti kabul ile şeref buldu ve Kadisiye cenginde fevkalâde yararlık gösterdikten sonra harb meydanında üç kardeşiyle beraber şehid oldu.

Hansâ, kardeşleri olan Muaviye ile Sahar'ı çocukları gibi sever, belki onlardan daha çok kıymet verirdi.

---

(32) el-Ağânî.

252 BÜYÜK İSLÂM KADINLARI

Hansâ, Sahar'ı Muaviye'ye tercih ederdi. Onu gözünün bebeği gibi severdi. Yumuşak huylu ve cesur olduğu için takdir ederdi. Aşireti efradı arasında önemli bir yer kazanmış olduğu için hürmet ederdi. Parlak bir süvari, emsalsiz bir yiğit olduğu için beğenirdi. Kavminin en yakışıklı delikanlısı olduğu için gözüyle beraber tutardı. Hakkında yazdığı şiirler, kasideler ve vefatından sonra söylediği mersiyeler, diğer bütün şiirlerinden daha ruhlu, daha beliğ ve daha etkileyicidir.

Hansâ'nın hayatını altüst eden birinci felâket fırtınası, kardeşi Muaviye'nin öldürüldüğü haberi oldu. Bu felâket; fikrini, hayalini ve bütün mevcudiyetini sarsarak hayatının akışını değiştirdi. Muaviye'nin vefatından sonra Hansâ perişan bir hale geldi. Ruhlu kasideleri acıklı mersiyelere dönüştü. Kardeşini ebediyen kaybedişi ömür kitabının birinci faslı, gençlik mevsiminin neş'e ve parlaklığına acıklı bir vedâsı idi. Miladî 612 senesi... Muaviye bir gün Ukaz Panayırı'nda bulunuyordu[33]. O muazzam toplantıda söz müsabakasını dinliyor, arada kendisi de iştirak ediyordu. Ukaz Panayırı'nda bir gün Merre Gatfan oğullarından Haşim bin Harmele ile ateşli bir bahse girişti. Aralarında anlaşmazlık arttıkça arttı. Nihayet birbirlerine kızararak atıştılar. Muaviye, Haşim'e hiddetle, **«Ben senin cenazende genç kızlar alayını görmek ve vâveylâlarını işitmek isterim»**, dedi. Hâşim de cevaben, **«Ben de serin sularını ve kuyularını kurutmak isterim»**, dedi. Bunun üzerine ikisi de gazab dolu olarak birbirlerinden ayrıldılar.

(33) el-İkdü'l-Ferid.

Muaviye bir müddet sonra harbe hazırlandı. Kardeşi Sahar kendisine mani olmak istediyse de bir türlü muvaffak olamadı. Hatta kardeşinin engellemesinden sıkılarak, **«Sanki muharebeye gidersem senin soyunu mu kurutacağım?»** dedi. Sahar da artık bu sözlerden sonra susmaktan başka çare bulamadı.

Muaviye arkadaşları ile birlikte «Benî Merre» diyarında «el-Havra» denilen yere geldi ve oraya kondu. Henüz o noktaya varır varmaz başının üstünden bir karga uçup yanından bir ceylan kaçınca, Muaviye bunları uğursuzluk alâmeti olarak görüp, harpten kaçınarak kabilesi yanına geri döndü.

Hâşim bin Harmele, Muaviye'nin geri döndüğünü haber alınca, **«Muaviye kuşlar ve ceylanları uğursuz saydığından değil, kendi korkaklığı neticesi olarak harpten kaçındı»**, dedi. Muaviye bir sene sonra yine harbe hazırlanarak aynı yere geldiğinde yine bir karga uçtu ve bir ceylan kaçtı. Muaviye'nin adamlarından on dokuzu bu hali uğursuzluk sayarak çadırlarına geri döndüler. Muaviye ise kalan arkadaşlarıyla yoluna devam etti. Biraz gittikten sonra bir su başına vardılar. Orada büyük bir çadırın kurulu olduğunu görünce şaşırdılar. **«Burada kim var?»** diye seslendiklerinde, çadırdan ihtiyar bir kadın çıktı ve bunlara doğru yürüdü. Muaviye bu kadına kim olduğunu sorduğunda, kadın cevaben, **«Ben Merre bin Gatfân'ım. Benî Sehme mensup Cüheyne kadınlarındanım»**, dedi. Muaviye ve süvarileri su başına geldikleri sırada bu kadın hemen çadırından çıkarak Hâşim bin Harmele'ye koştu ve Muaviye'nin geldiğini haber verdi. Bunun üzerine Hâşim kabilesine haber vererek hepsinin atlarına binip harbe hazır olmalarını söyledi. Nihayet bunlar karşılaşma yerine vardılar ve hemen harbe başladılar. Bir müddet vuruştuktan sonra Hâşim'in kardeşi Düreyd, Muaviye'yi mızrakla öldürdü. Ve «Havra» civarında «Beliyye» denilen yere defnettiler. Muaviye de ölmeden evvel Hâşim'i mızrakla yaralamıştı. Artık harbe son verildi. Süvariler dağıldı. Bu fecî neticeden sonra herkes çadırlarına döndü.

Muaviye'nin sağ kalan arkadaşları Hâşim'in «eş-Şemmâ» ismindeki atını Sahar'a getirip kardeşinin öldürüldüğünü haber verdiklerinde, Sahar pek çok keder etti ve Arap âdeti üzere mersiyeler okuyarak feryadlar eyledi.

Bu olaydan bir sene sonra Sahar «eş-Şemmâ»yı siyaha boyayarak mızrağını aldı ve Hâşim'in atına binerek intikam için Benî Merre kabilesine doğru yola çıktı. Hâşim, Muaviye'nin mızrağından aldığı yaradan yatağa esir olmuştu. Sahar'ın geldiğini uzaktan gören kabilesi efradı hemen koşup kendisine, «İşte Sahar geliyor» dediler. Hâşim de bunlara, «öyleyse kendisini karşılayınız ve hatırını alınız», dedi. Sahar, Hâşim'in çadırına yaklaştığında tekmil kabile halkı toplu olarak orada bekliyorlardı. Sahar, kabile ileri gelenlerine yüksek sesle, «Benim kardeşimi kim öldürdü?» diye sordu. Bu soruyu derin bir sükût takip etti. Kimse cevap vermedi. Sahar bu hali görünce yine şiddetle,«Peki şu bindiğim at

kimindir?» diye sordu. Aynı sükût bu soruyu yine cevapsız bıraktı. Bütün kabile halkı sessiz birbirlerine baktılar. Nihayet Hâşim sabredemeyerek Sahar'a hitaben, **«Gel Sahar, bu meseleyi benden sor ki, sana cevabını vereyim»** dediğinde, Sahar maksadını anlayıp, **«Kardeşimi kim öldürdü?»** diye sordu. Hâşim de **«Eğer bana veya Düreyd'e bir şey yapabilirsen, intikamını almış olursun»**, dedi. Bunun üzerine Sahar sorusuna devam etti: **«Kardeşimi kefenlediniz mi?»** Hâşim de **«Evet kefenledik»** cevabını verince, Sahar kardeşinin kabrinin nerede olduğunu sordu. Oradakiler de kendisini Muaviye'nin türbesine götürdüler. Sahar, Muaviye'nin türbesi önünde ah ü figânlarla ağladı. Kendisiyle beraber olanlar da onun bu kederinden gerçekten müteessir oldular. Sahar bunlara, **«Kardeşim Muaviye'nin ölüm haberinin geldiği günden beri gözlerime hiç uyku girmedi»**, dedi.

Sahar kardeşinin kabrinde bir müddet matem gözyaşları döktükten sonra Hâşim'in kabilesine dönmek üzere iken, Hâşim'in kızı Sahar'ın bindiği atı tanıyarak amcası Düreyd'e **«es-Şemmâ nerededir?»** diye sordu. Amcası da **«eş-Şemmâ, Benî Süleym kabilesi yanındadır»**, dediyse de Hâşim'in kızı bu cevaptan tatmin olmayarak, **«Garip şey! Bu gelen at bizim eş-Şemmâ'ya ne kadar da benziyor»** dedi. Fakat amcası, **«Canım hatırlamıyor musun ki, eş-Şemmâ'nın başında ve ayaklarında birer beyaz nişan vardı. Bu at ise düz siyahtır»**, dedi. Ne süvariye ne de atına ehemmiyet vererek arkasını çevirip oturdu. Bu aralık Sahar adamlarıyla beraber Düreyd'in çadırına hücum etti. Onu oracıkta öldürerek kardeşinin öcünü aldı. Bundan sonra.(34) Sahar intikamını aldığına memnun olarak kabilesi yanına döndü.

Hansâ artık bütün sevgisini Sahar'a verdiği ve onun mevcudiyetinden dolayı hayata sarıldığı bir zamanda, bu kardeşi de Muaviye'nin öldürülmesinden üç sene sonra bir mızrak yarasıyla çadırında aylarca yatmağa mahkum oldu. Sahar'ın bir sevgili karısı vardı, ismi Selma idi. Sahar karısına âdeta tapardı. Hatta rivayete göre onunla evlenmezden evvel Sahar'ın ava çıktığı bir günde Benî Abes kabilesi gelip Sahar'ın kabilesinin çadırlarını yağma ve kadınlarını esir ederek alıp götürürler. Sahar avdan döndüğünde çadırlarını yıkık ve perişan bir halde buldu. Hemen silahlanıp atına binerek, alabildiğine geri dönen Benî Abes kabîlesi üzerine doludizgin hücum etti ve bir kaçını öldürdü. Nihayet içlerinden en cesur süvarileri buna doğru atıldılarsa da Sahar hepsini öldürmeye muvaffak oldu. Benî Süleym'den alınan esirler bu inanılmaz zaferi görünce cesarete geldiler ve birer ikişer bağlarını çözerek Sahar tarafına koştular. Sahar'ın amcası kızı Selma da bu esirler arasındaydı. Hatta Benî Abes kabilesinden bir zenci kölenin elindeydi. Sahar, Selma'yı esarette görünce bütün hiddetiyle zencinin üzerine atılıp öldürdü ve Selma'yı kurtardı. Benî Süleym kabilesi ise Sahar'ı bu başarısından dolayı mükafatlandırmak için kendilerine reis seçtiler. Amcası kızlarının hangisini isterse vereceklerini söyle-

(34) el-Ağanî.

diler. Sahar da «**Selma'yı isterim**», deyince hemen Selma'yı kendisine nikâhladılar.

Selma kabilesinin en cazibeli ve en sevimli bir kızı idi. Güzelliği herkesin nazarını çekerdi. Sahar da bir müddetten beri Selma'nın gönlünü ve sevgisini kazanmış olduğundan Benî Süleym'in en parlak yiğidi ile en güzel kızının evlenmesi herkesi sevindirmişti.

Sahar evlenmesinden sonra bir mızrak yarasıyla uzun müddet yataktan kalkamadı. Kabilesi pek hürmet ettikleri reislerinin halini gelip daima Selma'dan sorarlardı. Selma da çadırın önüne oturup Sahar'ı beklerdi. Selma, Sahar'ın sıhhatine kavuşması için aylarca bekledi. Fakat kocası yarasından kurtulamadığı için bu nöbetçilikten sıkılmaya ve sıkıldığını da yavaş yavaş belli etmeye başladı. Bir gün kabilesi efradından birisi gelip Sahar'ın nasıl olduğunu sorduğunda Selma, «**Ne iyi oluyor, ne de ölüyor. Artık kendisinden ne bir hayır ümid etmeli ne de unutmamaya çalışmalıyız**», dedi. Sahar, Selma'nın bu sözlerini nasılsa işitti ve pek kırıldı.

Zencinin elinden bu kadar müşkilatla kurtardığı sevgilisinin kendi hakkında böyle bir söz söyleyebileceğini asla hatırına getirmemişti. Selma'nın bu hissizliğinden yarası bir kat daha sızlamaya başladı. Durmadan dertlenmekten kendini atamıyor ve «**Nasıl olur da benim sevgilim hakkımda böyle bir söz söyleyebilir?**» cümlesini durmadan tekrarlıyordu. Nihayet bir gün karısını yanına çağırdı ve ona, «**Sen benim hakkımda şöyle**

bir söz söyledin. Ben de senin için bir şey adadım», dedi. Selma şaşırarak, **«Adağın hayır mıdır, yoksa şer midir?»** diye sorduğunda Sahar, **«Hayır ki karşı hayır, şer ki karşı ;erdir»** cevabını verince Selma yine direnerek, **«Ne olursa olsun, vallah ben senden özür dilemem. Artık ben senden ne bir iyilik ne de bir fenalık ümid edebilirim»**, dedi Sahar bunun üzerine sustu. Fakat Selma'nın sözleri ciğerine bir ok gibi battı. Sahar'ın sıhhatini gelip soranlara artık annesi cevap veriyordu. Bir gün birisi çadıra geldi, **«Sahar acaba bugün nasıldır?»** diye sordu. Annesi de **«Bugün daha iyidir ve şikâyet edilecek bir şeyi kalmadı. Biz de sağlığına kavuşmasını istiyor ve bekliyoruz»**, diye cevap verdi.

Sahar, yarası hakikaten biraz iyileşmeye başladığı ve oldukça kuvvetlenmeye yüz tuttuğu bir sırada hemen yatağından kalkıp karısını yakaladı ve kendi çadırının direğine astı. Selma'yı bu şekilde asarak öldürdükten sonra kendi hastalığı da tekrarladı ve nihayet bir müddet sonra Sahar da öldü.

Hansâ, kardeşinin acısını ömrünün sonuna kadar unutamayarak hakkında mersiyeler okudu ve bütün hayatınca ağladı. Hatta kardeşinin ölümünden sonra o kadar ağladı ki, gözleri dahi görmez bir hale geldi.

İSLÂM'DAN SONRA

Hansâ kardeşlerini kaybettikten sonra kabilesiyle birlikte Resûlullah Efendimizin huzuruna gelerek İslâm ile şeref buldu.

Hansâ Müslüman olduktan sonra da ah edip inlemeyi, feryâd ve figânı terk edemedi. Câhiliyet âdeti üzere matem için başını tıraş ederek siyah kıldan bir çul giyer ve ağlayarak mersiyeler okurdu.

Bir gün Hansâ'yı başı tıraşlı ve açık, boynunda Sahar'ın bir ayakkabısı asılı, yüzüne vurarak figân ettiği halde Beytullah'ı tavaf ettiğini Hazret-i Ömer(radıyallahu anh) büyük bir hayretle gördü: Hansâ'ya doğru yürüdü ve ona bir çok nasihatler verdiğinden Hansâ, Hazret-i Ömer'e, **«Ah benim uğradığım dertlere kimseler uğramadı. Ben kaybettiğim yiğitlerin acısına nasıl tahammül edeceğim, bilmiyorum»**, dedi. Hazret-i Ömer de cevaben **«Böyle söyleme. Halk arasında bundan daha beter kederlere düşenler vardır. Ancak İslâm dini gelmesiyle hep bu bid'atleri mahvetti. Senin artık başını tıraş etmen ve yanaklarına ellerinle vurarak çırpınman helâl değildir. Ağla. Fakat figân etme»**, dedi. Hansâ da bunun üzerine bu halleri bıraktı.

Hansâ bir gün bir iş için Medine-i Münevvere'ye geldiğinde mü'minlerin annesi Hazret-i Âişe'ye tesadüf etti. Başı hâlâ tıraşlı idi. Sert ve siyah kıldan dokunmuş bir çul giyiniyordu. Gözleri hüzün yaşlarıyla dolmuş, gamlı ve kederli bir halde bir asaya dayanarak yürüyordu.

Hazret-i Âişe bunu bu halde görünce, **«Sen Hansâ değil misin?»** diye sordu. O da **«Evet! Ben Hansâ'yım ey annemiz Âişe»**, dedi. Bunun üzerine Hazret-i Âişe Hansâ'ya, **«Uğradığın felâket nasıl müthiş bir felâkettir ki, sen kendini bu hale koydun! Başın tıraşlı, arkanda bir siyah çul ağlayıp durursun; bilmez misin ki, İslâm dini böyle fena âdetleri yasaklamıştır»**, dedi. Hansâ da **«Hayır, ey mü'minlerin annesi! İslâm dininin matem alâmetlerini yasakladığını bilmezdim. Başıma gelen musibetin ne olduğunu sorarsan sana söyleyeyim: Kardeşim Sahar'ı kaybettim»** dediğinde, Hazret-i Âişe ona cevaben **«Sanki Sahar'ın sana ne iyilikleri oldu ki, sen şimdi böyle uçsuz bucaksız bir keder deryasına dalıyorsun?»** dedi. Hansâ da bunun üzerine kardeşinin kendisine etmiş olduğu iyilikleri ve âlicenaplıkları birer birer saydığında, Hazret-i Âişe, **«Peki ama, senin bu dediklerin İslâm'dan evvel idi. Dinimiz o nevi şeyleri yıktı, yok etti»** dedi. Hansâ da Hazret-i Âişe'ye,

Güneşin doğuşu bana Sahar'ı hatırlatıyor

Ve güneş her battığında ben onu hatırlarım.

mısralarıyla başlayan meşhur kasidesini okudu.

Âişe(radiyallahu anha) bundan pek müteessir olarak, **«Demek senin bu matemin hep Sahar'ın sana gösterdiği iyilikler neticesidir, öyle mi?»** dedi. Hansâ da, **«Evet ya Âişe! Benim keder ve ye'sim hep bu sebeblerden dolayıdır. Kocam pek müsrif bir kimseydi.**

Kumarcı idi. Bütün malımızı kumara verdi. Bir şeyimizi bırakmadı. Kocam beni böylece muhtaç bir halde bırakıp seyahat etmek istedi. Kendisine dedim ki: Dur, Sahar'a gideyim, kendisine halimizi anlatayım... Gittim, kardeşimi gördüm. Halimizi olduğu gibi söyleyip, kocamdan şikâyet ettim. Bunun üzerine Sahar malının bir kısmını bize verdi. Halbuki kocam eski alışkanlığından vazgeçemeyerek bunu da hep kumara sarf etti. Bu defa da bir şeyimiz kalmayınca tekrar Sahar'a gittim. Durumumuzu anlattım. Kardeşim yine malının bir kısmını bize terk etti. Kocam bunu da telef etti. Bir şeyimiz kalmayınca yine kardeşime müracaat etmeye mecbur oldum. Sahar yine bir şey söylemeden gücü yettiği kadar bana yardım etti. Nihayet dördüncü defasında Sahar'ın karısı hiddetlendi ve kardeşime, «Aman Sahar! Bunlara ne kadar mal versen yine mahvedeceklerdir. Bari az az ver», dedi. Bu sözlerinden kardeşim alındı ve «Yemin ederim ki, malımın en iyisini Hansâ'ya bahş etmekten çekinmem» cevabını verdi. Gerçekten de malının en iyisini bana vermekten çekinmedi. Kardeşim benim için, «Allah'a yemin ederim ki, ben malımın en iyisini Hansâ'ya vermekte tereddüd etmem. Kendisi vakarlı bir kadındır, namus ve ırzı bana aittir. Eğer ben ölürsem kendisi başının örtüsünü yırtar atar, ve kıldan dokunmuş baş örtüsü ve kıldan esvab giyer», derdi. Ben Sahar'ın vefatından sonra söylediği gibi giyindim, onun için bu hale girdim. Ben kendisini nasıl unutayım? Sağ oldukça sözlerini yalan çıkara-

mam» dedi.

Hansâ yüreğini kavuran bu acıyı hiç bir vakit unutamadı. Diyebilirim ki hayat seli, gözyaşlarıyla akıp gitti. Hiç kimsenin nasihatini dinlemedi. Bu hicran ve hasretler gönlünde silinmesi imkânsız bir derin iz bıraktı. Gülmesinde daima bir esefin izi vardı. En mesûd anlarını daima bir ah ihlâl ederdi. Yüzünde her zaman bir bulut, geçmiş gitmişlerin ve bir daha göremeyeceği sevgililerin hüzün bulutu uçuşurdu.

Hazret-i Ömer'in hilâfeti zamanında Hansâ'nın akrabalarından birkaçı, bir gün halifenin huzuruna gelerek, **«Ya Ömer! Hansâ bu hâl ile ne olacak? Babası ve kardeşleri için hâlâ ağlıyor. O kadar çok gözyaşı döküyor ki, gözlerinin rengi ve feri kalmadı. Keşke sen kendisini çağırsan da bu halinden vazgeçirsen»**, diye rica ettiler. Ömer de bu şair kadını yanına çağırtıp yüzüne baktığında gerçekten gözlerinin ağlamaktan görmez bir hale gelmiş olduğunu gördü. Hazret-i Ömer hemen. **«Ey Hansâ! Hangi büyük keder seni bu hale koydu?»** diye sordu. Hansâ da, **«Mudar kabilesinin büyükleri için ağlamak, beni işte bu hale koydu»**, dedi. Bunun üzerine Hazret-i Ömer cevaben, **«Ey Hansâ! Senin bu yaptıkların münasib değildir. Sen Allah'ın yüce kudretine sığın. İslâm'da böyle şeyler yasaklanmıştır. Hepimiz gelip gideceğiz. Eğer dünyada bir kimse bakî kalsaydı şüphesiz Hazret-i Peygamber kalırdı. Hatta o bile ümmetinin hayrı için olsun cihanda kalmadı. Bu senin ağladığın insanlar** hep câhiliyet zamanının adamlarıdır. Onlar cennetlik değillerdir», dedi. Hansâ da, «İşte bu ciheti düşündüğüm için bir kat daha perişan oluyorum. Gözyaşlarını da sel gibi akıyor», dedi, Hazret-i Ömer, Hansâ'ya hitaben, «Bu söylediklerini şiir olarak oku» dedi. Hansâ da «Bu günkü şiirimi değil, o zamanki bir şiirimi okuyayım» diyerek,

«Önünde Gumre(denilen yerin) civarları görünen Sahar'ın mezarı üzerine bahar yağmurları yağsın...»

beytiyle başlayan mersiyesini okudu.

Bu mersiyesi gâyet belâgatli ve pek firaklı idi. Hazret-i Ömer dinlediğinde hayran kaldı ve, «Ey Hansâ! Ben seni bundan sonra onlar için ağladığından dolayı asla kınamayacağım. Bu şiirin ne kadar ulvî ve ne kadar etkileyicidir», dedi. Hatta etrafında bulunan yüce dostlarına dönerek, «Kabilenizin muhterem bir ihtiyar kadını olan şu Hansâ'yı şimdiden sonra kendi haline bırakınız. Bu alemde herkesin kendi dert ve belâları için ağlamaya hakkı ve selahiyeti vardır», dedi.

KADİSİYE OLAYI

Hansâ'nın ihtiyarlığını ebedî bir ışık ile aydınlatan bir hayat sahifesi vardır ki, işte bu, bütün gençliğinde söylemiş olduğu şiirlerin belâgatinden daha ulvî ve hürmet ve yüceltilmeye daha lâyıktır.

Hansâ, feyizli gözleri artık görmez bir hâle gelmiş, güzelliğinin nuru büsbütün solmuş olduğu halde gönlü hâlâ yiğitliğe meftundu. Kahramanlık ve cengâverlik hissi hâlâ bütün varlığını titretir, yanık ve mahzun kalbini coştururdu.

Roma tarihlerinde hayran olduğumuz cengâverlik, Roma kadınlarının ismini ayyuka çıkaran kahramanlık, işte bu İslâm şâiresinin de yegâne yaşama sebebi idi. Hansâ her şeyden evvel gâyet cesur dört kahramanın annesiydi. Dördünü de din ve İslâm uğrunda feda etmeyi erişilmez bir saadet saydı. Şehid olmalarıyla şeref duydu. Ağlayarak, kaybettikleriyle iftihar etti. Dört evlâttan başka bu cihanda kimsesi kalmamıştı. Dayanakları yıkıldı. Kimsesiz kaldı. Beli iki büklüm olduğu halde asasına dayanarak çöllerde gözyaşı döke döke oğullarına mersiyeler okurdu.

Kadisiye olayı Hicret'in 14'üncü senesinde oldu. İslâm askeri Acem ülkelerini fetih için hareket ettiği vakit, Hansâ da oğullarıyla beraber harb meydanına doğru yola çıktı.[35] Muharebeden bir gece evvel Hansâ dört oğlunu yanına çağırdı. Kendileriyle uzun uzun konuştu

---

(35) Kitab'ül Gurabâ.

ve nasihat yollu şöyle dedi:

«Ey oğullarım! Ben size teklif etmeden siz kendi arzu ve iradenizle İslâmiyeti kabul ettiniz. Vatanınızı da kendi isteğinizle terk ederek, İslâm dininin şanını kılıcınızla yükseltmeye azmettiniz. Siz kendi iradenizle İslâm askerine katılmayı büyük bir şeref saydınız. Ben de sizinle beraber buraya kadar geldim. Muharebe başlamazdan evvel size bir iki söz söylemek isterim. Bu söyleyeceklerimi unutmayınız. Harb esnasında hatırlayınız. Sözlerim bir zafer rüzgârı gibi kulaklarınızda uğuldasın. Oğullarım! Size yemin ederim ki, sizler bir tek adamın oğulları olduğunuz gibi bir tek kadının da oğullarısınız. Babanıza asla ihanet etmedim. Aile şerefinize laf getirecek bir şey yapmadım. Soyunuzu kınatacak bir harekette bulunmadım. Daima şeref ve namus yolunu takip ettim. Kabilenizi lekelemedim. Bugün bir ihtiyar kadınım. Fakat mazime doğru baktığımda, vicdanımı rahatsız edecek bir şey yapmadığımı görünce, gençliğimde bile bu kadar azametle kaldıramadığım başımı, şimdi şu ihtiyarlığında iftiharla göklere doğru yükseltiyorum. Dayınızı süvariliğe sevk ederek cesaretini harekete getiren ben oldum. Benî Süleym kabilesinin fertleri hep kahramandır, desinler diye hepinizin bu kahramanlık yoluna girmenize gayret ettim. Ben de bir yiğit kızıyım. Korku bilmez bir muhitte yetiştim. Kabilenin dilâverleri ortasında büyüdüm. Cesarete âdeta tapanlardanım. Bizde bir tek olsun korkak adam yoktur. Korkaklığın, hainliğin

mânasını bile kimse bilmez. Oğullarım! Muharebe-
den geri durmak korkaklıktır. Vatana âsiliktir. Vatan
ve din uğruna muharebeye koşacaksınız. Daima ile-
riye doğru bakınız. Sancağı lekelemeyiniz düşman
eline geçmesin. Sancak namusunuzdur, vatanınız-
dır. Ona gelen bir şey hepinize gelmiş demektir.
Onun bir lekesi namusunuza tesir eder. Onun bir yır-
tığı namusunuzu küçültür. Kabileniz var olduğu
günden beri şereflidir, cesaretlidir. Unutmayınız ki,
sizler şimdi İslâm askerisiniz. Vazifeniz daha ulvî,
daha mukaddestir. Çocuklarım! Adınızı andıklarında
Kadisiye harbinin kahramanları diye ansınlar. Allah
Teâlâ'nın Müslüman'lara neler hazırladığını bilirsi-
niz. Kâfirlere karşı muharebe etmenin mükâfat ve
sevabı da malûmunuzdur. Bekâ âleminin bu fani
dünyadan daha hayırlı olduğunu işittiniz. Cenab-ı
Hakk'ın, «Ey mü'minler! Cihadın meşakkatlerine sabre-
diniz. Muharebede sebatlı ve metanetli olunuz. Dininizin
düşmanlarına karşı sabırlı olunuz. Daima sınır boyların-
da durunuz. At ve silahlar ile onlara karşı geliniz. Allah
Teâlâya dayanınız ki siz de kurtuluşa erersiniz»[*] yüce
emrini de unutmayınız. Allah'ın izniyle yarın sabaha
kadar sağ kalırsanız düşmanlarınıza karşı atıldığı-
nızda gözlerinizi iyice açınız. Dininizin düşmanları-
na galebe ediniz. Harb meydanının en kızgın, en
müdhiş noktasını ateşler ve düşmanlarla çevrilmiş
gördüğünüz vakit hemen imdada koşunuz. Yetişiniz.
Dindaşlarınızı kurtarmaya çalışınız. Kılıçlarınızı par-

---

[*] Âl-i İmran: 200.

latarak ileriye atılınız. Ya muzaffer ya şehid olunuz. İki cihanda da ganimet ve hürriyetlere nail olmağa çalışınız. Yiğit olunuz. Herbiriniz birer Müslüman askeri olunuz. Ben de sizinle iftihar edeyim!»

Bundan sonra Hansâ çocuklarıyla vedalaştı. Onlar da harbe hazırlanmaya gittiler. Ertesi gün sabah olunca Hansâ'nın dört oğlu muharebe meydanında yerlerini aldılar. Birinci oğlu muharebeye girişmeden önce kardeşlerine, «Ey kardeşlerim! İşte evvela ben meydana atılacağım. Annemizin o sözlerini unutmayalım. O güzel ve ulvî fikirleri ihtiva eden cümlelerini nasihatlerini tutmaya koşuyorum. Ya şerefli bir hayat yaşarım yahud şerefimle ölürüm. Şehid olmak muhakkak en kârlı bir ganimettir. Sizlere elveda!» diyerek harb meydanına şiddetle atıldı ve şehid oldu.

Hansâ'nın ikinci oğlu kardeşinin şehid olduğunu görünce diğer kardeşlerine, «Pek sebatlı, metin kalpli, uzak görüşlü olan annemiz bizim ne kadar kıymetli bir hocamızdır. Biz annemizin emrine itaate mecburuz. İşte ben silahlandım. Harbe gidiyorum. Ya şanlı bir zafere nail, yahud cennet-i âlâda ebediyyen rahat yaşamak nimetine mâlik olacağım. Elveda!» dedi ve harb meydanına atıldı. Kardeşi gibi o da nihayet şehid oldu.

İkinci oğlundan sonra Hansâ'nın üçüncü oğlu da silahlanarak, «Allah'a yemin ederim ki, annemizin sözünden asla çıkmadıktan başka her emrine de harfi harfine itaat edeceğim. O bize cesaret ve şeref yollarını gösterdi. **Hemen takib edelim. Haydi gidelim. Kisrâ hanedanını mahvedelim, yoksa onlar bizi yok etsinler. Fakat galib gelmeye çalışalım. Allah yardımcımız olsun»**, dedi. Savaş meydanının en kızgın olduğu yöne doğru atıldı. O da kardeşi gibi vuruşa vuruşa şehid oldu.

Hansâ'nın dördüncü oğlu kardeşini takib etmeye hazırlandı. **«Eğer ben Acemlerin içine saldırarak bunları darmadağın etmezsem ne Hansâ'nın ne de Amr'ın oğlu olayım! Ya derhal galib gelir, muzaffer olurum, ya da şerefli ve mukaddes bir yolda ölürüm»** diye nârâ atarak savaş meydanına koştu. Hansânın dördüncü oğlu da diğer kardeşleri gibi şehidlik rütbesiyle şeref buldu. Muharebe bütün dehşetiyle devam etti. Nihayet düşman kumandanının öldürülmesiyle İslâm askerleri Sasanî ordularını tamamıyla mağlub ve kahretmeyi başardılar.

Kadisiye olayı şân ve şerefle son buldu. Sayıca üstün olan düşman askeri korkunç bir hezimete uğratıldıktan sonra, Hansâ'ya bir kaç kişi gittiler. Dört oğlunun da büyük bir yararlık gösterdikten sonra şehid düştüklerini haber verdiler. Hansâ, evvela bu haberden sarsıldı. Sonra kendisine hakim olarak olağanüstü bir metanetle bu gelen adamlara döndü. Ağlayıp, feryad edeceğini sandılar. Fakat Hansâ'nın yüzünde büyük bir iftihar ve sevincin parladığını görünce ne yapacaklarını şaşırdılar. Hayran hayran ona baktılar.

Hansâ dua ediyordu. Büyük bir samimiyetle, **«Sana**

hamd ve şükrederim ey Rabbim! Oğullarımın şehadetiyle beni şerefli kıldığın için sana hamd u senâ ederim. Allah'ım sen beni bu cihanda onlardan mahrum ettin. Bari rahmet diyarında bana o şanlı yiğitlerimle kavuşmayı nasib eyle. Sana hamd ve şükrederim ey Rabbim! Beni şerefli kıldın», diyordu.

İslâm ordusu muzaffer olarak Medine-i Münevvere'ye döndüğü zaman Hansâ da bunlarla beraber yola revan olmuştu. Beli büsbütün iki büklüm olmuş, asâsına dayanarak yürüyordu. Gözlerinden sessiz yaşlar süzülüyordu. Fakat yüzünde de bir nur parıldıyordu. Onu görenler düşünceye dalıyorlardı. Bu haline acısınlar mı, yoksa gıbta mı etsinler bilmiyorlardı. Hansâ Medine'ye vardığında Hazret-i Ömer şehid olan her oğlunun ikişer yüz dirhem maaşını kendisine tahsis etti.

ARAP ŞAİRLERİ ARASINDA

HANSÂ'NIN YERÎ

Peygamber Efendimiz(s.a.v.) Hansâ'nın şiirinden pek hoşlanırlardı.[36] Bazan bu şair kadını yanlarına çağırırlar ve mübarek elleriyle işaret ederek şiirlerinden okumasını emrederlerdi. Hansâ da kasîdelerinin en etkileyicilerinden okuyarak Resûl-i Ekrem Efendimizin hoşnutluğunu kazanırlardı. Bir gün Adiy bin Hâtim, Resûlullah'ın huzurunda otururken konuşma esnasında. Peygamber Efendimize **«Şairlerin, cömertlerin ve süvarilerin en iyilerine hep biz mâlikiz»**, dedi. Peygamber Efendimiz de, **«Ey Adiy! Söyle bakalım, sana göre bunlar kimlerdir?»** buyurdu. Adiy de cevaben, **«En iyi şairimiz İmrü'l-Kays bin Hacer'dir. En cömerdimiz babam Hatem bin Sa'd'dır. En iyi süvarimiz de Amr bin Ma'dî Kerb'dir»** dediğinde, Hazret-i Peygamber, **«Yok Adiy! Yanılıyorsun. Hiç senin bildiğin gibi değildir. Ben sana söyleyeyim; En iyi şairimiz Hansâ binti Amr'dır. En cömerdimiz Muhammed'dir(yani Peygamber Efendimizin kendileri). En iyi süvarimiz de Ali bin Ebû Talib'dir»** buyurdular.

Bir gün şâir Cerîr'e, **«En iyi şiir söyleyen kimdir?»** diye sorduklarında cevaben **«En iyi şiir söyleyen eğer Hansâ olmasaydı, ben kendimi gösterirdim»** dedi ve tekrar **«Niçin Hansâ'yı kendi nefsine tercih ediyorsun?»** diye sorduklarında, **«Hansâ'yı nasıl beğenmeyeyim, onun:**

_____
(36) Hızânetü'l-Edeb.

«Zaman geçen bir yokluktur»

diye pek hakîmane bir şiiri vardır ki, ben işte böyle yüksek bir şiir daha yazamadım. O pek müstesna bir şâire'dir», dedi.

Hansâ kardeşlerinin öldürülmesinden önce yalnız iki beyitlik şiirler söylerdi. Sahar'ın vefatından sonra ise şiir tarzı değişti. Tefekkür ve ilhamı yükseldi. Kardeşinin acısı, şiir ufkuna, büsbütün bir parlaklık bahşetti.

Zamanının bir çok ileri geleni Hansâ'yı diğer şairlerden üstün tuttular. Hatta eş-Şüreyşî kitabında, **«Kadınların hepsi söyledikleri şiirlerinde zaaflarını gösterirler. Halbuki Hansâ öyle değildir. Şiirde erkekleri bile geride bırakmıştır. Onlara galip gelmiştir»**, diyor.

Arap şâirlerinden Ebu'l-Abbas el-Müberred[37] zamanının şâirlerini sayarken, **«Kadınlar erkeklere nisbetle hiçbir sanatta gerçek bir terakki gösteremezken, Hansâ ve Leylâ, söyledikleri şiirlerdeki sağlamlık ve ulvî duygular hususunda ekseriyetle erkeklerin şiirlerini geçmişlerdir»**, der.

«El-Asmaî» ise Leylâ'yı Hansâ'dan üstün tutardı. Halbuki Ebû Zeyd onunla münakaşa ettiğinde **«Leylâ şiirinde daha manidar, hatta söz cihetinden daha kuvvetli ise de, Hansâ mersiyesinde daha ruhlu ve daha ulvîdir»** iddiasında bulunurdu.

Arap şâirleri bazen toplanıp şiir yarışmaları ve soh-

---

(37) Kitabü'l-Kâmil.

betleri yaptıklarında Hansâ'nın şiirinden bahsederlerdi. Hepsi de Hansâ'yı beğenip takdir etmekten kendilerini alamazlardı. El-Müberred, Hansâ'nın mersiyelerinden son derece övgüyle söz eder, **«En sağlam mersiyeler, öleni öven sözlerle faciayı ifade eden sözlerin uyum içinde olduğu mersiyelerdir. Mersiyede nazım başarılı, sözler gerçekçi ve üslûb doğru ise işte o vakit nefasetinden şüphe edilmez. İnsan tat alır ve istifade eder. İşte Hansâ'nın mersiyeleri bu tarzdadır. Onun için mükemmeliyete ulaşmıştır, diyebilirim»**, derdi.

Arap şairlerinden en-Nâbiga ez-Zebyanî ile Hassân bin Sabit bir gün Ukaz Çarşısı'nda şiddetli bir şiir yarışmasına ve münakaşasına tutuşmuşlardı. O sırada Hansâ da bu toplantıya geldi ve söylediklerini dinledi. Hassân bin Sabit şiirlerinden bir parçasını okuyarak en-Nâbiga'ya **«Nasıl?»** diye sordu. en-Nâbiga da, **«el-A'şâ'yı sana tercih ederim»**,[38] dedi. Hassân hiddetten ateş kesilerek, **«Ben şiirde hem senden hem babandan daha yüksek bir mertebede bulunuyorum. Sen bunu bilmiyor musun? Ey kardeşimin oğlu! Sen hiç şöyle manidar bir kıt'a söyledin mi?»** diyerek,

لنا الجفنات الغرّ يلمعن بالضحى

وأسيافنـا يقطرن من نجدة دما

ولدنا بنى العنقـاء وابنى محرّق

فأكرم بنا خالاً واكرم بنا ابنا

---

(38) İbn Kuteybe.

Kılıçlarımızın beyaz kınları kuşluk güneşi gibi parlıyor.

Gâlib gelmiş yiğitleriz, kılıçlarımızdan kan damlıyor.

Benî Ankâ bizden oldular. Mahrak da benim oğlumdur.

Ne mutlu bize ki, öyle dayılarımız var, ne mutlu bize ki

böyle oğlumuz var.

kıt'asını okudu. Sonra Hansâ'ya dönerek, **«Hansâ sen de şiirlerinden bir şey oku da dinleyelim»**, dedi. Hansâ ise gayet beliğ birkaç beyit okudu. Hazır bulunanlar çok etkilendiler. Hatta Hassan bin Sâbit, Hansâ'nın şiirine meftûn olarak, **«Yemin ederim ki, kadınlar içinde senden daha güzel şiir yazan bir şaire görmedim»**, dedi. Hansâ da, **«Yalnız kadınlar içinde değil, erkekler arasında bile görmedim de»** dedi. Hassân bin Sâbit ise bu kadarını fazla bularak, mağrur bir edâ ile, **«Hayır! Ben senden daha şâirim, zira**(yukardaki kıt'asını tekrar okuyarak) **görmüyor musun, ne kadar sağlam ve mükemmel bir şiirdir»**, dedi. Fakat Hansâ, Hassân'ı küçümser bir bakışla süzerek, **«İşte asıl bu şiirinde yeteneksizliğin görülüyor. Çünkü sekiz yerinde hatâ vardır»**, dedi. Hassân da, **«O hatâlarım neymiş bakalım?»**[39] diye sorduğunda, Hansâ kendinden gayet emin söze başlayarak mağrur şâirin yanlışlarını birer birer saydı. Hansâ, Hassân bin Sâbit'e **«Sen bu kıt'anda «el-cefnât» diyorsun, bu çoğul şekli, ondan aşağı olan sayılar için kullanılır. Sayınızı**

---

[39] el-Agânî.

azaltıyorsun. Şayet «el-cefân» deseydin ondan yukarı olan bir sayıyı ifade edeceğinden daha doğru söylemiş olurdun. «Gur» diyorsun. «Gur», ön cephedeki beyaza denir. Eğer «beyaz» demiş olsaydın daha geniş bir mâna taşırdı. «Yelmean» diyorsun. Parlamak öyle bir şeydir ki, mutlaka başka bir şeyden sonra olur. Eğer «yeşrikun» demiş olsaydın daha mükemmel olurdu. »Bi'd-duhâ» diyorsun. Halbuki kuşluk vakti yolcular az gelir. Eğer «akşam» deseydin, daha münasip olurdu. «Esyâf» diyorsun.. «Esyaf» ondan az olan içindir. «Süyûf» deseydin, ondan fazla için olacağından çokluğunuza işaret olurdu. «Yaktarun» diyorsun. Bu sözünle az öldürdüğünüzü itiraf ediyorsun, Eğer «yecrîn» deseydin, kan akıtmak mânasında daha kuvvetli bir ifadede bulunmuş olurdun. «Demmen» diyorsun. «Demâ'» deseydin daha doğru olurdu. Sizden dünyaya gelenlerle iftihar ediyorsun, sizi dünyaya getirenlerle iftihar etmiyorsun», dedi. Bunun üzerine Hassân utanarak çıktı, gitti.

Ukâz Çarşısı'nda, o müstesna söz meydanında bütün Arap şairleri toplanır ve söz yarışına girişirlerdi.[40] Belirli zamanlarda en-Nâbiga ez-Zebyanî'nin kurduğu büyük bir kırmızı çadırda toplanarak hakemler huzurunda şiirlerini okurlar ve derecelerine göre verilecek hükmü beklerlerdi. Birinciliği alan şâirin kasîdesi büyük bir hürmet ve törenle Kâbe duvarına asılırdı. Bu sebeple de, şiirleri Kâbe duvarına asılanlar, şâirler arasında son

---

(40) eş-Şüreyşî.

derece şerefli ve muhterem sayılırlardı. Bu muallâkat(denilen askıya alınan şiirler) mânâ ve söz yönünden yüksek ve mükemmel kasîdelerdir. Araplar güzel söz söylemeye âdeta taptıkları için, lisanı olanca genişlik ve imkânı ile kullanmakda üstad olmuşlardı. Onlar için şiir söylemek konuşmak kadar kolaydı. En cahilleri, en ümmîleri bile güzel bir şiire vurulur, mânalı bir kıt'anın sihir ve efsunuyla büyülenirdi. Güzel düşünmek, iyi söylemek o çöl âleminin yegâne süsü idi. O kadar ki, bedevinin biri bir gün devesiyle Mekke-i Mükerreme'ye yaklaştığı sırada birkaç kişinin bir halka teşkil ederek bir şeyler dinlediklerini görünce hemen o topluluğa sokulup söylenen sözleri dinlemeye başladı. Bu sözleri dinledikçe şaşkına döndü. Nihayet kendini tutamayarak hemen orada bir secde etti. Etrafındakiler, **«Ne yapıyorsun, ne oldun?»** dediklerinde, bedevi, **«Ne olduğumu bilmiyorum. Fakat okuduğunuz sözün fesahatına secde ediyorum»**, dedi. Bunun üzerine onlar, **«Bu insan sözü değildir. Kelâmullah'dır»**, dediler. Bedevî de, **«Öyle ise ben de gider Müslüman olurum»**, dedi.

Hansâ, Ukaz Çarşısı'nın o kırmızı çadırına gider ve kürsüye çıkarak kasîdelerini okurdu. Bir gün pek beliğ[41] bir kıt'a okudu. Herkesçe takdir olundu. Hatta en-Nâbiga, karşısında duran kör bir şâiri işaret ederek, **«Hansâ! Ne kadar yazıktır ki, sen geç geldin. Eğer evvelce A'şâ'nın şiirlerini dinlememiş olsaydık senin şiirini tercih ederdik»**, dedi.

---

(41) eş-Şüreyşî.

İşte Hansâ, Arap şairlerinin en üstün ve en mükemmelleri kabul edilen birinci tabaka şâirlerindendir. Muteber bir **«divan»**ı da mevcuttur.

İsmi şiirleriyle şöhret bulan bu İslâm kadınının bütün hayatı bir istisna teşkil etmiştir. Kural dışı yaşamıştır. Kendisine değişik bir mevki edinerek diğer İslâm kadınlarından ayrılmıştır. Hansâ dikkate değer bir kadın, muhterem bir anne ve muazzez bir şairdir. Söz meydanında yüce bir derece kazandı, İslâm âleminde Allah yolunda yüksek bir mevki kazandı. Bilmem ki bu meziyetlerin hangisi birbirine üstün gelir? Kâdisiye olayından sonra daha çok seneler yaşadı. Hazret-i Muaviye'nin halifeliği zamanında ve Hicret'in yaklaşık 50'nci senesinde yetmiş yaşında olduğu halde beka âlemine göçtü.

Arap tarihlerinde yazıldığma göre Hansâ çölde vefat etmiştir.

Acaba şanlı ruhunu ecelin pençesine nasıl teslim etti? Meşhur asasına dayanarak bir şiir toplantısından mı dönüyordu? Yoksa çadırının altında oturarak mazisini mi düşünüyordu? Yahud yakıcı bir yaz güneşinin gurûbunu seyrederek bir daha göremeyeceği o seraplı çöle bakarak ve o meşhur şiirini okuyarak çölün genişliğine karşı,

Ey doğan güneşler! Sizi yâd ediyorum.

diye mi batıp gitti? Bilemiyorum. Arap tarihlerinin sayfalarında bu sorularıma uygun bir cevap bulamadım.

Hansâ'nın vefatından 1318 sene sonra bulabildiğim bilgiler ise, ancak şu okuduğunuz kısa hayat hikâyesinden ibarettir.

Şu sayfaları tamamlamadan hatırama gelen bir fıkrayı da buraya ilâve ederek küçük bir mukayese yapmak, Hansâ'nın kalb yüceliğiyle bir Japon kadınının ruh halini kıyas etmek isterim.

Japonların medeniyet yolunda ilerlemeleri ne kadar takdire lâyık ise, tarih ve geleneklerine besledikleri bağlılık da o nisbette övgüye değerdir.

Japonların hislerini, etkilenmelerini, düşüncelerini derinliğine araştırıp tahlil ederek ruh yapılarına vâkıf olmak, mutlulukları neye bağlı, idealleri neye yönelik, hâsılı böyle göz kamaştıran bir mevkie ulaşmak için ne tarzda bir göreneğe tabi olduklarını ve ne gibi yüceltici fikirler beslediklerini anlamak büyük bir zevk ve lezzettir.

Geçenlerde yine bu lezzeti tadıyordum. Japonya'ya dair bir eser okuyordum. Yazar, Japon kadınlarının yüksek fikirli oluşlarından ve yaratılıştan gelen zarafetlerinden bahsediyordu. Metanetlerine hayret ediyordu. Ruhî terbiyelerine hayran olduğunu anlatıyordu. Ne sağlam yürekli, ne sarsılmaz kadınlar, diyordu. Acaba böyle sağlam bir karakter kaç asırlık bir kültür ve terbiyenin mirasıdır? Hayatın acılarına karşı gösterdikleri şu zarafet kaç yıllık bir eğitimin neticesidir? Dehşetli bir belâ ve felâket karşısında ağlayacakları yerde, nefislerine olağanüstü bir hakimiyetle nasıl sükût ettiklerini, gözyaşlarını göstermemek için nasıl gülümsemeye gayret ettiklerini yazarak, Japon-Rus muharebesinden bahsediyordu.

Kocalarını, babalarını, oğullarını, kardeşlerini askerî trenlere kadar uğurlamaya giden kadınların cesaretinden, savaşa gidenlerin şevkini kırmamak için onları nasıl yüreklendirerek gülücüklerle vedalaştıklarını naklediyordu. Askerlerden en evvel harbe sevk olunanların belki de vatanlarına bir daha dönemeyeceklerini düşündükleri halde, yine büyük bir metanetle onları teşvikten geri kalmadıklarını söylüyordu. Hatta ilâveten diyordu ki: «Bu kadınların hiçbiri vatanları ve imparatorları için canlarını feda etmekten geri kalmazlar ve kadınların harbe katılması âdeti olsaydı bunlar hiç düşünmeden ateşe koşarlar».

Yazar, sonra gözleriyle gördüğü bir olayı naklediyordu. İşte o olayı aynen buraya kaydedeceğim. O kadar mânalı ve etkileyicidir ki, insanı hayli düşündürüyor. İhtimal ki, okuyucularımda da aynı duyguyu uyandırmış olurum. Yazar diyor ki:

«Japon-Rus muharebesi henüz ilan edilmemişti. Bu sırada harp için asker sevk ediliyordu. Bu askerlerin içinden birisi sevgilisiyle vedalaşıyordu. «Artık selâmlaşalım, ben gidiyorum», dedi. Sevgilisi de şaşırarak «Nereye gidiyorsun?» dedi. «Muharebeye» diye cevap verdi. Sevgilisinin yüzü gözü hemen parladı, büyük bir heyecan ve coşkunlukla, «Muharebe-

ye ha! Ruslara karşı değil mi?» diye sordu. O da «Evet, Ruslara karşı» dedi. Bunun üzerine hasır üstünde çömelerek oturan Japon'un, sevgilisi yerinden fırlayıp ayağa kalktı. Gözlerinde şevk ve sevincin ateşleri birdenbire alevleniverdi.

«Japon askeri sevgilisinin böyle coşkuya kapıldığını görünce, «Benimle gelmek ister miydin?» diye sordu. Sevgilisi de kendisini tutamayarak fevkalâde bir teessürle, «Evet! İsterdim. Ölmek, orada harp meydanında canımı vermek isterdim! Canımı vermek, sonra, mümkün olsa, yedi kere canlanmak ve vatan ve imparatorumuz yoluna canımı yedi kere feda etmek isterdim», dedi».

Japonya böyle simalarla dolu olduğu için medeniyet dünyasının en yüksek zirvesine yükseldi. Japon kadınlarının yüreklerinde böyle mukaddes bir nur daima parıldadığı için de vatan ve imparator sevgisini asırlardan beri çocuklarının ve torunlarının kalbine yerleştirdiler. Vatanseverlik şimdi her Japon'un gönlünü kaplamış bir histir. Kahramanlık ve fedakârlık hisleriyle kaynaşmış olan varlıklarının her biri ayrıca vatanlarının bir parçasını teşkil eder.

İşte Japon kadınlarının hayatlarının eseri... Bizde de Hansâ gibi anneler, oğullarını yüreklendirip teşvik ederek, «Sancağın düşman eline düşmesin. Sancağın namusundur. Vatanındır. Dinindir. Onun bir lekesi şânını azaltır. Onun bir yırtığı ismini alçaltır. O senin varlığın ve büyüklüğündür. Muharebenin kızgın ateşine atıl. Daima göğe doğru bak. Korkaklık vatana âsiliktir. Ya şehid ol, ya gazi! Herhalde kahraman ol!» dedikleri zamanlar ve oğullarını vatan ve din sevgisi ile besledikleri vakitler, büyük bir hızla yükseliyorduk. O zamanlar âleme varlığımızı bildirmiş, yaşamaya hem de azametle yaşamaya hakkımız olduğunu cihana anlatmıştık!..

O ihtişamlı, şanlı günler geçeli çok zaman oldu. Biz, biz olmayalı çok asırlar geçti. Milliyetimizi unuttuğumuz günden beri hicranlı, ezik ve güçsüz kalakaldık. Başkalarına benzemeye çalıştık. Muvaffak olamadık. Şimdilerde ise kendi varlığımızdan bile şüphe eder olduk. Yüz bin eyvah ki, medeniyet denizinde dümensiz bir gemi gibi, selamet diye tahmin eylediğimiz sahillere başvurmaya mecbur olduk...

Fakat bu âlemde azim ve sebat oldukça her şeye çare bulunur. Ümitsiz olmayalım. Talih ve ikbal güzelinin bir gün yine bize gönül vereceğine kuvvetle inanalım. Sevgi ve iltifatını kazanmak için de şimdiden, başarı zeminini var kudret ve maharetimizle hazırlayalım. Hansâ'nın oğullarına söylediği sözleri biz de birbirimize temiz bir niyetle tekrarlayalım. O kadar samimiyetle söyleyelim ki ismimizi, şeref ve şânımızı koruduğumuz gibi, her birimiz mukaddes sancağımızı da ihtimamla muhafaza edelim. Vücudumuz vatanımızdan bir parça olsun, Gönlümüz feth edilmez bir iman kalesi olsun. Ayyıldızlı sancağımız da ebediyyen o kale burcunda zaferlerimizin rüzgârıyla âlemlere karşı dalgalansın.

MÜ'MİNLERİN EMÎRESİ ZÜBEYDE

(Ebû Cafer el-Mansur oğlu Cafer'in kızı)

Birinci Bölüm

«Her şahsın ihtiyarlık alâmeti saç, sakal ağarması olduğu gibi, her devlet sahibinin lükse düşkünlüğü de çöküşünün habercisidir. Duraklama zamanlarında lükse ve refaha düşkünlük artar. Eski yaşayış tarzı unutulup herkes kendi şan ve ünvan dâiresini genişletmeye başlar ve gittikçe orta halli halk mesken ve giyimde nerdeyse meliklerle aynı seviyeye gelir. Zevk ve rahat örf ve âdet haline geldiğinden savaş erbabı sulhtaki huzuru sefer üzerine tercih ederek memleketin korunması işi -ki türlü türlü güçlüklere katlanmayı gerektirir- bir yana bırakılır ve bu -sözüm ona- cemiyet yok olur. Gerçi, «Her zamanın yazılış hükmü vardır»[*] buyurulduğu üzere her başlayış ve her bitiş ezelî olan Cenab-ı Hakk'ın ezel mahkemesinde karara bağlanıp imzalanmıştır. Lâkin «Allah ne dilerse(onu yapar. Bazısını) mahveder,(vücuda getirmez, bazısını da) Vücuda getirir»[**] buyurulduğu üzere kaza ve kaderin muallak olduğu da sabittir».[(42)]

Kâtip Çelebi adıyla meşhur olan «Hacı Halife» merhumun, o koca, yorulmak bilmez dâhînin bu felsefesi, tarihin ezelî bir kanunu addedilse yeridir. Bence bu eze-

(*) Ra'd: 38
(**) Ra'd: 39
(42) Kâtip Çelebi. Takvimü't-Tevarih.

lî kanun, insanlığın her devirdeki en doğru bir ölçeği ve terazisi sayılabilir. Çünkü birbirini takip eden saltanatlar ve hükümetler hep Kâtip Çelebi'nin ileri sürdüğü sebeblerden dolayı ikbal zirvelerinden idbâr vâdilerine yuvarlandılar. Kendi icad ettikleri lüks ve sunîlikler yüzünden çöktüler.

Doğuda olsun, batıda olsun bütün hükümetler istinasız ihtişam, lüks, ve rahat uğruna sönmeye mahkum oldular. Çünkü lüks ve refaha mukavemet edemediler. Eski güzel meziyetlerini ve seçkin kişiliklerini kaybettiler. Kuvvetsiz, şahsiyetsiz birer debdebe ve gösteriş kurbanı oldular. Yaz geceleri görülen kayan yıldızlar gibi bu nizam ve ahlâkı bozulmuş hükümetler de cihan semasında sönüp gittiler!

Bu güçlü hikmete hiçbir saltanat karşı duramadı. Ne Bağdad'ın ilim ve marifeti, ne Kahire'nin sanat ve serveti, ne de Tunus'un füsun ve ihtişamı! Hiçbiri mükemmeliyete ulaşamadığı gibi, eski hallerini de muhafaza edemediler. Ne filozoflar, ne eğitimciler ve ne de hâkimler bu hale bir çare bulabildiler. Cihanı fetih ve istilâ eden Timur, medeniyetini nasıl devamlı kılamadıysa, Endülüs de şaşaasının sönmesine mâni olamadı. Atina ve Roma devletleri de aynı şekilde yok oldular. Fetihler yapmakla şöhret kazanmış olan devlet adamları, eski âdet ve geleneklerini ve o sade hayatlarını terk eder etmez her bakımdan yenik düşmeye ve silinmeye başladılar. Gece ve gündüz muharebe meydanlarında döğüşen ve zaferler kazanan Roma askerleri, savaş ganimetleri ile zenginleşip şan ve unvan kazanmaya başladıkları andan itibaren, eski yiğitliklerini terk ettiler. Hatta her türlü meşakkat ve güçlüğe katlanmaya alışkın oldukları halde, sonraları gül yaprağı yataklarında yatarken bazı yaprakların büklümünden incinmeye başladılar!.. Ya kendilerini insanlığın üstadları sayan bilgin Atinalılar... Bir hayli zaman parladıktan ve dünyayı aydınlattıktan sonra aşırı lüks yüzünden ahlâk ve hayat tarzlarını bozarak vatanlarını bir hile ve fesad tarlası haline koydular. Bozuklukları yüzünden de düzenleri bozulan küreler gibi dengelerini kaybederek dağılmaya mahkûm oldular.

Bu kanunun tesir ve hükmüne ne yazık ki, Bağdat, İslâm'ın en şaşalı ve en sağlam kaynağı olan o hilâfet merkezi bile dayanamadı! Hicret'in o meşhur 2'nci asrında öyle bir mükemmeliyete varmışken, bir istisna teşkil edemedi. Devlet ve saadet doruklarından, bahtsızlık ve sefalet çukurlarına düşmekten bir türlü kendini kurtaramadı.

Hicret'in henüz ikinci asrında böyle bir şehrin varlığı ise, yüce İslâm dininin nasıl bir ilim ve ilerleme teşvikçisi olduğunu bütün dünyaya açıkça ispat etmiş ve zuhur ettiği günden beri bir buçuk asır bile geçmediği halde, tesir ve nüfuzuyla harabelerin mamûrelere dönüştüğünü, cehaletin kaybolup ilim ve maarifin göz kamaştırıcı bir ışık ile ortalığı parlattığını sefalet yerine engin bir refah ve zenginliğin hüküm sürdüğünü, bu yeni dinin bir âhirzaman mucizesi olduğunu cihana göstermiştir.

Ne mutlu o insanlara ki, hayat tarzlarını dinin emirlerine uydurarak ululuğa ve devlete nâil oldular! Peygamberlerinin, **«Beşikten mezara kadar ilim isteyiniz»**, buyruğuna tabi olarak o yüce mertebeye ulaştılar.

İkinci Bölüm

Abbasî halifelerinin birincisi olan Seffâh, İranlıların yardımıyla Emevî hilâfetini mahvederek, Abbasî hilafetini kurduğunda, korkusundan hilâfât tahtını Şam'dan kaldırıp İranlılara yakın bulunan Kûfe şehrine kurdu. Fakat Kûfe'de de içi rahat etmeyip az bir müddet sonra Fırat nehri sahilinde el-Enbâr şehrine nakletti. Seffâh bu ikinci taht merkezinde öldü. Seffah'ın oğlu Mansur, Abbasîlerin ikinci halifesi olarak el-Enbâr şehrinde hilâfet tahtına oturmakla şeref buldu. Mansur, babasının en sadık ve en yiğit kumandanlarından olan Ebû Müslim el-Horasânî'den derhal korkmaya başladı. Babasının tahta çıkmasına pek çok yardım ettiğini, olağanüstü yararlıklar gösterdiğini unutarak, hükümet dizginlerini kendi elinden alır zannıyla bu kıymetli kumandanı öldürttü. Bu vahşî fiilinden sonra da artık el-Enbâr'da kalmak pek müşkül olduğundan ve Ebû Müslim'in taraftarları ise kuvvet ve nüfuz kazandıklarından, intikamlarından korktu. Bu sebepten dolayı Bağdad şehrini kurdurarak hilâfet merkezini oraya taşıdı. Mansur, evvelâ Bağdad'a adını verdi. Kocaman bir kale yaptırdı. Bu kalenin dışında yüksek bir sur ve bu surdan sonra bir sur daha yaptırdı ve son olarak da pek geniş ve derin bir hendek kazdırdı. Böylece şehri çepeçevre kuşattı. Bu hendekte daima su bulunurdu.

BÜYÜK İSLÂM KADINLARI

Mansur, kale içinde önce bir saray yaptırdı. Bu sara-
ya «Kasrü'z-Zeheb»(Altın Saray) adını verdi. Memurla-
rının evleri ve bütün devlet daireleri bu kalenin içindey-
di. Çarşılar, dükkânlar ve ahalinin evleri yine bu kale
içinde bulunuyordu. Bağdad şehri bu şekilde büyüdü ve
genişledi. Halife de yüksek ve kalın surların koruyucu
varlıklarından dolayı büyük bir emniyet içinde yaşama-
ya başladı. Bir müddet sonra kalenin dışında ve Dic-
le'nin kenarında o meşhur «Kasrü'l Huld»u(Cennet Sa-
rayı) yaptırdı. Bu «Altın» ve «Cennet» köşkleri Harun
Reşid'in saltanat devrinde de ayakta kaldılar. Harun Re-
şid vaktinin çoğunu bu güzel isimli nefis köşklerde geçi-
rirdi.

Bağdad her ne kadar Mansur zamanında kurulmuş-
sa da, asıl güzellik ve şöhreti Harun Reşid'in devrinden
itibaren başladı. Abbasî hükümetleri, ülkeler fethetmele-
ri sayesinde taht merkezlerini hayli imar edip süslediler.
Harp tazminatı olarak Yunan kitapları aldılar. Kendileri
de servet kazanınca dışardan âlimler, hakîmler, tacirler
gelmeye başladı. Harun Reşid edîb ve şairlere binlerce
altın ihsan ederdi. En meşhurlarını davet ederdi. Şehir
bu suretle gittikçe büyüdü. Ahali son derece mutluydu.
Dicle nehrinin doğu ve batı yatakları baştanbaşa bina-
larla mamur bahçelerle süslü idi. Dicle ise Bağdad'ın ta
ortasında bu nefis şehrin ve bahçelerinin bir havuzu gi-
bi kalmıştı.

Hindistan ve Çin'den gelen âlimler bu taht merkezin-
de ikamet etmekte bir lezzet buldular. Bağdasın içi az

bir müddet zarfında Arap, Türk, Acem, Gürcü, Ermeni ve Rum fâzıl-ları, edîbleri ve âlimleriyle doldu taştı.[43] Okullar, üniversiteler, hastaneler inşa olundu. Kütüphaneler bina edildi. Felsefe ve eski yunan eserleri tercüme edildi. İlim, olağanüstü rağbet gören bir mevki kazandı. Az bir zamanda bu hilâfet merkezi kıymetli bir medeniyet kaynağı haline geldi. Edebiyat, fen, ilim ve irfan hep bu İslâm diyarında toplandı. Dünyanın en uzak ilim merkezlerinden koşup gelen âlimler Bağdad şehrini bir mutluluk, bolluk ve bereket medresesi haline koydular.

O zamanlar doğu, batıyı aydınlatırdı. Hikmet, astronomi ve kimya en evvel orada yayıldı. Şiir, akıcı ve düzgün konuşma, hitabet, lisanın son derece elverişli olması duyguları hassaslaştırdı, fikirleri inceltti. Lüks, tantana, debdebe artık sınır tanımaz kollektif bir yarış halini aldı. Zarafet, sanat, güzellik her şahsın gayesi oldu. Altın oluktan akar gibi hadsiz hesabsızdı. Mücevherlerin, altın ve gümüş deryasının azameti akla ve hayale sığmazdı. O derece servet oluştu ki, mücevherler âdeta değersiz bir şey haline geldi. Şairlerin, hâkimlerin, edîblerin kucaklarına hediye olarak serpilen avuç avuç yakutların, zümrüdlerin, firuzelerin sayısını hesaplamak mümkün değildi. Güzel bir şiir okuyan şair orada bulunanlardan her ne dilese derhal dileğine kavuşurdu. Hatta Harun Reşid'in devrinde, Salim isminde bir şair, bir gün veliahd Emin hakkında gayet beliğ bir medhiye okuduğu için kendisine derhal yirmi bin dinar değerinde bir inci verilmesi emredildiği rivayet olunur.

---

(43) el-Mes'ûdî.

Musikî gecelerinin nefaseti her bakımdan dillere destandı. Güzel saza ve etkili söze bütün Bağdat halkı meftundu. Güfte yazarları ve besteciler söz ve âhenk hususunda günden güne marifet kazanırlar ve en seçkin Şarkılarını, bestelerini, havalarını kaybetmesinler diye mecmualara kaydederlerdi. O bestecilerin isimleri her ne kadar şu anda da biliniyorsa da, bestelerini okuyacak kimse kalmadı. Yazık ki, o devrin musikî notaları demek olan bu el yazıları, bizim için ebediyyen çözülmeği imkânsız bir bilmeceden başka bir şey olmayacaktır.

İşte Bağdat şehrinin korucusu olan Halife Mansur'un torunu Zübeyde, Hicret'in bu ışıklı ikinci asrında ve böyle bir zamanda dünyaya gelerek vücuduyla İslâm âlemine bir ışık daha ilâve etmeye muvaffak oldu.

Üçüncü Bölüm

Zübeyde, Hicret'in yaklaşık 147'inci senesinde Musul şehri yakınındaki Kasrü'l-Harb'de dünyaya geldi.[44] Bu sarayı büyük babası Halîfe Mansur yaptırdı. Babası olan Cafer bin Ebû Cafer el-Mansur Musul vilayetine vali tayin olunduğu zaman bu Kasrü'l-Harb'de kalıyordu. Zübeyde'nin doğumundan iki veya üç sene sonra Hicrî 150 tarihinde Cafer, Bağdad şehrinde bulunduğu bir sırada vefat etti.

Zübeyde'nin asıl adı «Ümmetü'l-azîz» idi. Fakat daha henüz pek mini mini bir bebek iken bile o kadar şirin, yusyuvarlak bir nur topu gibiydi ki, büyük babası kucağına alarak ve ninniler söyleyerek okşadığı esnada daima, «Zübeyde yavrum sen tereyağı gibi yumuşaksın» derdi. Bu çocukluk ninnisinin bir tatlı hatırası olmak üzere de, adı artık tereyağı(topakçığı anlamına gelen) «Zübeyde» kaldı. Halife Mansur torununu büyük bir sevgi ile severdi. İtina ile büyüttü. Okuttu. Yazdırdı. Zübeyde şiire çok düşkündü. Meşhur şairlerin beyitlerini odasının duvar ve örtüleri üzerine işletirdi.[45] Asrının kadınlarına has bir sîma ile gayet güzeldi. Güzelliği ve olgunluğu dillerden düşmez olmuştu. Nihayet Hicret'in 165'inci senesinde amcasının oğlu Harun Reşid'le evlenmesi kararlaştırıldı. Zübeyde henüz on yedi yaşındaydı. Harun Reşid'le Zübeyde'nin düğünleri olağanüstü şenlikler ve törenlerle yapıldı[46], Emsali görülmemiş tarihî bir

(44) İbn Esir.
(45) Zeydan.
(46) Kamusü'l-A'lâm.

olay sayılacak kadar şaşaalı ve mühim olan bu düğün, ahalinin ve bütün Müslüman'ların hoşnudluğunu kazandı. Asil Hâşim oğulları ailesine mensub olan bu iki asilzadenin evlenmeği her bakımdan makbul ve sevindirici bir hadiseydi. İslâm ülkelerinin en uzak noktalarından bile her türlü hediyeler, çeşit çeşit mücevherler, altınlar, gümüşler, kıymetli ipekler, miskler ve anberler takdim olundu. Halife Mansur'un bu cazibeli torununun teveccüh ve iltifatına nail olabilmek için hatıra hayale gelmeyen armağanlar takdim edildi.

Zübeyde'nin düğünü o kadar parlak ve debdebeli bir şekilde yapıldı ki, benzerine binbir gece masallarında bile rastlanamazdı. Gelinin giydiği gelinlik baştan aşağı incilerle işlenmiş ve incilerin her biri son derece kıymetli olduğundan fiyatını tahmin etmek imkânsızdı.

Dicle kenarındaki Kasrü'l-Huld'un hârikulâde manzarası, gönül çekici bahçeleri Zübeyde ile Harun'a en uygun bir mekan ve aşk rüyalarına en hülyalı bir saadet yuvası oldu.

Zübeyde, evlendiğinin dördüncü senesi annelikle şeref buldu. Dünyaya bir oğlu geldi. Muhammedü'l-Emin adı verildi.

Bir sene sonra Hicret'in 170'inci senesinde Harun Reşid kardeşi Musa el-Hadî'nin yerine Bağdad'da hilâfet tahtına oturdu. Tahta geçtiğinde Emirü'l-müminîn henüz yirmiiki yaşındaydı.

Dördüncü Bölüm

Emîre Zübeyde uzun boylu, oldukça tombul, ateş gözlü, beyaz tenli, küçük ağızlı[47], cazibeli ve pek güzel bir kadındı.[48] Asâlet ve Benî Haşime mensub olmakla öğünür, hatta gururlanırdı. Hal ve tavrında öyle bir kibarlık vardı ki, meclisine girenler hep hayran olurlardı. Zübeyde, bir halife torunu, bir halife eşi ve bir halife annesi olmakla iftihar ederdi. Her tavır ve fikrinde bir asâlet görülürdü. Hâsılı tabirin hakiki manasıyla o şaşaalı asrın şanına lâyık bir «emîretü'l-mü'minîn» idi. Ekseriyetle uzun etekli entarisinin üstüne bir işlemeli maşlah giyerdi. Bu maşlahın en kıymetli süsü de mücevherli bir kemer tokasıydı. Zübeyde'nin hususiyetlerinden biri de üzerine hiç mücevherat takmamasıydı. Ne yüzük, ne bilezik, ne de gerdanlık takmayı severdi. Herkesten her bakımdan ayrı olmayı o kadar severdi ki, giyinişinde bile benzersiz olmaya dikkat ve itina ederdi. Yüzük ve gerdanlık takmaktan kaçınan bu kadın incilerin en güzellerini terlik ve papuçlarına işletirdi. Hatta bir gün aziz oğlu Emin bu huyunun sebebini annesinden sorduğunda, Zübeyde büyük bir vakarla **«Diğer kadınlara benzememek için»** cevabını verdi.[49] Emiretü'l-mü'minîn taklidden o kadar korkardı ki, Harun Reşid'in bahtsız kızkardeşi «Abbâse»nin icad ettiği «İsâbe»[*] denilen «baş bağı» modasını tamamıyla takip etmemek için,

(47) Kitabü'l-Ferec ba'de'ş-Şidde.
(48) Zeydan.
(49) Zeydan.
(*) İsâbe: Sarık, tülbend. Kaş bastı gibi başa ve alına enliliğine sarılan sargılar.(Mükemmel Osmanlı Lügatı. Ali Nazîmâ - Reşad)

Abbâse'nin bu modasını biraz değiştirdi. İşlemeli ve mücevherli bir isabe takacağına, Zübeyde, alnının üstünden atarak başının arkasından bağlanan bu şeridi siyah ve sade, işlemesiz ve elmassız takmayı itiyad etti. Uzun ve kalın tek bir örgüsünü süsleyen bu siyah şerit, kendisine pek benzersiz ve seçkin bir eda verirdi.

İslâm kadınları arasında altın ve gümüş takılar yaptırmayı icad etti. Yaptırdığı takılar ve diğer altın ve gümüş işleriyle halka örnek oldu. Bir takım elbisesine elli bin altın sarf etti. Zübeyde'nin nalınları gümüş, abanoz ve sandal ağacından olup kayışları sırma ve altınla dokunmuştu. Samur, atlas ve türlü türlü ipek kumaşlar imal ettirdi. İpeklerin içinde en beğendiği renkler kırmızı, sarı, yeşil ve mavi idi[50].

Zübeyde artık Kasrü'l-Huld'de kalmayarak kendine mahsus olmak üzere Dicle'nin batı sahilinde fevkalâde bir saray inşa ettirdi. Bunun ismi «Kasrü'l-Karar» idi. Burası zamanı için benzersiz bir bahçe ile çevriliydi. Bahçe ve çiçekliğin ağaç ve çiçeklerini herkes gıbta ile seyrediyordu. Sarayın içi ise dışından daha gönül çekici ve müstesna idi. Döşemelik eşyaları özel bir zevkle seçilmişti. Sarayın pek çok oda ve sofaları vardı ki, bunların hepsi değişik tarzlarda tezyin edilmişti. Zübeyde, ziyneti bütün vuzuh ve teferruatıyla sevdiği için güzelliğin her çeşidini ve her şeklini etrafına toplardı. Odalarının hepsi ayrı ayrı süslü ve tertipliydi. En çok sevdiği bir oda vardı ki, burada daima sevgili oğlu Emin'i kabul

(50) el-Mes'ûdî.

ederdi. Bu oda Ermeni mimarîsi uslûbundaydı. Döşemesini doğrudan doğruya Ermenistan'dan getirtti. Çepçevresinde engin sedirler ve yumuşak minderler vardı. Ortasında gayet büyük ve meşhur bir Acem halısı vardı ki, ihtişamıyla bütün odayı seçkin bir tarzda süslüyordu.[51] Bu halının üstüne Acem şahları ve avcıları resimleri o kadar maharet ve sanatla nakşolunmuştu ki, ziyaretçiler hayranlıktan gözlerini alamazlardı. Yine bu halının kenarına zamanının zevki üzere şiir ve hikmetli sözler yazılmıştı. Bir odanın tavanında da sandal(ağacın)dan bir kubbe vardı. Etrafı rengârenk ipekler ve işlemeli, sırmalı kumaşlarla tezyin edilmişti. Kubbenin her yönünden aşağıya kadar ipekli kumaşlar sarkıtılarak duvarlar tamamıyla kapatılmıştı. Bu ipeklerin üstüne ekseriyetle beyitler işlenmişti. Odanın köşelerine ise büyük altın şamdanlar konulmuştu. Fakat mum yerine, Zübeyde'nin bir icadı olmak üzere anber yakılırdı. Zübeyde'nin bu odada kendisine mahsus ve gayet nefis abanoz üzerine altın işlemeli bir sandalyesi vardı. Bu sandalyenin yastıkları devekuşu tüyünden olup yüzleri de altın işlemeliydi[52].

Debdebeyi ve ihtişamı bu kadar seven Emîretü'l-mü'minin'in o parlak günlerinden itibaren Doğu'nun bir altın ve mücevherat sergisi olduğu dillerde darb-ı mesel oldu.[53] Doğu'nun o zamandaki ışıkları Batı'nın gözlerini kamaştırırdı. Maalesef şimdilerde ziynet ve sanatı

(51) Zeydan.
(52) el-Müs'ûdî.
53) Zeydan.

hep Batıdan alıyor ve modayı da takip edebildikçe taklidçiliğimizle iftihar ediyoruz.

Darü'l-Karar'ın cariyeleri de diğer bütün teferruatı gibi hep seçkin olurdu. Hemen hepsi güzel olurlar, okurlar, yazarlar ve şiir söylerlerdi. Hatta bunların içinde yüz câriye vardı ki, bunlar Kur'an hafızı idiler. Bunlar her gün Kur'an tilâveti ile meşgul olurlardı. Zübeyde dindar bir kadın olduğundan bu kadın hafızları her zaman büyük bir zevkle dinlerdi. Emîretü'l-mü'minîn'in bu hafızları halk arasında çok meşhurdu. Darü'l-Karar'in yanından geçilirken, bunların yavaş sesle tilâvetinin «bir arı kovanının yanından geçilirken işitilen vızıltı gibi» duyulduğu tarihlerde yazılıdır.

Harun Reşid bu asil ve cazibeli eşine her bakımdan hürmet ederdi. Akıl ve zekâsını takdir eder ve hal ve durumundaki başkalığa hayran olurdu. Mühim bir meselenin halli hususunda daima kendisine danışır[54], fikrini sormadan bir işe teşebbüs etmezdi. Zübeyde'nin ağırbaşlı haline, güzelliğine, renk ve ışık saçan varlığına vurgundu.

Zübeyde «hayrât» sahibi bir hanımdı. Fakir ve muhtaçların annesi sayılırdı. İyilikleri hesabsız, mal ve mülkü nihayetsizdi. Evleri, akarları, çiftlikleri, köyleri, arazisi Acemistan'da(İran'da) bile vardı. Herşeyi müstesna olan bu Emîre'nin servet ve sâmânı da herkesinkinden fazla idi. Mektepler, tekkeler, hastahaneler yaptırmak için çalışıp gayret etti. Kuyular kazdırttı, çeşmeler yap-

(54) el-Mes'ûdî.

tırdı. Hasılı büyük bir faaliyet göstererek şöhretine şöhret kattı.

Zübeyde'nin künyesi her ne kadar «Ümmü Cafer»(Cafer'in annesi) ise de, tarihlerde bu oğlundan hemen hemen hiç bahsedilmez. Diğer oğlu Emin'in maceraları ise cildler dolduracak derecede çoktur. Zübeyde'nin işte bu sevgili ve kıymetli oğlu, hayatının yegâne zaafı oldu. Bu kalender meşreb ve hilâfet tahtına lâyık olmayan veliaht, Zübeyde'nin gözbebeği idi. Bu oğluna olan düşkünlüğü ve sevgisi, devrinin o unutulmaz ve affolunmaz hatasına yol açtı. Eğer Zübeyde hayatında suçlanmasını gerektirecek bir iş yaptıysa, o iş de şüphesiz Emin'e karşı beslediği hadsiz hesabsız sevgisidir. Bu yüzden ne kadar tenkid ve itham edilse yeridir. Bu anne sevgisi o derece sınırsızdı ki, kendisini başkalarına karşı adaletsiz ediyordu. Emin'in tavır ve hareketini tasvib etmeyenlere karşı derhal ruhunun derinliklerinde garaz bağlardı. Emin'in her işini beğenmeyenlere gazab ve hiddet ederdi. Bu annelik sevgisi insaf gözlerine perde çekti. O kadar ki, Emin'de her türlü kötü sıfatın bulunduğunu bile göremez oldu. Ahlâksızlıklarını haber verenlere de düşman olurdu.

Harun Reşid'in bir cariyeden olan diğer oğlu Me'mun'un, kardeşinden mükemmel olduğunu söyleyenleri yanılmakla suçlar ve bu suçlarını asla affetmezdi. Harun Reşid'in veziri Cafer Bermekî de bu affolunmayanlar zümresinden sayılırdı. Çünkü Emin'i tenkid etmekten bir türlü kendini alamıyordu. Bu sebepten dolayı da Zübeyde'nin kin ve garazına hedef olmuştu.

Emîre Zübeyde, Cafer Bermekî'yi sevmezdi. Emin'in hatırı için de artık gözünden düşürmüştü. Oğlunun, saltanat tahtına asla lâyık olmayan bir veliahd olduğunu Cafer, pek âlâ bilirdi. Bunu annesine söylemek cesaretinde de bulunurdu. Cafer'in bu sözleri Zübeyde'nin gücüne gittiği için veziri, Harun Reşid'in gözünden düşürmeyi kendine bir vazife edinmişti. Cafer Bermekî'nin hiçbir meziyet ve liyakatini takdir etmeyen Zübeyde onu biricik düşmanı görür ve ondan nefret ederdi. İşte bu nefreti günden güne şiddet kazandı ve nihayet bir intikam hissi haline geldi.

Bermekîler'in düşüşü hep Emin'in yüzünden oldu. Bu düşüşü tertib edip hazırlayanların en birincisi de Zübeyde olduğu için, vebâli ve günahı hep kendi boynunda kaldı. Zübeyde vasat bir akla, sıradan bir zekâya mâlik, ilimsiz, idraksız bir kadın olaydı, oğluna karşı beslediği şu körükörüne sevgi belki daha kolay affolunurdu. Halbuki Zübeyde yüksek bir ruha ve zihniyete, seçkin bir tahsil ve terbiyeye mâlik olduğundan, Emin'e karşı gösterdiği aşırı hissîliği güçlükle affolunabilir. Kaldı ki bu tutumu, Bermekîlerin hepsinin öldürülmesiyle sonuçlandı. Çünkü Abbâse meselesi yalnız sebeblerden biriydi. Dolmuş intikam kâsesini taşıran son bir garaz damlasından başka bir şey değildi. Bu cinayetler Zübeyde'nin parlak hayatını karartan bir leke, âdeta bir yüz karası oldu! Veliahd annesinin şefkat ve sevgisine lâyık bir oğul olaydı, Zübeyde'nin bu zaafı yine bir dereceye kadar hoşgörü ile karşılanabilirdi. Ne yazık ki, Emin zevk ve safa peşinden ayrılmayan, hafif meşreb, fesatçı, dar fikirli, ayyaş, mağrur ve kültürsüz mahlukatın en birincisiydi! İşte insan muhakemesinin terazisine sığmayan tarafı budur. Zübeyde gibi kemâl sahibi bir kadın, bir oğul için Cafer Bermekî'yi nasıl feda edebildi? Bu garip muamma, feleğin en acı cilvelerinden biridir. Çözülmesi de herhalde imkânsızdır. Fakat Cafer Bermekî'nin güzel hayatının bu şekilde sona ermesi mukaddermiş diyerek teselli bulmaya çalışalım. Zulüm ve haksızlık gönüllerde daima isyanı uyandırır. Fakat hasta beşeriyetin kemâl derecesine erebilmesi de ancak bu kadar olabilir. Tekâmüle çalışmakla kemalin son haddine nail olabilmek beşeriyet için değildir, çünkü ne kadar gayret etsek buna muvaffak olamayız.

Beşinci Bölüm

Hicret'in 186'ncı senesi Harun Reşid ile Zübeyde hac için Mekke-i Mükerreme'ye gittiler[55], çok kalabalık olan maîyetlerinden başka Emin ile Me'mun ve Cafer Bermekî de hac farîzasını eda ederken halifeye refakat ettiler.

Emîre Zübeyde, Hicaz'da pek çok iyilik ve cömertlik gösterdi. Tekkeler yaptırdı, kuyular kazdırdı, hastahaneler bina ettirdi. Hacılar için konaklama ve dinlenme yerleri inşa ettirdi. Hasılı ziyaretini ebediyyen hatırlatacak derecede ahaliye ve fukaraya hayır ve hasenat saçtı. Hayratından en takdire şayan olan bir eser de «Ayn-ı

(55) Emir Ali.

Zübeyde»(Zübeyde Pınarı) adı verilen su kanalıdır ki, bu yüzden yüzbinlerce hacı su bakımından rahat edebildi. Mekke-i Mükerreme'de hâlâ akıp duran bu su sebebiyle Zübeyde ismi -başka ülkelerde unutulmaya mahkum olsa bile- orada ebediyete kadar anılacaktır.

Hicaz çölleri ortasında böyle bir su yolunun varlığı, Hâtemâne bir cömertlik, âdeta semavî bir inayet sayılabilir. Zübeyde bu 12 kilometrelik su yolunun yapımına 1 700 000 dinar sarf etti[56]. Yine Mekke-i Mükerreme'deki en hayret verici eserlerinden biri de şehir içinde muazzam bir billur saray yaptırmasıdır ki, baştanbaşa camdan mamul bu saray, Mekke-i Mükerreme'yi göz kamaştırıcı bir güzellik ve parlaklıkla süsler ve aydınlatırdı.

Bu Hicaz yolculuğu, Hicretin 186'ncı senesinin en mühim olaylarından sayılır. Çünkü Cafer Bermekî'nin bahtının ters dönmesine sebeb oldu.

Harun Reşid'in gözünden henüz düşmeyen Cafer Bermekî Hicaz seyahati esnasında Halifenin etrafından hiç ayrılmazdı. Reşid de Cafer'e karşı -fikrince- sonsuz bir hürmet beslediği için bu değerli vezirinin sözünden çıkmazdı. Cafer Bermekî'nin böyle en mühim mevkileri kazanması ise, Zübeyde'nin kininin bir kat daha artıp şiddetlenmesiyle neticelendi.

Cafer Bermekî, Me'mun'u pek severdi. Me'mun, Bermekîlerin sarayında yetişmiş, Cafer'n teşvik ve irşadıyla bilgi ve kültürünü arttırmış[57], dirayetli ve aydın bir

(56) Bütün tarihler bunda müttefiktir.
(57) Zeydan.

emîr, faziletli, edebli ve sevimli bir gençti. Kardeşi
Emin'in tam aksi olduğundan ahali güzel ahlâkına vur-
gundu. Emin bu sebebden dolayı kardeşini kıskanırdı.
Zübeyde de Me'mun'un bu üstünlüğünden sıkılırdı. Her
ne kadar bu hissini açığa vurmazsa da, bu durumu de-
ğiştirecek çareleri arardı. Fakat Harun Reşid'in hatırı
için kendini ortada tutmaya muvaffak olurdu. Ne zaman
ki bu seyahat esnasında Cafer, Me'mun'u her bakımdan
takdir ettiğini tavır ve hareketleriyle açığa vurdu, artık
Zübeyde'nin hiddeti galeyana geldi ve Cafer Berme-
kî'nin mahvı çarelerini hazırlamaya bağladı.

Harun Reşid, Mekke-i Mükerreme'de bulunduğu za-
man vasiyetnâmesini yazdırdı. Evvelâ Emin'i veliahd ta-
yin ettiğini, ondan sonraki veliahdın de Me'mun olduğu-
nu yazılı olarak bildirdi. Hatta vasiyetnâmesine özel bir
kıymet vermek için de mübarek Kâbe duvarına astırdı.
Fakat astırmazdan önce maiyetindeki üstün kişileri,
âlimleri ve vekilleri toplayarak büyük bir danışma mecli-
si kurdu. Bu meclisde kendisi, Emîre Zübeyde, Emin,
Me'mun ve Cafer de vardı. Harun Reşid hepsinin huzu-
runda fermanını te'kid ve tesbit ettirdi. Ferman okunduk-
tan sonra bu iki veliahd yemin edecekleri zaman Cafer
Bermekî, Emin'e hitaben, «**Yemin ettikten sonra benim
sana söyleyeceğim sözleri de ilâve edersin**», dedi. Ve
Emin yemin edince, Cafer Bermekî veliahdın sözüne gü-
venmediği için «**Şayed emanete hıyanet edecek olur-
sam Allah beni kahretsin, de**» dedi. Emin, vezirin bu
sözlerini üç kere tekrarladığı sırada Zübeyde hiddetin-

den titredi ve Cafer'i bütün gazabıyla bir süzdü.[58]

Cafer Bermekî'nin Emin'e karşı kullandığı iğneleyici üslûb âdeta inanılmaz bir cesaret eseriydi. Çünkü Zübeyde'nin hırsını davet edeceğinden şüphesi yoktu. Fakat Harun Reşid'in bu dürüst veziri, kendi hayatından evvel hilâfetin selâmetini düşündüğü için vicdanının sesine uymaktan kendini alamadı. Doğruyu söylemekten korkmadı. En güçlü hasmı olan Emîre Zübeyde'ye karşı, hayatını tehlikeden kurtaracak en küçük bir hileye bile başvurmadı...

Yazık ki, Zübeyde hiddetinden titredi. Cafer'in idamını kafasında o gün kararlaştırdı. Kendi nefsine vermiş olduğu sözü bir sene sonra yerine getirdi. Hicret'in 187'inci senesinde cellad Mesrûr'un[59] eliyle katledilen bu emsalsiz vezir, Emîre Zübeyde'nin aşırı annelik sevgisinin ve Emin'in gurur ve adaletsizliğinin kurbanı oldu. Cafer Bermekî'nin katlinden sonra Zübeyde kendi himayesinde yetiştirdiği oğlunun en yakın arkadaşını halifeye vezir tayin ettirdi. Kadının her işte parmağı olur.

Bu olaydan altı sene sonra Harun Reşid Tûs şehrinde[60] bulunduğu sırada beka âlemine göçtü ve aynı şehirde defnedildi. Veftanından sonra oğlu Emin Hicret'in 193'üncü senesinde babasının yerine hilâfet tahtına oturdu.

---

(58) Fahri.
(59) Zeydan.
(60) Emir Ali.

Altıncı Bölüm

Me'mun, babasının hayatında Horasan valisi olduğu için, ölümü esnasında Merv şehrinde bulunuyordu. Zübeyde Rakka'da, Emin de Bağdad'da idi.

Harun Reşid'in ölümü haberi yıldırım hızıyla halk arasında yayıldı. Hemen Harun'un Salih ismindeki diğer bir oğlu âdet olduğu üzere mühür, kılıç ve özel bir elbiseyi büyük kardeşi Emin'e teslim ederek bîat merasimini yerine getirdi.[61] Emin de ikamet etmekte olduğu Kasrü'l-Huld'dan hilâfet sarayına taşındı. Ertesi günü cemaatle namaz kıldıktan sonra, ahaliye, vezirlere ve askerlere bir nutuk söyledi. Nutkun arkasından da bîat merasimi yapıldı. Me'mun Horasan'da bulunduğu için bizzat gelip bîat edemedi. Ancak kardeşine bîat yerine geçmek üzere hediyeler gönderdi ve tebrikte bulundu.

Zübeyde hâlâ Rakka'da bulunuyordu. Her ne kadar Bağdad'a dönmek düşüncesi beslemiyorsa da oğlu Emin'in davet ve ricasını kabul ederek Şaban ayında taht şehrine doğru yola çıktı. Emin, kendisini karşılamak için ta Enbar şehrine kadar geldi ve annesini orada olağanüstü törenlerle karşıladı. Zübeyde'yi karşılamaya koşanlar pek çoktu. Muazzam bir alay, dehşetli bir izdiham vardı. Bu debdebeli törenler Enbar şehrinde oldu. Halkın rengârenk giyimleri, şehrin göz kamaştıran donanımı, halkın neş'e ve coşkunluğu ortalığa bir renk, bir nur ve bir ferahlık bahşediyordu. Halife annesinin Enbar'a varışı pek azametli ve unutulmaz bir ihtişam tab-

(61) Emir Ali.

losu idi. Karşılayıcıların başında Emin, arkasında Bağdad'ın büyükleri ve ileri gelenleri bulunduğu halde ihtişamlar, «yaşa! varol!» sesleri arasında ilerlediler, şehrin önünde Zübeyde'yle buluştular.

Zübeyde'nin bu alayını tasvir ederken, bir başka «melike»nin muhteşem alayı hatırıma geliyor. Sabâ Melike'sinin Hazret-i Süleyman'la görüşmesi ve bütün ziynet ve takılarıyla, güzellik ve olgunluğuyla Filistin'e girişinde gösterdiği lüks ve ihtişamın parlaklığı, saz ve sohbetinin cazibesi, Zübeyde'nin bütün taravetiyle pek büyük bir benzerlik gösteriyor ki, ikisi arasında bir an için olsun bir ilişki kurmaktan kendimi alamadım. Bu parlaklığın, bu kadınlığın, bu doğu güzelliğinin yanında acaba hangi kıymetli, cazibeli batı güzelliği yavan ve sönük görünmezmiş!...

Zübeyde'nin alayı böyle şenlik ve sevinçlerle Bağdad'a ulaştı ve Emin'in ricası üzerine hilâfet sarayının kapısı önünde durdu. Zübeyde artık oğlu ile beraber bu sarayda kaldı.

Me'mun bu sırada Horasan'ı bırakamıyordu. Çünkü vilâyet isyan ve karışıklıklar içinde bulunuyordu. Kendisinin orada kalmasının ve ortalığı yatıştırmasının elzem olduğunu bildiği için Bağdad'a gidip gitmemek hususunda bir türlü karar veremiyordu.

Harun Reşid, Emin ile Me'mun'un karakterlerini ve niteliklerini pek iyi bilirdi. Emin'i veliahd olduğu için ve biraz da Zübeyde'nin hatırı için kayırdı. Fakat Me'mun'u aslında seçkin şahsiyeti için takdir ederdi. Bu sebebden dolayı da Horasan vilâyetini bu oğlunun ehliyetli ellerine emanet etmişti. Me'mun orada her bakımdan kendisini takdir ettirmeye muvaffak oldu. Vilâyetteki âlimleri etrafına toplayarak, nüfuz ve güç sahiplerini yanına davet ederek mühim hükümet işleriyle meşgul oluyordu. Horasan ahalisi az bir müddet içinde kendisine sonsuz bir sevgi beslemeye başladılar. Me'mun'un edebiyata, fenne ve din ilimlerine büyük bir hevesi vardı. Hele âyet-i kerimeler ve hadîs-i şeriflere dair mâlumatta en muteber bir âlim derecesi kazanmıştı.(62) Şer'î ve fıkhî konularda da büyük bir maharet göstererek zamanının en meşhur, en mükemmel ve en aydın emirleri arasında birinciliği kazanmaya lâyık olmuştu.

Harun Reşid gerçekleri gören bir halife ve uzak görüşlü bir baba idi. Emin'in bir gün Me'mun'a karşı bir suikasd düşünebileceğini göz önüne alarak, Tûs'a gittiğinde, mal ve servetinin yarısını ve büyük bir askerî kuvveti Horasan'a Memun'un hükmü altına bırakmayı kararlaştırdı. Hatta vermeyi kararlaştırdığı malın bir kısmını ve tayin ettiği askerî kuvvetin bir miktarını Me'mun'a ilhak ettirdi. Me'mun'un ve vilâyetinin muhafazasına ayrılmış olan bu askerin sayısını ve malın kıymetini Cafer Bermekî'nin yerine geçen ve Emin'in yetiştirmesi olan vezir Fazl bin Rebî'e de bildirdiği için Fazl bu kuvveti bütün teferruatı ile biliyordu.(63)

---

(62) Emir Ali.
(63) Emir Ali.

Ne zaman ki, Harun Reşid öldü ve Emin hilâfet tahtına oturdu, Tûs'da bulunan Fazl bin Rebî askerlerin arasına fesat tohumunu ekmeye başladı. Harun Reşid'e sadık kalacaklarına dair yeminlerini geri aldırmaya kalkınca asker arasında bölünmeler oldu. Fakat sonunda çoğunu ikna etti ve Harun Reşid'in Me'mun'a verdiği malın hemen hepsini ve külliyetli miktarda askeri alarak savuşup Bağdad'a gitti.

Emin'in bu adamı hilâfet merkezine vardığı zaman büyük iltifatlar gördü. Me'mun'a oynadığı oyundan dolayı olağanüstü mükâfatlara nail oldu. Hatta Me'mun'un ordusunu terkederek Emin'in ordusuna katılan askerlere iki senelik maaşları bile verildi. Me'mun ise bu aralık askersiz ve malsız kaldığından Horasan'ın en ileri gelenlerini meclisine topladı. Elinden geldiği kadar kadere razı olarak işlerin idaresiyle meşgul oldu. Vergileri azalttı. Ahalinin gönlünü adalet ve cömertlikle kazanmaya muvaffak oldu. Kardeşine karşı hiçbir şikâyet ve isyanda bulunmadıktan başka, davranış ve tutumu namuslu, dürüst ve ihtiyatlı bir emîrin şanına yakışır bir haldeydi.

Me'mun, Horasan'ı böyle güzelce idare ederek etrafını babasının tecrübeli kumandanları ve muhterem dosttarı ile çevirirken, Emin Bağdad'da her zamanki sefahet âlemlerine dalarak, sarhoş ve çılgın bir hayat sürüyordu. Gece gündüz sefasıyle meşguldü. Devlet işlerini Fazl bin Rebî idare ediyordu. Emin, beytü'l-malın(hazinenin) bütün malını zevk ve sefâsına sarf etti. Sarayını müneccimler, dalkavuklar, hokkabazlar ve falcılarla doldurdu. Bu cinsten adamlara büyük rağbeti olduğundan dünyanın her tarafından en hünerlilerini aratır ve getirtirdi. Bizans saraylarından rakkaseler getirtti. Bunların süsüne büyük bir merakı vardı. Dicle nehri üzerindeki beş büyük kadırgası Emin'in sefasına her vakit hazır bulunurdu.[64] Bu gemilerin şekli muhtelif ve garipti. Biri aslan, diğeri fil ve ötekiler de at, kartal ve yılan şekillerindeydi. Birinden diğerine geçerek saz ve söz ile zaman öldürürdü. Yüz aded seçilmiş çengisi vardı ki, bunların entarileri nadir mücevherlerle işlenmişti. Hepsinin üst ve başında o kadar kıymetli taşlar vardı ki, rakslarını seyredenlerin hayretten dilleri tutulurdu. Bu oyuncular ellerinde hurma dallarıyla raksettikleri vakit insanın gözleri kamaşırdı. Emin de kendi tertip ettiği raksların başarısından mest olurdu!..

İşte bu aralık İslâm düşmanları ahvali uzaktan uzağa takip ettikleri için halifenin gaflet uykularını birer birer ganimet bildiler ve fırsat buldukça başgöstermeye başladılar. Memleketi tahkim ve servetini devletin maddî ihtiyaçlarına sarf edeceği yerde, alabildiğine eğlence ve sefâhet deryasına dalmış bir halde ömür süren Emin, dünyadan habersiz kalmayı kendine meslek edinmişti. Fazl bin Rebî ise halifenin ne derece hafif meşreb ve dar görüşlü olduğunu lâyıkıyle anladığı ve Me'mun'un intikamından da devamlı korktuğu için, Emin'e daima kardeşi aleyhinde bulunmasını telkin eder ve Me'mun hakkında yakışıksız bir lisan kullanırdı. Me'mun'un gelecekte halife olabileceğini dehşetle hatırladıkça titrerdi.

(64) Emir Ali.

Çünkü pek iyi bilirdi ki, Me'mun'un hilâfet makamına geçtiği gün, kendinin mahvolacağı bir gündür. Me'mun'a hiçbir sebep yokken hainlik ettiğini Horasan valisi nasıl olsa unutamayacaktı. İşte bu fikir Fazl bin Rebî'i azab içinde kıvrandırırdı. Bir gün bu derunî işkencelere tahammül edemeyerek, halifeye, kardeşini veliahdlıktan azletmesini söyledi. Emin evvelâ bu sözüne değer vermedi. Meramına derhal nail olmadığını görünce Fazl bin Rebî kötülük ve nifak ortağı Ali bin İsa vasıtasıyla Halifeye devamlı bu fikri benimsetmeye çalıştı. Bu ikisinin devamlı ısrarları karşısında Emin daha fazla dayanamadı ve onlara uyarak Me'mun'u hiçbir sebep göstermeden Bağdad'a çağırdı. Me'mun halifenin davetine icabet edemeyeceğini ve Horasan'ı o anda terk etmesinin mahvedici bir hata olacağını anlayarak, bu hususta mazeret beyan etti. Bunun üzerine Emin, kardeşini valilikten azletti. Hutbelerde isminin okunmaması için kesin talimat verdi. Emin'in bu kararı üzerine Me'mun Horasan vilâyetinin hudud boylarına bir karakol hattı teşkil etti ve Bağdad'dan gelenlerin üstlerinin başlarının yoklanmasını emretti. Bu tedbir sayesinde Emin'in gönderdiği kışkırtıcılar Horasan ahalisini isyan ettirmeyi başaramadılar. Halife ise, bundan sonra henüz çocuk yaşta bulunan oğlu Musa'yı «Nâtıku'l-hak» gibi tantanalı bir unvanla veliahdı tayin etti ve babasının mübarek Kâbe duvarına astırdığı vasiyetnâmeyi Mekke-i Mükerreme'den getirterek yırttı, bin parça etti.

İşte mesele bu şekilde vehamet kazandı. Her iki taraf birbirine kin bağladı. İş fena halde çatallaşıyordu.

Harun Reşid'in o kadar gayret ve himmeti, beyhude, faydasız bir iyi niyetten başka bir şey olamadı. Emin, ne babasına verdiği söze itaat, ne yüce mecliste yaptığı yeminlere itibar, ne de mübarek Kâbe duvarında asılı duran imzalı bir vasiyetnâmeye hürmet etti.

Şeref kelimesinin tam mânasını çocukluğundan beri asla bilmeyen Emin, babasının vasiyetnâmesini yırtmakta zerre kadar tereddüt etmedi. Küçük yaşından beri bu sözün ifade ettiği kıymetle asla temasta bulunmadığına en açık bir delil olan bu fiilinden sonra da Emin, Me'mun'a karşı elli bin kişilik bir ordu gönderdi. Bu şansız ordunun kumandanlığını da Ali bin İsa'ya verdi. Emin'in askerleri ile Me'mun'un askerleri Rey şehrinde karşılaştılar. Aralarında şiddetli bir savaş oldu. Emin'in askeri mağlub ve darmadağın oldu. Me'mun'un başkumandanı Tahir bin Hüseyin, Ali bin İsa'yı öldürerek ordusunu tamamen tarumar ettikten sonra Me'mun'a bu başarısını müjdeledi. Zafer haberini Horasan'a getiren adam yüz elli millik bir mesafeyi üç günde aldı.[65] Garibi şudur ki, Jül Sezar Galyalıları yenip, Paris'in eski ismi olan «Lutes» şehrini işgal ettiğinde Roma senatosuna kısa, manidâr, çarpıcı üç kelime gönderdiği gibi, Me'mun'un başkumandanı Tahir'in de aşağı yukarı aynı tarzda bir ifade ile Me'mun'a haber gönderdiği meşhurdur. Jül Sezar gönderdiği pusulada **«Geldim. Gördüm. Yendim.»** dediği gibi Tahir de Me'mun'a, **«Ali bin İsa'nın ordusunu bozdum. Başı önümde yüzüğü parmağımda.»** sözlerini yazdı.

(65) Emir Ali.

Me'mun'un bu zaferi, Fazl bin Rebî'i müthiş hiddetlendirdi. Harun Reşid'in Me'mun'a verdiği yüz bin dirhemlik bir hediyeye ve bütün çiftliklerine el koydu. Hatta daha da ileri giderek teminat kabilinden Me'mun'un Bağdad'da bulunan iki minimini oğlunu da rehin aldı. Zavallı çocukların canına bile kıyacaktı. Fakat Emin buna kesinlikle razı olmadı.

Bu bozgundan sonra Emin, Me'mun üzerine pek çok ordular gönderdi. Fakat hepsi Tahir tarafından mağlup edilip hezimete uğratıldı. Me'mun'un askeri her hücum ve harbinde galip geldi. Nihayet muzaffer orduları Bağdad'ı kuşattı. Kuşatma birkaç ay kadar uzadı. Emin annesini ve bütün ailesini hilâfet sarayından kaleye taşıdı. Orada bir müddet daha kaldıktan sonra Şam'a kaçmasını tavsiye ettiler. Fakat Emin, kardeşinin merhametinden şüphe etmediği için ona teslim olmayı tercih etti. Barış müzakerelerine derhal başlandı. Emin ise annesi ve ailesiyle vedalaştıktan sonra Me'mun'un ordusunda bulunan babasının kumandanlarından olan Herseme'ye teslim oldu. Herseme'yle beraber bir kayığa bindiler. Dicle'nin karşı yakasına doğru ilerlerken bazı Acem askerleri kayığı taşa tuttular. Kayık delindi. Nihayet içine su dolarak Dicle'nin dibine kaynadı. Emin ile Herseme güçlükle yüzerek sahili buldular ve orada küçük bir eve sığındılar. Herseme, Emin'i saklamak için abasını üstüne örttü ve elinden geleni yaptı. Fakat tek başına ne kadar dayanabilirdi. İlahî mukadderata nasıl karşı durabilir? **«Her zamanın yazılmış hükmü vardır»**[*] Herseme

(*) Ra'd 38.

Emin'i bir türlü kurtaramadı. Acem askerleri bunları buldular ve Emin'in üstüne üşüşerek kılıçlarıyla doğradılar. Yok eylediler. Me'mun kardeşinin ölüm haberini alınca son derece üzüldü. Katilleri cezalandırdı. Emin'in sarayı halkına nafaka bağladı ve bu feci ölümü biraz telafi için kardeşinin oğullarını kendine evlad edindi, ikisini de Zübeyde'nin idaresine emanet ederek herkesin gönlünü hoş etmeye gayret etti.

Zübeyde'nin bu sevgili oğlu öldürüldüğünde 28 yaşındaydı. Saltanat müddeti ise 4 sene 8 ay sürdü. Üç kere yemin ettikten sonra, **«Eğer emanete hıyanet ödersem Allah beni kahretsin»** demek ve emanete hıyanet ettikten sonra kahrolacağını hatırına bile getirmemek, kendisinin ne derece zavallı, beyinsiz ve vicdansız bir mahluk olduğuna kâfi delil değil midir?

Yedinci Bölüm

Me'mun'un hilâfet tahtına oturmasıyla Zübeyde'nin nüfuz ve ehemmiyeti tamamıyla söndü. Eski tantana ve debdebesinden artık eser kalmadı. Hiç alışık olmadığı büyük bir sessizlik içinde hayat sürdürmeye mecbur kaldı. Çünkü, «kimsenin ahı kimsede kalmaz» dendiği üzere, bu değişikliğin baş sebebi Tahir bin Hüseyin, Emin'i ve ordusunu mağlûb eden Me'mun'un o tek gözlü kumandanıydı! Me'mun'un, Emin yüzünden bir müddettir çektiği her türlü müşkülat ve zahmeti unutmadığı için miydi, neydi bilemem: Zübeyde, Tanir tarafından pek çok hakarete ve hainliğe maruz kaldı. Başına vurulan her hakaret darbesine sabır ve sükunetle tahammül etti. Bu hareketi ise takdire şâyândır. Zira Harun Reşid'in bu muhteşem eşi, bütün ömrü boyunca hürmetsizliğin ne olduğunu ilk defa olarak görüyor, bütün acısıyla şimdi öğreniyordu.

Tahir, Zübeyde'yi çekemiyordu. Emin'in devrindeki hallerini affedemiyordu. Harun Reşid'in bu asil zevcesini hak etmediği bir fakr ü zaruret içinde yaşamaya mecbur ediyordu. Bu ise Tahir için pek sefil ve miskince bir intikam almaktı. Zübeyde bu halden ıstırap duydu ve ümitsizliğe düştü. Bu zalim adamın davranışına karşı ne yapacağını şaşırdı. Hayatın bu hiç beklenmeyen cilvesi kendisini kararsız ve sersem etti. Çünkü Bağdad'da böyle muhtaç, terkedilmiş, unutulmuş bir halde yaşayabileceği asla hatırına gelmemişti. Nihayet Zübeyde'nin tahammülü artık kalmadı. Bütün mevcudiyeti, bu acıklı haline karşı isyan etti. Kalemi eline alarak Me'mun'a bir mektup yazdı. Bunda Me'mun'a hitaben diyordu ki:

«Ümmü Cafer Zübeyde, hayırlı nesilden yetişme, hayırlı bir padişah ve seleflerinin ilim ve iftiharlarına varis olarak, hilâfet tanıma gelenlerin en faziletlisi ve en olgunu olan Halife Me'mun'a arzeder ki,

Ey amcamın oğlu! Bu mektubu gözlerimden yaşlar akarak yazıyorum. Ben sana herkesten daha yakınım. Tahir denilen pis bir uğursuz tarafından lâyık olmadığım her türlü muameleye duçâr edildim. Malımı yağma edip yurdumu yakmakla beni baş açık meydanda bıraktı. Bu tek gözlü sakatın bana çektirdiği Harun'a ağır gelir şeylerdir. Senin gibi akraba-

ma canım feda olsun. Eğer bu Tahir'in yaptıkları senin emrinle oluyorsa ilahî mukadderatın bir cilvesidir, der ve razı olurum. Şayet kendi cür'et ve düşmanlığı ise sen bu durumu değiştirmelisin.»

Hüzün verici ve vakarlı mektubuna bu şekilde son, verdikten sonra, kendi beslemelerinden Hâlise adlı bir kıza teslim ve bizzat Me'mun'a takdim etmesini tenbih etti.

Hâlise, mektubu Me'mun'a takdim etti. Halife bunun üzerinde uzun uzadıya düşündükten sonra şiddetle ağlamaya başladı. Hazret-i Osman'ın şehadeti haberi geldiğinde Hazret-i Ali'nin dediği gibi **«Vallahi'l-azîm bu işi ne ben emrettim ne de vukûundan haberim vardı»**, dedi.[66] Bu durumdan dolayı çok üzüldüğünü söyledi ve Zübeyde'ye bir teselli mektubu yazdı. Tahir'e de beddua etti.

Bundan sonra Zübeyde'ye bütün mal ve mülkünü geri verdirerek, yapılan haksız muameleyi tamir ve telafi için gayret sarf etti. Zübeyde bu şekilde eski servetine kavuşarak tekrar rahat ve refah içinde ömür sürmeye başladı. Tahir bin Hüseyin'in zulüm ve düşmanlığını da Me'mun'un lütuf ve teveccühü sayesinde kolayca unutmaya muvaffak oldu.

---

(66) Meşâhir-i Nisâ.

Sekizinci Bölüm

Olay bu şekilde tatlıya bağlanınca Zübeyde'nin ismi tarih sayfalarında tekrar tantanalarıyla meydan aldı. Hicrî 210 tarihine kadar süren hayatı artık hep refah ve rahat içinde geçti gitti.

Bolluk ve saadet içinde bulunan bir toplumun zaman içindeki hayatına göre, tarihçe kaydedilen acı anları pek fazla olmayacağı gibi, fertlerinin de aynı hal ile sürüp giden sevinçli günleri içinde kayda değer acılar pek bulunmaz değil mi?

Zübeyde de Tahir bin Hüseyin'in şerrinden kurtulduktan sonra müsterih ve bahtiyar bir halde kaldı. Zaten Me'mun gibi âlicenap ve aydın bir halifenin saltanatı boyunca ahali de pek rahatını bulmuş ve rahat kalmışlardı.

Hicret'in 210'uncu senesinde Me'mun, veziri Hasan bin Sehl'in cazibeli kızı Boran ile evlendi. Zübeyde de bu düğünde bütün ihtişamıyla bulundu.

Zübeyde, geline 35 milyon dirhemlik bir meblağ hediye ettikten başka, Belh vilâyetindeki çiftliklerini de Boran'a bağışladı.

Boran'ın zifafı tasvir edilemeyecek bir tantana ile Hicret'in 210'uncu senesi ramazanında Merv şehrinde oldu. Düğün dernek on yedi gün sürdü.

Bu düğünde Zübeyde, kızı ve kendi saray erkanıyla[67] Bağdad'ın en muhterem ve muteber kadın-

---

(67) Emir Ali.

ları mevcud idi. Hepsi en parlak elbiselerini giydiler. Üstleri başları göz kamaştırıcı bir parıltı ile parlıyordu. Zübeyde, Merv sarayının debdebesini gördüğü o unutulmaz gecede, kırk beş sene önce Bağdad'da yine fevkalâde bir şaşaa ile Kasrü'l-huld'da yapılan düğününü kim bilir nasıl bir ah ve hasretle acı acı düşünmüş ve içinin derinliklerinde o renkli mazisini ne kadar firakla yâd etmiştir! O zamanda Bağdad'ın en güzeli kendisiydi! Büyük babasının gözbebeğiydi! İstikbali aydın, talihi her bakımdan yâr idi! Hayat seması bulutsuz görünüyordu. Gençti, tam on yedi yaşındaydı. Harun Reşid kendisini seviyordu, gün onun günüydü! Zübeyde düğünü seyr ettiği kadar, şüphe yoktur ki, bütün hayatının safhâlârını birer birer gözlerinin önünden geçiriyor, hareketli resimler seyri gibi mazisini başka bir gözle, başka bir zevkle müşahede ediyordu! Şimdi gelin, Me'mun'un bu benzersiz sevgilisi Boran'dı! Şairler evvelce kendi güzellik ve fazıletini anlattıkları gibi şimdi de Boran'ın güzellik ve letafetini şiire döküyorlardı! Artık gün Boran'ındı. Biri maziyi, diğeri hali temsil eden bu iki mümtaz varlık ne kadar garip bir tablo teşkil ediyordu! Değil mi?..

Me'mun, Boran'ı delicesine seviyordu. Düğününün de aşkı derecesinde muazzam ve muhteşem olmasını istediğinden, düğünü gerçekten heybetli ve şanlı bir toplantı ve azametli bir ziyafet oldu.

Herkesin giyimi, mücevheratı parlıyordu. Fakat herkesten daha parlak bir varlıkla ortalığı parlatan Boran oldu. Gelinin kendi güzelliği, üstündeki en kıymetli mü-.

cevherlerden daha göz kamaştırıcı idi. Me'mun'la Boran kendilerine ayrılan kısma doğru yürüdükleri sırada, gelinin büyük annesinin altın bir tepsi içinden alıp halife ile torununun üzerine saçtığı inciler hep aynı büyüklükte, kocaman, nadir ve son derece kıymetliydi. Bu inciler o kadar takdir ve hayret uyandırdı ki, yere düşenlerini kimseye aldırmadılar ve hemen hepsini toplayarak bir gerdanlık yapıp Boran'ın kar gibi boynuna takmayı münasip gördüler. Me'mun'un hareminin dairesinde bulunan şamdanlar som altındandı. Mum yerine de âdet olduğu üzere anber yakıldı.

Gelin ile güveyi odalarına çekildikten sonra Me'mun'un veziri[68] Hasan bin Sehl umerânın üstüne miskten küçük yuvarlaklar serpti ve devlet büyüklerine de pâyeler verdi. Umeraya serpilen bu misk yuvarlaklarının içinde bir küçük kâğıt vardı ki, üzerinde ya bir çiftlik adı, ya bir cariye ismi, yahud da bir çift arap atı verilmesine dair bir işaret vardı. Bu misk yuvarlakları her kime düşerse hemen hâssa nâzırına giderek şansına düşen hediyeyi alırdı: Diğer halka da altın ve gümüş saçan bu cömert vezir, düğün için 50 milyon dirhem sarfetti. Fakat Me'mun bu masrafı telafi etmek için vezirine en seçkin çiftliklerinin bir senelik gelirini bahşetti.[69]

İşte Me'mun ile Boran'ın düğün törenleri bu şekilde son bulup, mutlu hayatları bu suretle başladı.

Zübeyde bu olaydan altı sene sonra, Hicret'in

(68) Tarih-i İslâm, Emir Ali.
(69) Emir Ali.

216'ncı senesinde 69 yaşında olduğu halde beka âlemine göç eyledi.

Abbasî halifeleri devrinin bu asil siması, İslâm'ın en parlak, en takdire şâyân kadınlarından sayılır. Altmış dokuz senelik hayatı İslâm tarihinin seçkin bir safhasını teşkil ediyor. Bütün mevcudiyeti cazip, müstesna ve mûnis idi. Güzelliğiyle Bağdad'ın Şarkılarında iftihar edilir, zekâsı halkın dilinden düşmezdi. Serveti, Muhammed(s.a.v.) ümmetini hayrete düşürdü ve hayratı bütün Müslüman'ların şükran ve minnettarlığını kazandı. Bu insaniyetli ve hayırsever kadın, hatır ve hayale sığmayacak derecelerde iyilikler etti. Zübeyde ismi «yardım» ile yapışık ikiz gibidir. Hakiki bir Müslüman emîresidir. Güzelliği, yardım severliği, herkesten başkalığı için sevilen Zübeyde, hayır ve hasenatı ile de ebedi bir şöhrete nail oldu. İyiliği sebebiyle kazandığı duaların berekâtiyle ismi daima yâd olundu. Ebediyete kadar da hürmet ve muhabbetle hatırlanacaktır.

Kendisi, İslâm hâkimelerinin en cazibelisi ve Şark ziynet ve süsünün(modasının) mucididir. Letafeti bütün teferruatıyla seven bu emîre zamanının en duygulu, en ince sanatkârlarındandır. İhtişamı, ziyneti ve şaşaayı himaye eden Harun Reşid'in bu sevgili zevcesi İslâm âleminin yükselmesine, güzellik ve renk kazanmasına himmet ve gayret sarf etti.

Hayat macerası her ne kadar kusursuz olmasa da, biz onun işlerinde o kadar çok iyilik ve hayır görüyoruz ki, adalet terazisine konulsa hiç şüphe yoktur ki günah ve kusurlarının bulunduğu kefe göğe çıkar, hayır ve hasenatı ise zemine iner. Hem de bizler gibi insanlar kusur ve hatadan nasıl uzak kalabilir?!

Zübeyde, doğunun bir şevketli melikesidir. Asil ve yüce ruhlu, göz kamaştıran aydın kişilikli bir İslâm kadınıdır. Adı söylenir söylenmez doğunun bütün ziynet ve ihtişamı birdenbire insanın gözü önünde canlanıverir; Hicrî 2'nci asrın şan ve debdebesi hemen muhayyilesinde parlamaya başlar. Zübeyde'nin herkesten başka âdeta mucizeli bir tesiri vardır ki, işte hepimiz o tesirle büyüleniyoruz. Hepimiz onun kendine has kişiliğine meftun oluyoruz. O büyüklüğün, muazzam mevcudiyeti önünde, «Büyük bir kadındı» diyoruz ve demeye de mecbur oluyoruz.

EMÎRE SABÎHA

Kurtuba Melikesi

Birinci Bölüm

Endülüs Emevî hükümdarlarının sekizincisi olan Abdurrahman en-Nâsır es-Sâlis li-Dinillah(Üçüncü Abdurrahman) hilâfet tahtına çıktığı günden itibaren Endülüs'ün aydınlanmasına ve ilerlemesine var kuvvetiyle gayret etti. Elli sene süren saltanatı İspanya'nın yükselmesine ve Avrupa kıtasında Endülüs'ün en medenî ve aydın bir memleket olmasına sebeb oldu. Deha çapında bir zekâya mâlik olan bu harikulâde halife, bütün ömrünü bir tek gayeye adadı: O da Endülüs'ün güç ve azamet kazanmasıydı. Gece gündüz çalıştı. Taht şehri olan Kurtuba'yı bir çiçek bahçesi haline koydu. Camiler, okullar, hastahaneler, rasadhaneler, kütüphaneler, tıp fakülteleri ve saraylar inşa ettirdi. Âlimler, filozoflar, tabibler davet etti. Maarife, sanata, ihtişama geniş bir alan açtı.[70] Yollar, köprüler yaptırdı. Caddeler, su yolları açtırdı. Ağaçlar diktirdi. İlim ve fenni himaye etti. Ticaret ve ziraati cazib hale getirdi. Kurtuba'yı ikinci bir Bağdad haline koydu, Kadın ve erkek her fert okuma ve yazma öğrendi[71]. Avrupa'da cehalet karanlıklarının hüküm sürdüğü bir asırda, Endülüs ilim ve fen nurlarıyla doğuyu ve batıyı aydınlatıyordu.

Avrupa'nın her tarafından gelen seyyahlar Kurtu-

---

(70) La Civilisation des Arabes, G. Le. Bon.
(71) Dozy.

ba'nın nizam, intizam ve ihtişamına hayran oluyorlardı. Bu şehrin bir medeniyet gelini, bir zarafet sergisi ve bir ilim ve irfan[72] menbaı olduğunu ittifakla teslim ediyorlardı.

Üçüncü Abdurrahman bir donanma vücuda getirdi.[73] Orduya nizam verdi. Akdeniz'e hakim oldu ve muharebelerde zaferler kazandığı gibi, hilâfeti devrinde her bakımdan başarılı oldu. Adalet ve zekâsıyla, servet ve debdebesiyle bütün Müslüman'ları kendisine celb ve cezbetti. Kurtuba İslâm'ın kalbgâhı oldu kaldı.

Uyanış ve yenilenme devri, ilim ve ilerleme zamanıydı. Endülüs bütün dünyanın sözünü ettiği, âlimlerin, şairlerin, devlet adamlarının, zenginlerin buluştukları bir yer haline geldi.[74] Üçüncü Abdurrahman, oğlu Hakem'e hitaben, «**Ey oğlum, benim devrim uzadıkça seninki kısalır**», derdi. İslâm'ın şan ve şevketi, ululuk ve heybeti gelişip yayılsın diye uzayan bu dahinin saltanat yılları İslâm âlemi için bir iftihar kaynağı oldu.

Kurtuba'nın o meşhur ve muazzam camiinin yapımını başlattı. Şehrin yakınında bulunan o şiirli Beytü'z-Zehra adlı hilâfet kasrını yaptırdı.[75] Beytü'z-Zehra'nın tarifini yazan tarihçiler medhinden aciz kalırlar. Bu öyle gönül alıcı ve cazibeli bir saraydı ki, insan içerisine girince hayran olurdu. Dışındaki sanat ve nakış içindeki

(72) Passion de Pelage, Rosvithe.
73) Emir Ali.
(74) Dozy.
(75) Endülüs Tarihi, Ziya Paşa.

süs ve resimle kıyas dahi edilemezdi. Peri masallarında okuduğumuz köşklere benzeyen bu Beytü'z-Zehra harikulâde bir bahçenin ta ortasında, büyük ağaçlar, zümrüd renkli çimenler, süslü fıskiyeler, nadide çiçekler ile çevrilmişti. Sarayın içine yalnız süs değil, fevkalâde bir zevk hâkimdi.

Bu sarayı, 4300 mermer sütun süslüyordu.[76] Bu sütunlar en kıymetli mermerlerden olup, en ince nakışlarla işlenmişlerdi. Odaların duvarları, tabanları resimli mermer parçaları ile kaplı ve döşeli olup tavanları boyalı, nakışlı oymalarla tezyin edilmişti. Odaların bazılarında nazlı, küçücük fıskiyeler bulunurdu ki, bunların suyunun yükselmesi ve dökülmesi türlü göz alıcı şekillerdeydi. Halife Abdurrahman'ın odasında bir meşhur fıskiye vardı. Bunun yektâlığı herkesin dilindeydi. Çünkü baştan aşağı kantaşıyla yapılmış olup ortasında Bizans imparatorunun hediyesi olan gayet nefis altından bir kuğu kuşu, bu fıskiyeye özel bir kıymet bahşediyordu. Halifenin hususî köşkünde öyle ziynetler, öyle ihtişamlar, öyle altınla dokunmuş kumaşlar ve ipeklerden mamul halılar vardı ki ve o kadar hayret verici yazılar ve resimler, rengârenk mermerden hamamlar, ağızlarından sular akan yakut, zümrüd, yeşim ve kantaşından mamul hayvanlar, abanoz ve fildişinden, billur ve altından, ince ve narin sütunlar, başlıklar vardı ki, insan kendini emsalsiz bir hayal âleminde zannederdi. Sarayın tunç kapıları gümüş ve altın oymalarla süslüydü. Halife Abdurrahman'ın köşkünün ta karşısında somâkî mermerden fıskiyeli bir

_____
(76) İbn Hayyam.

havuz vardı. Bu havuza civa doldurulmuş olduğundan ışığın aksetmesiyle gözler kamaştırırdı.

Beytü'z-Zehra'nın süslemeleri ince ve nazik, oymaları titiz, duvarları en nefis tabloların resimleri kadar kıymetli, sütunları şeffaf ve yüksek, hasılı Harun Reşid'in Kasrü'l-Huld'unu sönük bırakacak ve unutturacak derecede muhteşem ve parlaktı.

Kurtuba cami-i şerifi ile Beytü'z-Zehra Abdurrahman en-Nâsır'ın en, debdebeli eserlerinden sayılır. Beytü'z-Zehra'yı çok sevdiği bir zevcesinin adını yaşatmak için inşa ettirdi. Bu sanat hâmisinin şu iki mühim eseri Kurtuba'nın şöhretini iki kat arttırdı. Âlimlerin ve edîblerin rağbetini kazandı. Batının hayranlığına, doğunun takdirlerine nail olarak şanlı adını unutulmayacak bir surette tarihe kaydettirmeye muvaffak oldu.

Abdurrahman en-Nâsır elli sene hüküm sürdükten sonra, Hicrî 350 senesinde 72 yaşında olduğu halde beka âlemine göç eyledi. Kurtuba'da bu tantanalı, bu muazzam zamanda 130 bin ev, 3 bin cami, 50 hastahane, 800 mektep, 900 hamam ve 600 han olduğu yazılıdır.[77] Devlet kütüphanesinde 400 bin ile 700 bin arasında kitap vardı.

Asrının, en muhteşem, en aziz ve en aydın hükümdarı olan Halife Üçüncü Abdurrahman'ın vefatından sonra evrakı arasında bir takvim bulundu. Bunda gayet mânalı, derin bir hikmet ve hayatının bir hatırası yazılıy-

---

(77) el- Makkarî.

dı.[78] Takvimi görenler ve bu hatıra parçasını okuyanlar şaşkınlık içinde kaldılar, hayran oldular. Zira böyle hikmetli bir cümleyi okuduktan sonra, ne söyleseler mânasız, tatsız olacaktı. Bu kadar saltanat süren, bu kadar kadri yüce tutulan, bu derece haşmet ve azamete mâlik olan, nurlar kadar parlak bir nam kazanan ve idrake sığmaz bir şevket ve şöhrete nail olan Üçüncü Abdurrahman bu takvimde kendi el yazısıyla âlemleri şaşkınlık ve hayrette bırakacak şu kısa ibareyi yazmıştı: **«Geçip giden ömrümün gamsız ve bulutsuz geçen günlerini saydığımda gördüm ki, hepsi ancak on dört gün olmuştu»**.[79]

Ülkelere mâlik olarak kral ve hükümdarların bile gıbta ve takdirini kazandıktan, zamanının bir dâhisi addedildikten, elli sene hüküm ve yetmiş iki sene ömür sürdükten sonra ancak on dört gün eksiksiz bir saadete nail olan Üçüncü Abdurrahman'ın bu derin ifadesi hiç şüphesiz okuyanları dilsiz bırakmıştı.

Oğlu Hakem kendisine halef oldu ve el-Mustansırbillah ünvanıyla Hicrî 350 senesinde hilâfet tahtına oturdu.

---

(78) el- Makkarî.
(79) Ziya Paşa.

İkinci Bölüm

Melik Hakem el-Mustansırbillah babasının yerine hilâfet tahtına geçtiği vakit 48 yaşında olup gayet ciddi, âlim ve zamanının en kibar ve vakur bir emîri idi.[80] Babasının saltanatı zamanında devlet idaresine katıldığından siyasetten anlar, harp sanatını bilir, tecrübeli bir veliahd olması hasebiyle, halife olduğunda halk ümidlenerek babasının yolunu şan ile takip edecek güçlü bir melike mâlik olduklarına sevindiler ve şerefine şenlikler yaptılar.

Melik Hakem el-Mustansırbillah ilim ve fenni himaye etti. Günde birkaç saat kütüphanesine kapanarak en aziz dostları saydığı nadîde ve değerli kitaplarının büyüsüne kapılırdı. Okumak gibi sevdiği bir şey yoktu. Şiir ile musikîye de aynı şekilde vurgundu.

Melik Hakem el-Mustansırbillah her şeyin nefîsine âşık olduğu gibi, güzel saza ve güzel sese de dayanamazdı. Beytü'z-Zehra'nın o nazlı, gölgeli, çiçeklerle bezenmiş bahçesinde bir kere işittiği yakıcı bir sesin esiri oldu. «Acaba bu kimin sesidir?»[81] diye sorduğunda Sabiha isminde pek cazibeli bir cariyenin sesi olduğunu söylediler.

Melik Hakem el-Mustansırbillah, Sabîha'nın sesindeki tatlılığa tutulduktan sonra güzelliğine de meftun oldu. Kitaplarından, kütüphanesinden bir müddet için vaz-

---

(80) el-Mes'ûdî.
(81) el-Mes'ûdî.

geçerek, bütün vaktini sevdiğinin yanında bulunmaya ve onun aşkına hasretti. Sabîha'yı mecnun gibi sevmeye başladı. İnsanlık hayatında arasıra tesadüf edilen mukadder simalar gibi Sabîha da bir kere görüldükten sonra artık unutulmayan, güzel, büyüleyici, ruhlu, tatlı, sevimli bir güzeldi. Halife'nin zihnini, kalbini ve bütün mevcudiyetini hükmü altına aldı. Hakem'i güzelliğiyle cezbedip sesiyle kendine bağladı.

Bu ses melikesi, musikîye âşina olduğu gibi şiir ve edebiyattan da çok iyi anlıyordu. Halifeyi saatlerce sohbetiyle, doyulmaz konuşmalarıyla tatlı tatlı eğlendiriyor, meşgul ediyordu. Beytü'z-Zehra'nın o hülyalı bahçelerinde, ıtırlar saçan gölgeli ağaçların altında geceleri gezdikleri, eğlendikleri vakit Sabîha Şarkı söyler ve Mustansırbillah ise her nağmesinin biraz daha tesiri altında kalırdı.

Sabîha, Endülüs sabahları gibi nazlı ve renkli bir güzelliğe mâlik olmalıydı ki, Halife Hakem kendisine «Sabah» diye hitap ederdi. Acaba o mestâne gezilerin bir şevk hatırası olmak üzere mi kendisine böyle derdi? Penbe şafakların bir aşk rüyasını hatırlamak için mi daima ondan bahsettiği vakit Endülüs sabahlarını yâd ederdi? Bilmem... Her halde Sabîha'nın ismi anıldığında insanın gözleri önünde bir penbelik tecessüm ediyor, o çiçekli ve süslü Beytü'z-Zehra bahçelerinin manzarası hayalinde bir şekil alıyor, Endülüs'ün bütün zarafeti, bütün nadîdeliği bütün nazlı güzelliği ve bütün hatıradan zihinlerde canlanıyor, tazeleniyor.

Halife Hakem'in Sabîha'dan dünyaya bir oğlu geldiği vakit o kadar mutlu oldu ki, hemen şeriat usûlünce nikâhını da kıydırdı. Melik Hakem Mustansırbillah bu ilk oğlu ile dünyalara mâlik olmuş kadar şâd oldu. Halkı da sevincine ortak oldu. Hicrî 352 senesi hem Halife ve Sabîha hem de Endülüs için en uğurlu bir yıl sayıldı.

Şairler bu mutlu olayı medhedip yaşatmak için şiirler ve kasideler söylediler. Saray mensubları ve halkın ileri gelenleri Halife'yi tebrik ettiler. Hatta Hakem'in veziri, Halife'ye hitaben, **«Emevî hanedanının bu şerefli oğlu şimdiden hepimizi aydınlatıyor, o halde bu nurlu evladı doğuran ve bu güneşi yetiştiren Emîre Sabîha ne için hepimizi aydınlatmasın?»** diye sordu.[82] O günden itibaren Emîre Sabîha'nın saraydaki resmî mevkii artık belirlenmiş oldu.

Hicret'in 354'üncü senesinde Sabîha yine annelik şerefiyle müşerref oldu. İkinci bir oğlu dünyaya geldi. Hişâm adı verildi. Artık Halife memnun ve rahat, verasetini emniyet altına alan bu ikinci oğlunun doğumundan dolayı zevcesine sonsuz bir sevgi ve emniyet göstermeye başladı.[83]

Melik Hakem kendini insanların en bahtiyarı sayıyordu. Sabîha'ya mâlikti. En aziz emeline nâil olmuş, Endülüs'ün sevgili bir hükümdarı idi. Artık dünyada arzu edecek bir şeyi kalmamıştı. Bundan dolayı vaktinin bir kısmını devlet işlerine ayırıyorduysa da en büyük kısmı-

---

(82) Dozy.

(83) Dozy .

nı o ilk meşguliyetine, okumaya, nadide kitaplar elde etmeye ve bu şekilde kütüphanesini zamanının harikaları sayılan nüshalarla süslemeye vakf ediyordu.[84] Halife Abdurrahman fevkalâde bir kumandan ve benzersiz bir hükümdardı. Oğlu Halife Hakem ise harikulâde bir âlim ve eşsiz bir irfan âşığıydı. Devlet işlerini ilim ve fenne kolayca feda ederdi. Sabîha sultan da bu durumdan faydalanarak hükümete ortak olmaya başladı ve saltanat dairesinde ehemmiyetli bir mevki işgal ederek siyasî işlerde de derecesiz bir zekâya sahip olduğunu devlet adamlarına bütün maharetiyle göstermeye muvaffak oldu.[85]

Halife Hakem, karısının akıl ve kültürünü görünce devlet işlerine onu açıkça ortak etti. Sabîha'nın ilim ve irfanıyla iftihar ederek nüfuz ve tesirine genişlik, emir ve isteklerine ehemmiyet verdi. Sabîha önceleri vücudunun melikesi iken sonraları ruhunun melikesi oldu. Nihayet Endülüs'ün de sözü geçerli aydın bir melikesi addedilmeye başladı.

---

(84) İbn Haldun.
(85) Kamusü'l-A'lâm.

Üçüncü Bölüm

Halife Hakem el-Mustansırbillah'ın devri büyük bir rahat ve refah içinde geçiyordu. Saltanatının ilk yıllarında vukua gelen bazı savaşlar sebebiyle Hıristiyan kralları ve komutanları yılmış, hezimete uğramış bulunduklarından tekrar harp ilanına cesaret edemiyorlardı. Melik Hakem'in zaferleri devletin asayişini büsbütün temin etmiş, dış düşmanlardan bir müddet için artık kurtulmuştu. Halk bu sükûnet devresi içinde müsterih ve mesud halifeye hayır dualar edip duruyorlardı. Halife ise, kütüphanesiyle büsbütün meşgul olmaya başladı. Kütüphanesinin kataloğu 44 büyük cild tutuyordu. O ilim deryasına daldığında, bütün kâinâtı unuturcasına zevkten sarhoş oluyordu. Bağdad'dan, Şam'dan, Kahire'den âlimler ve hakîmler Kurtuba'ya akın akın geldiler, doldular. Kurtuba Darü'l-fünün'u(üniversitesi) Kahire'nin Ezber Camii ve Bağdad'ın Nizamiye Medresesi derecesinde şöhret ve ehemmiyet kazanmıştı.[86] Halife Hakem, bütün âlimleri gerek müslim, gerek gayri müslim hep himaye eder ve onları eserlerinden dolayı mükâfatlandırdı. İlmin cinsi, vatanı ve dini olmadığını bilerek iyi yazılmış bir kitaba, ve güzel süslenmiş bir cilde karşılık ya külliyetli miktarda para yahud gayet kıymetli bir hediye verirdi. Tek nüsha olan kitapları satın alamadığı takdirde bir suretini çıkartırdı. Kütüphanesi asrının bir feyiz ve irfan meşalesi gibi cihanı aydınlatıyordu.

Arap edebiyatı en yüce zirvesine ulaştı. Felsefe, be-

---

(86) Emir Ali Tarihi.

lagat, şiir tekâmül etti. Astronomi, coğrafya, kimya, biyoloji olanca genişliğiyle tahsil olunuyordu. Şeriat ve fıkıh dersleri büyük bir şevkle tedris ediliyordu. Kurtuba Darü'l-fünûnu'nda din ve fıkıh sohbetlerini dinlemeye gelen talebenin sayısı bir kaç bini buluyordu.

Ebû Bekir bin Muaviye Kurtuba Camiinde mühim vaazlar vererek mü'minlerin kalblerini din aşkıyla dolduruyordu. İbn Rüşd, İbn Sîna, Mes'ûdî, Ahmed bin Saîd el-Hamedanî, Hakem devrini ilim ve irfanlarıyla yüceltiyorlardı. Bu arada Darü'l-fünûn derslerini herkesten daha ciddî bir istekle takip eden biri vardı ki, kibar tavrı ve âlicenab davranışlarıyla talebinin meylini kazandığı gibi üstadlarının da hürriyetini celb etmeye muvaffak oluyordu. Bu adam genç, yakışıklı, zeki ve mahir bir zattı. Bir toplulukta bulunduğu zaman herkesin bakışı onda toplanıyor, halk arasından geçtiği zaman herkesin dikkat nazarı ona tesadüf ediyordu. Bu öyle bir adamdı ki, gözlerinde daimî bir emel parlıyor; yürümesinde, konuşmasında, tavrında herkesten başka bir eda ve bir müstesnalık görülüyor, bütün varlığında beliren bir azamet muhatablarını hayran bırakıyordu. Bu delikanlının yüzüne bakanlar kim olduğunu bilmedikleri halde, bir gün bunun Endülüs'de ve belki bütün doğu'da en mühim bir mevki kazanacağına kanaat getiriyorlardı.

Bu zat ise Muhammed bin Ebû Âmir, doğu dünyasının bir gün medâr-ı iftiharı olacak ve yüzünü güldürecek veziri el-Mansûr idi.

Dördüncü Bölüm

Muhammed bin Abdullah bin Ebû Âmir doğumu itibarıyla Yemenli olup, meşhur Benî Muafir kabilesine mensubdu.[87] Cedleri yiğitlikleriyle tanınırlardı. Endülüs fethinde parlak bir nam ve şân kazanmış kahramanlardı. Bu zat gayet zeki ve faal, aydın ve uyanık, pek yakışıklı bir gençti.[88] Ta çocukluğundan beri gücünü, ahlâkını ve zekâsını herkes teslim ederdi. Muhammed bin Ebû Amir azmettiği şeyi elde eden bir kuvvet ve talih sahibi idi.

Darü'l-fünûn derslerinden sonra sarayın tam karşısındaki meydanda, küçük bir dükkânda kâtiplik yapardı. Sarayın hademeleri, bazen de memurları yanına gelirler ve kendisine arzıhaller yazdırırlardı. Dükkânı hiç boş kalmazdı. Resmî yazıları ve arzıhalleri herkesten iyi yazdığı için adı gittikçe şöhret bulup yayıldı. Muhammed bin Ebû Âmir yükselmeyi bir tek şeyde arıyordu. O da her ne olursa olsun bir vesile ile saraya girebilmekti.

Bir gün arkadaşlarıyla dükkânda otururken derin bir tefekküre daldı. Bir müddet sessiz kaldı. Sonra düşüncesinden uyanarak onlara hitaben, **«Ben bir gün bu devletin hâkimi olacağım, hepiniz söyleyiniz, hangi vazifeleri istersiniz? İktidar mevkiine geldiğimde istediğinizi sizlere vereceğim»**, dedi. Arkadaşları ise lâtife ediyor diye hiç çekinmeden ve neşe içinde hep birer birer göz diktikleri mevkileri saydılar.

(87) Dozy.
(88) L'Histoire des Musulmans d'Espagne, Dozy.

Bu olaydan az bir müddet sonra tesadüfün yahut kaderin bir lütfü olmak üzere İbn Ebû Âmir saraya çağırıldı. Halife Hakem, zevcesi için iş bilir bir kâtip seçmek istiyordu. Birkaç kişi Halîfenin emrine hazırdılar. Saray halkının tanıdığı İbn Ebû Âmir de, pek sağlam bir surette tavsiye edildiği için o da getirildi. Diğer kâtipler arasında Hakem'in huzurunda, sorulan sorulara parlak bir tarzda cevap verdi. Kâtip adayları arasında bir yarışma yapılıyordu, İbn Ebû Âmir birinciliği kazanarak muzafferâne meydana çıktı. O dakikadan itibaren Sabîha sultanın dikkatini çekti, İbn Ebû Âmir'in tavrında[89] öyle bir kendine güven, halinde o kadar bir asalet vardı ki, gören herkes meftun oluyordu. Bununla beraber Halife Hakem biraz şaşkındı. Bu yakışıklı delikanlıyı sarayına alıp almamak hususunda bir müddet tereddüdde bulundu. Sonunda Sabîha Sultan'a danışarak kâtipliğe kimi seçmeyi arzu edeceğini sordu. Sabîha da hemen Muhammed bin Ebû Âmir'in her hususta kâtiplik vazifesine en lâyık bulunduğunu söyledi. Halife, bu görüşe uyarak İbn Ebû Âmir'i derhal Sabîha Sultan'ın başkâtibi tayin etti. Muhammed bin Ebû Âmir de bu şekilde muradına erdi.

Sabîha Sultan'ın bu kabiliyetli ve genç kâtibi, her şeyden evvel bir ikbal düşkünü idi. Kurtuba'nın zümrüd gölgeli bahçelerinde uzun uzun gezdiği ve gezdiği kadar da kurduğu o süslü hülyalarının en birincisi, umduğundan daha kolay oluvermişti... Hırs ve istekle okşadığı emellerinin en tatlısı, fevkalâde bir kolaylıkla husûle

(89) Dozy.

gelmişti; talihi kendine yâr idi. Hayalindeki saraya ilk adımı atmış ve oradan o muhteşem, o muazzam hayallerini şevk ve sevda ile seyrediyordu... Bir gün, o sarayın içerilerini gezeceğini, süslerine, nakışlarına hayran olacağını, debdebesiyle iftihar edip, saltanatıyla övüneceğini, o sarayın teferruatına bile vâkıf olacağını, hatta saray sakinlerinin hâkimi bile olacağını düşünüyor ve bu düşünceleriyle hoşnud oluyordu. Kudretini düşünerek vecde geliyor, sevinçten kendinden geçiyordu. Halife Hakem o emsalsiz kütüphanesinde kendisini okumaya verdikçe Sabîha Sultan «Devlet Hacibi» olan Osman Cafer el-Mushafî ile müştereken işleri idare ediyordu.[90] İradelerini, emirlerini hususî kâtibi olan Muhammed bin Ebû Âmir yazıyor ve gereken yerlere tebliğ ediyordu. Halife Hakem resmen hâkimdi. Fakat fiilen hükmeden Sabîha idi. Endülüs'ün imarını, halkın ihtiyaçlarının karşılanmasını, veliahdların tahsil ve terbiyesini hep Sabîha Sultan üzerine almıştı. Zamanının âlimleriyle çevrili saray ziyafetleri tertib eden yine kendisiydi. İspanya'nın kuzey emaretlerindeki hıristiyan emîrlere karşı durmak için tedbirler arayan, Hacib Cafer el-Mushafî ve kâtibi İbn Ebû Âmir'le ortak toplantılar düzenleyerek düşmanı hezimete uğratacak çareler bulan hep Sabîha Sultandı. O, artık Beytü'z-Zehra'nın yegâne danışmanı kesilmişti. Kurtuba'nın canı, Endülüs'ün ruhu hep o olmuştu. Zekâsı her tarafa ışık saçıyordu. Dirayetini herkes teslim ediyordu.[91] İdaresini övmeyen kimse kalmamıştı.

(90) The moors in Spain, Lane-Poole.
(91) Meşahir-i Nisâ.

Sabîha Sultan Muhammed bin Ebû Âmir'in işbirliğinden pek memnundu. Böyle dirayetli, çalışkan, konuşkan bir kâtibi nasıl mükâfatlandıracağını bilemiyordu, İbn Ebû Âmir, kendine has konuşkanlığı ve zarafetiyle sultanın etrafından artık ayrılmıyor, yalnız kâtiplikte değil, her türlü işte kullanılmasını arzu ediyordu. Bu arzusunu öyle bir sabırsızlıkla gösteriyordu ki, Sabîha Sultan dirayetine hayran olduktan başka inceliğine de meftûn oluyordu.(92) İbn Ebû Âmir varlığı zarurî bir kişi olmuştu. Herkesin hoşuna gidiyordu. Herkesin güvenini kazanmıştı. Evvelce ona iltifat edenler artık ondan iltifat bekler oldular. Ehemmiyeti günden güne artıyordu. Hacib Cafer el-Mushafî müzakerelerini onunla ediyordu. Saray halkı artık kendisine ümit bağlamaya başlamışlardı. Halife Hakem bile, bu derece iktidar gösteren bu genci takdir etmekten kendisini alamıyordu.

Bir aralık Sabîha Sultan kendi hususî çiftliklerinin idaresini de ona emanet etti. İbn Ebû Âmir kâtip iken bir de müdür oldu. Bu iki memuriyetinden az bir müddet sonra halife, birinci veliahdin çiftliklerine nezaret edecek güvenilir bir kimse aradığından ve gözü hiç kimseyi tutmadığından zevcesi, İbn Ebû Âmir'in tayinini teklif etti. Bundan muktedir, bundan güvenilir ve bundan sadık daha bir başkası var mıydı? Halife tereddüd etmeden Ebû Âmir'i kabul etmeliydi. Hem de böyle bir seçimde kendisinin de bir hakkı ve yetkisi yok muydu? Devlet işlerine o da iştirak etmiyor muydu?(93) Oğlunun çiftlikle-

(92) İbn ez-Zehâvî.
(93) Dozy.

rine nezâret edecek olan adamın bir çok meziyeti haiz olması lâzım geldiğini ve o meziyetlerin cümlesini de Ebû Âmir'in haiz olduğunu kendisi herkesten evvel bilmiyor muydu?

Halife önce biraz tereddüd etti. Sonra Sabîha'nın teklifini kabul etti ve Muhammed bin Ebû Âmir'i veliahdın çiftliklerine genel müdür tayin etti.

Hicrî 350 senesi Rebiülevveli'nin dokuzuncu günü Sabîha Sultan'ın himayesi altında bu üç vazife ile vazifeli olduğu halde tasavvur hayalinin ikinci katına yükseldi. Henüz 26 yaşındaydı.

İbn Ebû Âmir mutluydu. Bu üç memuriyetiyle öğünüyordu. Hepsine ehemmiyet ve vakit sarfediyordu. Artık istikbal ona parlak, renkli görünüyordu. Talihinden ne için şüphe etsin? Bu gidişle bahtının kendisine daha nice nice lütufları olacağını hissetmiyor muydu? Böyle kısa bir zaman zarfında az mı yükselmişti? Henüz 26 yaşında olduğu halde hayale sığmayan bir nüfûza mâlik değil miydi? Halife kendisini beğenmiyor muydu? El-Mushafî kendisiyle mahremâne konuşmuyor muydu? Saray halkı, hatta emîrelere varıncaya kadar onun hal ve tavrından, sohbet ve zarafetinden hoşlanmıyorlar mıydı? Ya velinimeti?? Evet, Sabîha Sultan? Kendisine karşı sonsuz bir zaaf ve meyil göstermiyor muydu? Kendisini elinden geldiği kadar korumuyor muydu? Evet koruyordu. Hem öyle koruyordu ki, Ebû Âmir siyaset hilelerine bile başvurmaya mecbur olmuştu. Saray halkının hepsinin hatırını almayı, gönlünü kazanmayı artık bir şart addediyordu. Görünüşü kurtarmak için hepsine ayrı ayrı, mevkilerine göre iltifatlar, tebessümler etmeye, lütuflarda, bağışlarda bulunmaya mahkumdu. Bu şekilde herkes, içerili, dışarılı kendisine meftundu. Takdim ettiği hediyeler hepsinin makbûlü idi. O kadar ki, Halife Hakem, mahremlerinden birine bir gün, **«Hiç anlamıyorum, Sabîha'nın bu hususî kâtibi ne kadar garib adamdır! Saray halkının hepsi kendisini seviyor. Bunun onlara verdiği en küçük bir hediyeyi benim kendilerine bağışladığım en kıymetli bir hediyeden daha makbul tuttuklarını görüyorum. Bu adamı sadık bir bende mi saymalıyım, yoksa bir sihirbaz olarak mı kabul etmeliyim, bilmiyorum»** dedi. Her ne ise; İbn Ebû Âmir yine ilerledi. Sabîha'nın sayesinde devlet hazinesine nâzır oldu. Sonra ise darbhaneye tam yetkili müdür tayin edildi. Artık mevkii, Endülüs'ün en ileri gelen memurları derecesinde, belki de daha ileride oldu. Sabîha Sultan Ebû Âmir'i gizlice tebrik ediyordu. Tesadüfün yolu üzerine çıkardığı bu herşeyi bilir kâtibden ne kadar hoşlanıyordu! Ondan ne kadar istifade ediyordu! Kendisi onsuz ne yapar ve kime bu kadar emniyet edebilirdi? Sarayda yetişip büyümüş memurlardan, mabeyincilerden daha fazla resmî işlere vâkıftı. Sazdan anlıyor, güzel bir sözden duygulanıyordu. Elinden her türlü iş geliyordu. Ne kadar da zarifti, kendinin en ziyade memnun olacağı şeyleri nasıl da biliyordu! Ne ince hisli, ulvî fikirli, cesur, temiz bir kişiydi! Sabîha Sultan düşünüyordu. Acaba Ebû Âmir'e fazla mı kapılmıştı? Hayır! Hayır! Ebû Âmir her bakımdan takdire lâyık bir şahıstı... Yalnız takdire mi? Kendisi onu yalnızca takdir mi ediyordu?? Yoksa... Yoksa, hakikatte onu, kendi nefsine bile itiraf etmeksizin seviyor muydu? İnkâra ne hacet? Evet seviyordu.[94] Hem öyle seviyordu ki, artık ehemmiyetli ehemmiyetsiz emirler vermek, ancak bu vesileyle görüşebildiği için emirnâmeler yazdırmak bir zevk, bir vazgeçilmez ihtiyacı haline gelmişti... Acaba Ebû Âmir de onu seviyor muydu? Kendisi genç, güzel, câzibeli, değerli değil mi? Dayanılmaz bir sese de sahip değil mi? Kurtuba'nın sevimli melikesi Sabîha değil mi? Hiç sevilmez olur mu?...

Evet, İbn Ebû Âmir, Sabîha'ya ancak Kurtuba'nın nüfuzlu ve muktedir melikesi olduğu için, işte yalnız bunun için köle gibi itaat ediyordu. Fakat Sabîha bu hali fark edemiyordu. Zira Ebû Âmir'i ateşli bir aşkla seviyordu. Sabîha Sultan İbn Ebû Âmir'i Şeceretü'd-dürr'ün İzzeddin Aybek'i sevdiği gibi hudutsuz bir hisle, muhabbetin en şümûllü mânasıyla seviyordu. Her iki melike de, temasa geldikleri bu müstesna varlıkların tesiri altında kaldılar. Büyülendiler. Kendi parlak şahsiyetleri bu besledikleri aşkın önünde mahvoldu, silindi. Aşk mahkumları oldular... Bütün hayatlarını sevdiklerinin en olmaz emellerine o kadar feda ettiler ki, mevkilerinden düştüler. Şaşaalarını, azametlerini kaybettiler. Kendi şahsiyetleri sevdiklerininki ile kaynaştı, onların şahsiyetine uydu. Arzuları hep onların arzuları oldu. Devlet göğünün birer parlak güneşi idiler, gezegenler etraflarında dönerdi. Sonra, şahsiyetleri değiştikten sonra kendileri geze-

(94) Lane-Poole

gen durumuna düştüler. Sevdikleri de devlet göğünün güneşleri oldular. Hem Muhammed bin Ebû Âmir hem İzzeddin Aybek onların bu ruh halinden istifade ettiler. Bu iki melikenin hayatlarını gözyaşlarıyla, elem ve acılarla, derûnî teessürlerle zehirleyerek maceralarını en acı ve feci bir şekilde sona erdirmeye sebeb oldular.

Muhammed bin Ebû Âmir darbhane müdürü olur olmaz velinimeti melikeye minnettar oldu. Hatta teşekkür için kendisine fevkalâde kıymetli bir hediye takdim etti. Bu öyle görülmemiş bir şeydi ki görenler hayran oluyorlardı. Endülüs saraylarından birinin, en güzelinin bir maketini yaptırdı. Bu küçük saray tamamen gümüşten yapılmıştı. O kadar nefis bir surette oyulmuş ve işlenmişti ki, İbn Ebû Âmir'in evinden Beytü'z-Zehra'ya kadar başlarında taşıyan adamların etrafında halk, dalgalana dalgalana ta Sabîha'nın sarayına kadar bu emsalsiz sanat eserini temaşa ettiler.[*] Sabîha Sultan bu sanat eseri hediyeden pek memnun kaldı. Son derece etkilendi. Yapımı aylar isteyen bu nefis eser ise fevkalâde bir masrafa mal oldu.

Artık Muhammed bin Ebû Âmir, Sabîha Sultan'a görülmemiş çeşitten nefis sanat eserleri takdim etmeye başladı. Her hediyesi evvelkinden daha nazik ve daha kıymetliydi. Sabîha Sultan da İbn Ebû Âmir'in bu gönül alıcı hareketlerinden her defasında daha ziyade memnun ve müteşekkir oluyordu. Fakat bu sonu gelmeyen hediyeler Kurtuba ileri gelenlerinden bazılarının dikkati-

(*) L'Histoire des Musulmans d'Espagne, Dozy.

ni çekmeye başladı. Sabîha Sultan'ın nazlı hatırı için sarf edilen bu yüklü paralar acaba devlet hazinesinden aşırılmış değil miydi? Darbhane hazinelerinde bir kötü idare neticesi görülmüyor muydu? Muhammed bin Ebû Âmir'in şahsî serveti ise yoktu. O halde Sabîha Sultan'ın sırf keyfi için akıtılan bu pahalı hediyeler hangi mal ile satın alınıyor ve yapılıyordu?.. İşte bu cihetleri etrafıyla düşünen bazı zevat halifeyi gaflet uykusundan uyandırmadıkça rahat edemedi. Nihayet Hakem, Ebû Âmir'e haber gönderdi. Derhal Beytüz-Zehra'ya gelip devlet hazinesinin ve darbhanenin hesaplarını takdim etmesini ferman buyurdu, İbn Ebû Âmir biraz şaşırdı. Çünkü devlet hazinesinde mühim bir açık vardı. Sarf olunan paraların yerine ve darbhanenin sandıklarından eksilen akçelerin karşısına hangi bir servet konabilirdi? Bu cihetleri düşünüp tedbir alacak vakit de yoklu. Ne yapsın? Düşündü. Sonra hatırına aziz dostu İbn Huzeyr geldi. Derhal onu çağırtıp kendisinden emaneten eksik olan paraları aldı. Hemen hesablarını denkleştirdi ve tam bir emniyet ve kendine güven ile Halife'nin huzuruna geldi. Hesablarını takdim etti. Maliye hesablarında mükemmel bir intizam, devlet hazinesi dopdolu, darbhane sandıkları altın ve gümüşle tıkabasa! Halife Hakem hayrete düştü. Bu işbilir mâliye nazırını tebrik etti ve hakkında beslediği kötü zan ve şüpheyi telâfi için Muhammed bin Ebû Âmir'in memuriyetlerine bir de umumî müfettişliği ekledi.

Muhammed bin Ebû Âmir ertesi gün dostundan ödünç aldığı paraları geri verdi. Talihi kendisine her zamandan daha ziyade yâr oluyordu. Halife'ye sadakatini ispat etmişti. Düşmanlarını şaşkın bırakmıştı. Bu son başarısından dolayı Sabîha Sultan'ın gözüne de biraz daha girmiş oldu! Artık İbn Ebû Âmir, Kurtuba'nin ve bütün Endülüs'ün en sözü geçen bir nâzırı kesilmisti!

Sevdiğinin bu son başarısı Sabîha Sultan'ın himayesini bir kat daha arttırdı. Artık Ebû Âmir'i alenen göklere çıkarmaya başladı. Aşkını gizlemeye ve kendini zaptetmeye lüzum görmediği için Ebû Âmir'e olan alâkasından herkes bahseder oldu.[95] Sabîha Sultan ile Ebû Âmir arasındaki münasebeti Halife'den başka herkes haber aldı. Ağızdan kulağa destanlar okunmaya başlandı. Bu dedikodu bütün Kurtuba'ya yayıldı. Nihayet Halife Hakem'in kulağına gideceğinden korktular ve bir ihtiyat tedbiri olmak üzere Hacib Cafer el-Mushafî, Sabîha Sultan'ın da olurunu alarak Hicrî 358 senesinin Zilhiccesinde Muhammed bin Ebû Âmir'in «Kaadî-i Mutlak» ünvanıyla Şibilya(Sevilla) şehrine gönderilmesini uygun gördü.[96] Bir müddet orada kaldıktan sonra Cebelitarık'tan, Merakeş'e geçti. Düşmanları bu uzaklaştırılmaya sevindiler, şöhret ve şanını mahvedecek bir surette olmadık suçlamalarda bulundular. Fakat Sabîha Sultan onu uzaktan gözetiyordu, korumasından mahrum bırakmıyordu. Hatta Halife Hakem'in, Ebû Âmir'i Merakeş'e sırf oradaki defter hesablarını kontrol ve Başkumandan Galib'in tavır ve hareketini teftiş için gönderdiğini bildiği için, bu rivayeti alttan alta yaydırıyordu.

---

(95) Arapça Dipnot.
(96) el-Makkarî.

Hâcib el-Mushafî, Başkumandan Galib'i hiç çeke-
mezdi. Ebû Âmir'in teftiş ve kontrolünden hiddetlenece-
ğini biliyordu. Zaten de onu Merakeş'e ancak, Galib'i
gücendirmek için kasden göndermişti. Galib pek cesur
ve muktedir bir kumandandı. Ebû Âmir ile tanışıp görü-
şünce birbirlerinden hoşlandılar, ahbab oldular. Ebû
Âmir, Merakeş isyanlarının bastırılmasında büyük ya-
rarlık göstermiş olan bu kumandanı Halife'ye o kadar
övdü ki, el-Mushafî'nin ısrarına rağmen Kurtuba'ya deb-
debe ve tantana ile dönmesine sebep oldu.

Bu müddet zarfında Ebû Âmir Merakeş'te pek çok
mühim hizmetler gördü ve halifeliğin gerçek bir hizmet-
kârı olduğunu her işiyle gösterdi. Kendisini hem Mera-
keşlilere sevdirdi hem Endülüslülerin şükranını kazan-
maya muvaffak oldu.

Merakeş'te bulunduğu müddetçe Sabîha Sultan'a
kendini en nazik ve zarif bir surette hatırlatacak hediye-
ler takdim etti.[97] Onu hiçbir zaman unutmadığını, ha-
yalinde her zaman seçkin bir mevkii olduğunu hissetti-
recek bir tarzda sevgi eserleri gösterdi. Sabîha Sultan
ayrılığına tahammül edemedi. Saray halkı, şen ve zarif
gözdelerinin geri dönmesi için çalıştılar. Birinci veli-
ahdın ölümünden dolayı Hişam veliahd nasbedildiği için
mal ve mülküne nezaret edecek dürüst birini aradıkla-
rından Sabîha Sultan, Ebû Âmir'in Hişam'ın çiftliklerini
idare etmesini doğru buldu.

Hicri 359 senesi gözden düşmüş sandıkları Ebû
_____
(97) Dozy.

Âmir, evvelkinden daha şanlı bir rütbeyle Kurtuba'ya geri döndü. Veliahdın çiftliklerinin nezaretiyle bir de başkentin polis ve zaptiye kumandanlığı vazifesiyle Beytü'z-Zehra'da tekrar boy göstermeye başladı. Sabîha Sultan'ın sevinci sonsuzdu.

Beşinci Bölüm

Hicrî 365 senesinde Melik Hakem el-Mustansırbillah ağır bir halde hastalandı.[98] Bir daha iyileşemeyeceğini hissetti. Kafasını bir tek istek istila etmişti: Hişam'ı hilâfet tahtına oturtmak... Hişam henüz 11 yaşında bulunuyordu. Kurtuba'da şimdiye kadar böyle genç bir emîr hükümet etmemişti. Zira hilâfet o ana kadar gelenek üzere yaşça en büyükten en büyüğe geçerdi. Fakat Hakem, kardeşi Mugîre'nin tahta geçmesini istemiyordu. Korkuyordu. Vaktiyle kâhinin biri, hilâfet doğrudan doğruya kendi çocuklarına kalmazsa Emevî hanedanının sarsılacağını, belki de yıkılacağını haber vermiş olduğundan, ne olursa olsun oğlunun veliahdlığını ümmete kabul ettirmeyi bir vazife bildi.

Sabîha Sultan da Halife'nin bu fikrini benimsedi. Hişam'ın ümmet tarafından iyi kabul görmemesi ihtimali bütün zekâ ve dirayetini coşturdu. Derin bir düşünceye düştü. Ya Hişam halife olamazsa? Ya Endülüslüler isyan ederse? Hıristiyanlar bu fırsattan istifade ederek askerî bir harekâta kalkışırlarsa? Ya oğlu halife olamazsa, kendisi ne olacaktı? Yok olmaya, unutulmaya mahkûm değil miydi? Halife Hakem'in artık şifâ bulamaya-

_____
(98) Dozy.

cağı muhakkak gibiydi. Hastalığının vehameti kendisine âdeta mâlumdu. O halde süratle bir çare, bu müşkülü çözecek bir siyasî hile icad etmek mecburiyetini hissediyordu! Sabîha Sultan bütün kadınlık ferasetiyle çalıştı. Hakem'in kendisine olan düşkünlüğü ve sevgisi hâlâ kaybolmamıştı. Telkin ve yüreklendirmesiyle, kocasına pek mühim bir karar verdirmeye muvaffak oldu. Hicrî 365 senesi Cemâziyelevvelinin birinci günü[99] bir millî meclis topladı. Endülüs'ün bütün ileri gelenleri bu mecliste bulundular. Mecliste Halife Hakem bir beyannâme okudu. Milletin Hişam'ı halifeliğe kabul etmesine dair olan bu beyannâmeyi bütün meclis üyeleri imzalamaya mecbur oldu. Halife mecliste bulunanlara asla bir baskıda bulunmadı, en ufak bir şiddet gösterisinde ve hatta ısrarda dahi bulunmadı. Ancak halifelerim pek seven bu kişiler, ona muhalefet etmeyi şanlarına yakıştıramadılar. Hasılı beyannameyi imzaladılar. Halife, Sabîha Sultan'ın azadlılarından olan başkâtibine bu beyannâmenin birçok suretlerini yazarak çoğaltmasını emretti. Zaptiye teşkilatının başında bulunan Ebû Âmir'e de bu suretleri İspanya'nın bütün şehirlerine dağıtması ve her yerin ileri gelenlerine imzalatması için özel talimat verdi.

Beyannâmenin nüshaları Merakeş'e ve Afrika'nın pek çok yerlerine kadar gönderildi. Yalnız ileri gelenler değil, bütün halk imzalarını atmak için yarıştılar. Hakem'in hatırını kırmamak için herkes onun arzusuna uymak istiyordu. Halife de son derece memnun, karısının, bu fikrin asıl bulucusu olan Sabîha Sultan'ı kutladı. Sa-

_____
(99) İbn ez-Zehâvî.

bîha Sultan artık Hakem'in günden güne kuvvetten düş-
tüğünü görünce Ebû Âmir'i sarayın genel müfettişi[100]
tayin ettirmeye gayret etti ve her zaman olduğu gibi
bunda da arzusuna kavuştu. Bundan sonra Hişam'ın is-
mi cuma hutbelerinde Halife'ninkinden sonra okunmaya
başladı. Beyannâme ise imzalanmıştı. Hakem ile Sabî-
ha'nın içleri rahat etmişti. Lâkin hal ve durum tehlikeliy-
di. Mugîre'nin taraftarları vardı, isyana hazır bir şekilde
bekleşip duruyorlardı. Kuzey İspanya'daki prensler de
fırsattan istifade ile, Hakem'in hastalığını canlarına min-
net bilip harp hazırlıklarına başladılar.[101]

Bu haller gittikçe şiddetlendi. Artık Sabîha Sultan'ı
da meraklandırmaya başladı. Halife'nin vefatiyle siyaset
ufuklarının büsbütün bulanacağını görüyordu. Hazırlıklı
bulunulmasını emretti. Fakat işin içinden nasıl çıkacağı-
nı pek de bilmiyordu. Ortada Halife'nin kardeşi Mugîre
vardı. Onunla mı uğraşmak lâzımdı, yoksa hıristiyan
prensleriyle savaşmak mı? Yoksa Hişam'ın veliahtlığını
sûreta kabul edenlerin sızlanmalarına mı ehemmiyet
vermek zarurî idi. Hasılı ne yapacağını şaşırmıştı. Han-
gi yolu takip etsin, düşünüyordu? Hâcib el-Mushafî ile
müzakerelerde bulunuyor, Ebû Âmir'den yardım istiyor-
du.

Bu aralık Halife'nin hastalığı büsbütün ümitsiz bir
hale geldi. Günden güne ağırlaştı. Nihayet Hicrî 366 se-
nesi Safer ayının 3'ünde, Halife Hakem el-Mustansırbil-

(100) el-Makkarî, İbn Esîr.
(101) Dozy.

lah 16 senelik saltanatını bırakarak beka âlemine göçtü. Hanedanının en faziletli, en sevimli bir halifesiydi.[102] Halife Hakem ölüm döşeğinde Hişam'ı ve devleti Sabîha Sultan'a ve el-Mushafî ile Ebû Âmir'e emanet etti[103]. Bunların zekâ ve siyasetlerinden emin olduğu için hem Endülüs'ü hem de Hişam'ı her türlü tehlike ve kazalardan koruyacaklarını ümit ediyordu. Vefat ederken gönlü rahattı.

Halife Hakem'in vefatından sadece Sabîha Sultan, el-Mushafî, Ebû Âmir ile Cevher ve Faik isminde iki akağa haberdardılar. Saray halkı Halife'nin hâlâ hasta olduğunu sanıyorlardı. Ölümünün duyulmaması için Sabîha Sultan çok uğraştı. Bir matem sahnesi haline gelen Beytü'z-Zehra'da en usta bir sanatkâr gibi rol yaptı. Devleti o anda, bir hercümerçten kurtarmayı başardı. Son derece zeki olan bu akağaların da bir müddet için olsun Halife'nin ölümünü halka ve saraya haber vermemelerine çalıştı ve bunları velevki bir an için olsun kendi tarafına çektiğine emin olduktan sonra gönlü biraz rahat etti. el-Mushafî ile Ebû Âmir'in sadakatinden zaten emindi.

Endülüs'ün bütün geleceği bu kadının elindeydi. En küçük bir tedbirsizlik en mühim ve telâfisi kabil olmayan bir tehlikeyle sonuçlanabilirdi. Beytü'z-Zehra'yı Mugîre'nin, Kurtuba'yı muhalif gurupun ve Endülüs'ü hıristiyanların eline düşürmek küçük bir hataya bakıyordu.

---

(102) Emir Ali.
(103) Tarih-i İslâm.

Sabîha Sultan'ın talihi pek parlaktı. Bu olayda en mahir siyasîler kadar ustalık gösterdi. Tahtı, tacı kurtardı. Kadınlığın bütün inceliklerini göstererek hilâfet tahtını oğluna temin etmeye çalıştı. Hişam'ın saltanatını temin etmekle kendi nefsinin nüfuz ve tesirini de kuvvetlendirmiş oldu.

Altıncı Bölüm

Akağalar Slav ırkından olup zalim ve gaddar adamlardı. Endülüslülere daima zulm etmekten zevk alırlardı. Nüfuz sahâlârı genişti. Bin aded Slav da bunların hükmü altındaydı. Faik ile Cevher ağalar el-Mushafî'yi çekemezlerdi. Hişam halife olduğu gün kuvvetlerinin azalacağından şüphe etmiyorlardı. Çünkü Hacib el-Mushafî de kendilerini sevmezdi.

Halife Hakem'in ölümünü sakladıkları esnada bunlar aralarında bir fikir müzakere ettiler. Kararını da verdiler. Ebû Âmir'e haber vermeksizin Hacib'i yanlarına çağırdılar ve ona, **«Bize yardım et. Hişam'ı halifeliğe kabul etmek istemiyoruz. Tahta Mugîre çıksın istiyoruz. Sen de bize yardımcı ol»**, dediler. El-Mushafî bunların haline bakınca gördü ki, az bir şey karşı çıkacak olsa kendisini hemen oracıkta öldürecekler. Binaenaleyh bu fikri olumlu karşılamış gibi davrandı. Onlara hitaben, **«Peki! Fakat bari beni burada gözcü gibi bırakınız, siz gidip hazırlık yapınız»**, dedi.[104] Faik ile Cevher de el-Mushafî'yi sarayın kapısında bırakıp kararlarını gerçekleştirmeye koştular.

_____

(104) Dozy.

El-Mushafî son derece şaşkındı. Endülüslülerin Mu-
gîre'yi kolayca kabul edeceklerinden emindi. Çünkü Hi-
şam'ın küçük yaşı, hilâfete karşı mühim bir mahzur teş-
kil ediyordu. O âna kadar vasî yüzü görmeyen ahalinin
de böyle bir halden, hakikatte hoşnut olmayacaklarını
biliyordu. Aynı zamanda bu müşkülün nasıl çözülebile-
ceğini düşünüyordu. Nihayet Muhammed bin Ebû Âmir'i
gizlice sarayın kapısına çağırttı ve durumu ona izah et-
ti. Mugîre mutlaka ortadan kalkmalıydı. Onu ortadan
kaldıracak adam da ancak Ebû Âmir olabilirdi. Ebû Âmir
tereddüd etti. Sabîha Sultan meseleden bu sırada ha-
berdar oldu. Himaye ettiği adamın sadakatini tecrübe
için bundan iyi bir fırsat olur muydu? El-Mushafî de ıs-
rar etti. Nihayet kabullendi. Bu kabulü Sabîha'yı bir be-
lâdan kurtarıyordu. Bir uçurum kenarında duran genç
veliahdi belki feci bir ölümden kurtarıyordu. Bu karara
göre harekete geçti. Askeri alarak Mugîre'nin sarayına
gitti. Mugîre 27 yaşında korkak bir emîrdi. Ebû Âmir'i kı-
lıcıyla görünce titredi ve «**Benden ne isterseniz yapa-
rım**» demeye başladı. Muhammed bin Ebû Âmir, karde-
şinin vefat ettiğini, Hişam'ın halife nasbedildiğini söyle-
yince «**Zaten ben ona evvelce biat edeceğime dair
yemin etmiştim, Allah ömrünü uzun etsin**» dedi. Bu-
nun üzerine Ebû Âmir ona acıdı ve öldürtmedi. Dışarıya
çıktı ve el-Mushafî'ye Mugîre'yi öldüremeyeceğini bildi-
ren bir mektup yazdı ve biri ile gönderdi. El-Mushafî,
Ebû Âmir'in mektubunu okuyunca telaşlandı. Vakit geçi-
yordu. Acıyacak, üzülecek zaman değildi. Derhal kalemi
aldı ve bir cevap yazdı. Bu cevapta, «**Tereddüdünle bi-**

zi daha beter bir tehlikeye atıyorsun. Acaba sen de mi bize ihanet ediyorsun?» diyordu. Mektubu aynı kişiyle Mugîre'nin sarayına yolladı.

Ebû Âmir bu pusulayı okuyunca düşündü. Mugîre'yi bizzat öldüremeyeceğini hissediyordu. Fakat bütün merhametine rağmen askerlere içeri girip vazifelerini yapmalarını emretmeye mecbur oldu. Askerler Mugîre'yi boğdular ve sarayın bir köşesine gömdüler.

Bu işin bittiğini duyunca el-Mushafî memnun oldu. Sabîha Sultan ise minnettar kaldı. Ebû Âmir'e ne kadar müteşekkir olduğunu her hareketiyle gösterdi. Artık ona büsbütün meyletti. Halife'nin öldüğü herkese duyuruldu ve ertesi sabah bîat töreni yapıldı. Hişam halife oldu. El-Müeyyedbillah unvanını aldı. Henüz 11 yaşındaydı.

Fâik ile Cevher ağalar da geçici bir süre için itaate mecbur oldular. O günden itibaren Halife Hişam sarayın gözden uzak taraflarında öğretmeni olan bir zatın terbiyesine emanet edildi.

Sabîha Sultan ve Ebû Âmir açıktan açığa iktidar mevkiine geldiler.[105] Hişam'ın vasîsi annesi olduğundan oğlu adına hükümet ediyordu. Artık saltanat, gün hep Sabîha'nın oldu.

Zaten on seneden beri işleri idare eden o değil miydi? Evet, hutbelerde ismi geçmiyordu; fakat her zaman ve her yerde hüküm yürüten kendiydi. Sabîha Sultan sonsuz bir iktidara sahipti. Vasî sıfatıyla nüfuzunun hu-

(105) Kamusü'l-A'lâm.

dudu yoktu. Emretmek ve yasaklamak hep elindeydi. Meclislerin kararına o iştirak ediyor, devletin asayişini sağlamak için çareler arıyor, vergileri kaldırıyor, vaktini halkın refah ve saadeti için harcıyordu. Halk arasında nam saldı. Sevildi. Şöhreti büsbütün yayıldı. Vekiller nazarında önem kazandı. Akıl ve zekâsını herkes biliyordu. Esasen Hakem'in vefatı duyulup Hişam halife seçildiğinde oybirliğiyle vasî seçilmiş olması onun bu iktidarına olan güven ile mümkün olmuştu.(106)

Tarihçiler bu şanlı vasiden bahsettiler. Şairler kâsideler söylediler, kendisini yıldızlara benzettiler. Sabîha Sultan'ın şan ve şöhreti ayyuka çıktı. Kurtuba şehri Sabîha adıyla çınladı.

Ne kadar yazıktır ki, Sabîha Sultan hatıra defteri tutmayı düşünmedi. Kim bilir hayatının maceralı sahifelerini nasıl nefesimiz kesilerek, zevkle okur ve bu müstesna kadının hayatının hususiyetlerini öğrenmekten ne kadar tat alırdık. Acaba Beytü'z-Zehra'nın nazlı bahçelerinde gezindiği esnada mazisini hiç hatırlamıyor muydu? Halife Hakem'in sevgilisi iken, yaptıkları o gece gezintilerinin hatırası şimdi yeni ruh haline acaba tesir ediyor muydu? Aynı ağaçların gölgesinde yürürken o tatlı gençlik günlerini düşünüyor muydu? Yoksa, yoksa o zamanlar zihninde hiçbir eser, kalbinde hiçbir iz bırakmamıştı da, aynı ağaçların zümrüt dalları altından geçerken, Şarkı söylediğini bile unutmuş muydu? Duyguları acaba ne merkezde idi? Beytü'z-Zehra'nın çiçekli bah-

---

(106) Endülüs Tarihi, Ziya Paşa.

çelerinde aheste aheste gezindiği zamanlar düşünceleri hep geleceğe mi yönelikti? Yoksa mazisini hürmetle yad ederek geçen zamanlarına da ara sıra iltifat eder miydi? Ne idi, kim bilir? Bu zeki, dirayetli, muktedir ve kültürlü kadın ne gibi bir etkilenme içindeydi? Acaba güzelliğinin kurbanlarını mı sayıyor? Yoksa olağanüstü talihine mi hayran oluyordu? Hayat macerasının safhâlârını birer birer gözlerinin önünden mi geçiriyordu?

Siyaset işlerini bir tarafta itip de dinlenmek için o süslü havuzun keharmda oturduğu vakit oğlunun tahsil ve terbiyesini mi düşünüyordu? Nebatların kokularını olanca güçleriyle neşrettiği saatlerde, akşamları, çiçeklerin ortasında esintili havayı teneffüs ettiğinde Sabîha Sultan ne düşünüyordu? Hayatın, hakikat içinde hayal ve hayal içinde hakikat gösteren bir rüya olduğunu mu tasdik ediyordu, yoksa ilk Şarkılarından itibaren görmüş olduğu tantanaları, debdebeleri, ziyafetleri ve şerefine verilen davetleri mi hatırlıyordu? On altı seneden beri başına gelenleri mi sayıyordu, yoksa havuzun kenarında oturduğu zaman, gurûb vakti, gökyüzünde parlayan o en birinci ve en parlak yıldıza bakıp, «Beni acaba bu yıldıza mı benzetiyorlar», diyerek bir hayale mi dalıyordu? Yoksa aklını, fikrini, hayalini ve bütün varlığını ancak bir düşünce, Muhammed bin Ebû Âmir'in aşkı mı meşgul ediyordu? Kim bilir? Bu sorular, heyhat ki ebediyyen cevapsız kalmaya mahkumdur. Hiçbir eski kitapta Sabîha Sultan'ın ruh haline benzer bir sevgi görmedim. Ebû Âmir'in, şairin dediği gibi «Gözünün nuru ve sinesinin ruhu» olduğunu öğrendim. Fakat Beytü'z-Zehra bahçelerinde gezindiği anlarda, arasıra mazisini ve o bütünüyle garip hayatını anıp anmadığını maalesef öğrenemedim.

Yedinci Bölüm

Akağalar geçici olarak baş eğmişlerdi. Lakin Mugîre'nin öldürülmesini unutamıyorlardı. Bilhassa bu öldürmenin teşvikçisi ve faillerini de bir türlü affedemiyorlardı. Bundan dolayı da el altından fitneyi daima tahrik edip duruyorlardı. Endülüslüleri Halife ile el-Mushafî'nin ve Muhammed bin Ebû Âmir'in aleyhine çevirmeyi bir intikam olarak görüyorlardı. Pek nüfuzlu olduklarından maksatlarına da yavaş yavaş nail oluyorlardı. Halk, halifelerini asla görmedikleri için şikâyet etmeye başladılar. «Henüz bir çocuk ise niçin tahta çıkarıldı?» diyenler de oldu. Üçüncü Abdurrahman ile Hakem'in devirlerinde halk, halifelerini daima görürlerdi. Yüzlerini görmekten şeref duyarlardı. Hişam ise daima sarayda saklıydı. Endülüs'e bu fesat tohumlarını ekenler gizlice seviniyorlardı. Fakat Sabîha Sultan durumun kötüye gittiğini anladığından el-Mushafî ile Ebû Âmir'i yanına çağırttı. Bu aleyhteki akımın ne olursa olsun önü alınmalıydı. Halife halkına görünmeliydi!

Nihayet karar verdiler. İkinci Hişam ata binmiş, sağında el-Mushafî ve solunda Ebû Âmir olduğu halde muhteşem bir törenle halkına yüzünü gösterdi. Ordunun, birçok bölüklerinin de katılmasıyla Halife'nin tören alayı bir kat daha haşmet ve ihtişam kazandı. Aynı gün yağ vergisi de kaldırıldı,[107] Endülüslüler bu kararla büyük bir sıkıntıdan kurtuldular. Kurtubalılar da halifelerini askerleri arasında görmekle sevindiler ve rahatladılar.

Ne var ki, akağalar hâlâ hile ve desise dolaplarını çevirmekte ve halkın zihnini karıştırmaktaydılar. Hatta saray aleyhine pek müthiş bir teşebbüste bulunarak hemen faaliyete geçeceklerdi ki, Ebû Âmir bu kararlarından haberdar oldu. Taraftarlarını şiddetle cezalandırdı. Faik ile arkadaşını adalara sürgün ederek Kurtuba'yı bunlardan temizledi.

İçteki durum bu merkezde idi. Dışta ise hıristiyanlar gittikçe kuvvet kazanıyorlardı. Bazen, da müfrezeleri sınırlardan geçiyor hırsızlıklarda bulunuyordu. Sabîha Sultan telaş etti. Hakem'in devrinde hiçbir tecavüz hareketinde bulunmayan Hıristiyan emîrleri birdenbire ayaklanmıştı. Bunun sonucunda acaba mühim bir harp mi olacaktı? Ne yapmak lâzım geliyordu? Hâcib ile Ebû Âmir'i huzuruna çağırdı. Hemen bir umumî meclis toplattı. Nihayet hıristiyan düşmana karşı taarruz etmek fikri ve kararı oybirliğiyle kabul olundu.

Bu mecliste, milletin en muteber kişileri hazır bulundu. Muhammed bin Ebû Âmir kendine has, o güzel konuşmasıyla etkileyici bir hutbe okudu. Hıristiyanlara karşı bir ordu sevk edilecekti. Fakat böyle bir harbin parasız mümkün olamayacağını kendisi gibi muhterem üyeler de biliyorlardı. Bu harbin kaç bin dinara mal olacağını üyelere sordu. Kimse cevap vermeyince, tahminen yüz bin dinar gerektiğini eklediğinde, üyelerden biri bunun çok fazla olduğunu söyledi. Ebû Âmir ona yöne-

(107) Dozy.

lerek, «İstersen iki yüz bin dinar al da orduya sen
başkumandan ol, beni de bu mesuliyetten kurtar»
deyince muhatabı sustu. Bundan sonra başkumandan-
lık meselesi zihinleri karıştırdı! Böyle bir mesuliyeti kim-
se üzerine almak istemiyordu. Sonunda Ebû Âmir, «Pe-
kâlâ! Ben başkumandan olurum, ancak subay ve as-
kerimi kendim seçmeliyim ve bu para bana verilme-
lidir»(108) dedi. Meclis kabul etti. Sabîha Sultan Ebû
Âmir'i tebrik etti. Bu teşebbüsünün, mutlaka hayırlı bir
sonuca ulaşmasını arzu ettiğini, devletin selâmeti böyle
hayırlı ellerde bulunduğu müddetçe kendisinin de gönül
rahatlığı içinde olacağını söylediğinde, Muhammed bin
Ebû Âmir, el-Mushafî'nin o ana kadar ne derece zayıf
bir siyaset takip ettiğini ve fazlasıyla sakin ve yumuşak
olduğunu ima etti, izahat vererek etrafıyla anlattı. Sabî-
ha Sultan o gün bir şey söylemedi. Fakat Ebû Âmir, söz-
lerinin tesirsiz kalmadığını anladı.

Muhammed bin Ebû Âmir başkumandan olarak or-
dusunun başında hıristiyan emîrlere karşı hareket etti.
Düşmanla Müslüman'lar arasında çok mühim bir muha-
rebe oldu. Hıristiyanlar hezimete uğradılar, İslâm aske-
ri zafer kazanarak bazı şehirleri istilâ etti. Pek çok gani-
met elde ettiler ve elli günlük bir harpten sonra başken-
te şan ve şerefle geri döndüler.(109)

Muhammed bin Ebû Âmir başkumandanlıkta büyük
yararlıklar gösterdi. Ecdadındaki cengâverlik ruhunun
kendisinde de var olduğunu gösterdi. Askerlere kendini

(108) Dozy.
(109) Endülüs Tarihi, Ziya Paşa.

sevdirdi. Harp sanatına vâkıf olduğunu bilmeyenler, böyle bir zafer kazanmasına şaşırdılar. Endülüs'e döndüğü gün şerefine şenlikler yapıldı. Sabîha Sultan ile Hişam kendisini iltifatlarla karşıladılar. Ebû Âmir her şeyde olduğu gibi bu işte de başarı kazanmış bir kahramandı.

Hem saraydan sevgi ve güven, hem de asker ve sivil ileri gelenlerden hürmet görüyordu. Bu harpten sonra ise bütün ordunun bağlılığını ve meylini ancak bu kahramanlığıyla kazandığından «el-Mansur» ünvanına kavuşmuştu. el-Mushafîye artık önem vermez oldu. Halife henüz reşîd olmadığından onunla ancak uzaktan uzağa görüşüyordu. Sabîha Sultan kendisini seviyordu. Muhammed bin Ebû Âmir el-Mansur'dan daha bahtiyar bir adam var mıydı?

El-Mansur'un süslü hayallerinin hepsi sihirli bir kuvvetin tesiriyle gerçek olmuştu. Darül-fünun arkadaşlarıyla fikir tartışmalarında bulunduğu günlerin üzerinden henüz uzun bir zaman geçmediği halde meramına kavuşmuştu. Kurtuba'nın en sözü geçer bir adamıydı. Herkesin gözü ondaydı. Fevkalâde bir şöhrete, şanlı bir ada sahipti. Kurtuba meydanında, saraya karşı olan o küçük dükkânında tasarladığı şeylerin en akla ve hayale sığmayanı bile gerçekleşmişti. Bir gün Endülüs'e ve bütün devlete hâkim olacağını kesin ve emin olarak söylediği gibi, hakikaten de Endülüs'e ve bütün devlete hâkim ve İslâm âleminin en şaşaalı bir siması olmuş kalmıştı.

Sekizinci Bölüm

Muhammed el-Mansur artık bütün debdebesiyle «Saltanatın vekili ve hilâfet işlerinin kefili» olmuştu.[110] Kurtuba civarında muazzam bir saray, daha doğrusu ez-Zahire isminde küçük bir şehir inşa ettirdi. Devlet memurları, esnaf ve tüccar hep oraya taşındılar. El-Mansur'un ez-Zahire'deki ikametgâhı Beytü'z-Zehra kadar şöhret kazandı. Güzel bahçelerle çevrili, havuzlar ve fıskiyelerle süslüydü. Muhammed el-Mansur'un mükemmel bir de musikî takımı vardı. Sarayında gönül çekici ziyafetler vererek bütün başkent halkını ihtişamına hayran bırakmaya başladı.

Muhammed el-Mansur Sabîha Sultan'ı seviyor muydu? Yoksa koruyucu melikesine karşı beslediği hisleri yalnız bir şükran ve minnettarlıktan mı ibaretti? Sabîha Sultan onu taparcasına bir aşkla seviyordu, evet! Fakat bu his karşılıklı mıydı? Muhammed el-Mansur da Sabîha'yı aynı derecede seviyor muydu? Aynı derecede de değilse bile, gerçekten seviyor muydu? Buna iktidar mevkiine geçtikten ve Endülüs hâkimi olduktan sonra yaptığı kalb kırıcı hareketlerine dayanarak, hayır, derim. Muhammed el-Mansur Sabîha Sultan'ı sevmiyordu. Ona ancak yükselmesine bir vasıta olduğu için hürmet ediyordu. Sevgi ifade eden davranışlarda bulunuyordu; fakat gerçekte Sabîha'yı sevmiyordu. Çünkü hükmünü yürütmek için o vasıtaya artık baş eğmek lüzumunu görmediğinden beri, öpüp başına koyduğu o muazzez elin,

_____
(110) Endülüs Tarihi, Ziya Paşa.

Sabîha Sultan'ın o sevgi ve yardım elinin bundan sonra devlet işlerine karışmasını istemez oldu. Fermanların üstünde sırf kendi adını görmek istedi. Emirnâmelerin altında yalnızca el-Mansur imzasının bulunması kararındaydı!

Şu kadar var ki, Muhammed el-Mansur Sabîha'yı daha avutuyordu. Henüz ona muhalif olduğunu ilan etmemişti. Onu olanca inceliği ve nezaketiyle sarıyor, kalbinin en hassas noktasını tesbit ettiğinden onu daima sevdiği şeylerle kuşatıyor, en hoşlandığı tarzda eğlendirip, memnun ediyordu. Hâlâ en samimi taraftan, hilâfetin en gayretli hizmetkârı görünüyordu. Bir gün kendisine bir cariye satmak istediler. Cariyeyi el-Mansur'un gözüne daha câzibeli göstermek için de kızın esircisi ona bir Şarkı öğretti. Bu Şarkıyı Mansur'un huzurunda söylemesini tenbih etti. Cariye Mansur'un sarayına girdi ve orada, huzurda söylemeye başladı. Mansur cariyeyi dikkatle dinledi. Sonra, kızcağız şarkısını bitirir bitirmez hemen saldırdı ve biçare cariyeyi orada öldürdü.[111] Gözleri parlıyordu, hiddet ve gazabından bütün vücudu titriyordu. Cariyenin söylediği Şarkı, Sabîha Sultan ile kendisi arasında bulunan münasebeti ima ediyordu! Huzurunda böyle mahrem bir şeyden bahsederek Sabîha'nın adını lekelemesine tahammül edemedi. Önünde böyle bir cüret gösterenleri de bu türlü cezalandırmaktan çekinmedi. Sabîha hakkında yazılan bazı hicviyeleri de toplatarak yaktırdı ve bunları yazanları en şiddetli bir surette cezalandırdı.

(111) İbnül Etharî.

Bu aralık Muhammed el-Mansur, el-Mushafî'nin gevşekliğinden rahatsız olmaya başladı. Ondan vazgeçmek istedi. Zira Hacib, artık vazifelerini bir yana itmiş, sırf kendi menfaatini kollamakla vakit geçiriyordu. Onun böyle hiçbir şey yapmamasını Sabîha Sultan'a pek mânalı bir tarzda göstermeye başladı. Sabîha da el-Mushafî'nin ahvalini pek yakından takip ediyordu. Dikkat ettikçe el-Mansur'a hak verdi. Muhammed el-Mansur, el-Mushafî'yi gözden düşürdükçe Başkumandan Galib'i de o nisbette yükseltti. Nihayet Sabîha Sultan, Galib'e hem askerî hem mülki olan bir rütbeyi,[112] «el-Vezâreteyn»i ihsan etti. Bundan sonra da Muhammed el-Mansur, Galib ile beraber ülke sınırlarını aşarak hıristiyanlara karşı harp ilan etti. el-Mansur'un gayesi İspanya'yı tamamen Müslüman etmekti.[113] Bu harpten zafer kazanmış olarak döndüler. Bunu başka muharebeler de takip etti. el-Mansur hepsinde zafer kazandı. Artık ordunun uğuru gibi olmuştu. Çünkü hangi cenge gitse daima galip geliyordu. el-Mansur ile Başkumandan Galip, böyle hıristiyanlarla harbe gittiklerinde Sabîha Sultan işleri idare ediyordu. Adını yaşatacak binalar yaptırmakla da meşgul oluyordu.[114]

Artık el-Mushafî'nin hiçbir nüfuzu, zerre kadar bir ehemmiyeti kalmamıştı. Gözden düştüğünü de bütün acılığıyla anlamaya başladı. Zamanında, iktidar mevkiindeyken gururuyla o kadar kişiyi kırmış, hatta emîrleri

---

(112) İbn Hallikân.
(113) Endülüs Tarihi, Ziya Paşa.
(114) Endülüs Tarihi, Ziya Paşa.
(115) Dozy.

bile kibriyle o kadar gücendirmişti ki, artık hiçbir kimse tarafını tutmak istemiyordu.[115] Düşkünlüğüyle başbaşa yalnız kaldı. el-Mushafî işten tamamen el çekmezden evvel bir kere daha talihini denemek istedi. Uzun zamandan beri iş başında bulunuyordu. Artık o mevkii böyle nasıl kolayca terk edebilirdi? el-Mushafî Başkumandan Galib'in itibarda olduğunu biliyordu. Hemen ona yapışmak gayesiyle, Galib'in kızı Esma'yı, oğlu Osman'la evlendirmeyi düşündü. Bu fikrini de vakit geçirmeden gerçekleştirmek için Galib'e yazdı. Başkumandan Galib evvelâ bir düşündü. Tereddüt etti, sonunda kabul etmeye karar verdi.

el-Mushafî artık sevincinden bastığı yerleri görmez oldu. Nihayet oğlunun evleneceği haberi ortalığa yayıldı. Bu haberi önce Muhammed el-Mansur işitti. Meseleyi soruşturdu. Haberin doğru olduğunu anlayınca son derece hiddetlendi. Şiddet gösterdi. Hilelere, entrikalara başvurdu. Galib'i yanına çağırdı, böyle bir evlilikten hiçbir menfaat ve şeref göremeyeceğini etrafıyla anlattı. el-Mushafî'nin asil bir aileye mensup olmadığını söyledi. Esma'nın Osman'la evlenmesinin münasip görülmeyeceğini bildirdi. Galip çok şaşırdı. Ne yapacağını bilmez oldu. Gerçi henüz zifaf olmamıştı. Fakat sözleşme imzalanmış ve söz kesilmişti. Muhammed el-Mansur'a daha önce danışmadığına pişman oldu. El-Mansur da Galib'in bu pişmanlık ateşini körükledi ve Galib'in, sözünü geri alacağını anlayınca, **«Kızını o ehemmiyetsiz Osman'la evlendireceğine bana ver, olmaz mı?»**

(115) Dozy.

dedi. Başkumandan Galib hayretten donakaldı. Kızını el-Mansur'un kabul edeceğine inanamıyordu. Nihayet büyük bir sevinç ve memnuniyetle bu teklife evet, dedi. El-Mansur da el-Mushafî'ye oynadığı bu oyundan dolayı kendi kendini tebrik etti. El-Mushafî'yi azletmek artık kolaydı. Zaten bazı yolsuzlukları hakkında soruşturma açtırmıştı. Sabîha Sultan'a meseleyi izah etti ve ihtiyar acib'i azlettirdi. El-Mushafî'nin oğlu Osman'la Esma'nın evlenme sözleşmesini yırttırdı ve el-Mushafî'ye inad olsun diye Esma ile kendisi nişanlandı.

Sabîha Sultan bundan sonra el-Mansur'u, el-Mushafî'nin yerine hacib, yani başvezir tayin etti.

Muhammed bin Abdullah bin Ebû Âmir el-Mansur Endülüs hükümetinin ve Emevî devletinin hacibi yani başveziri olmuş, hayalindeki sarayın ihtişamlı girişinden ta içerisine kadar girmiş ve orada süslü tasavvurlarının altın tahtına olanca iftihar ve kıvancıyla oturmuş oldu! el-Mansur, Sabîha Sultan'ın yardımı sayesinde bütün İslâm âleminin dikkatini çeken bir kişi olmuştu. Yirmi sene zarfında şimşek süratiyle öylesine yükselmiş, o kadar başarılar, zaferler ve itibar kazanmıştı ki, mazisine baktığında geçen günlerinin sürati ve gelmiş bulunduğu durumun göz kamaştırıcı şaşaası kendisini, bu kanaatsiz ikbal düşkününü bile hayret ve şaşkınlığa gark edecek derecedeydi.

İşte Sabîha Sultan'ın sevgisi böyle mucizevî bir yükselişi gerçekleştirmiş, pek müstesna ve kabiliyetli fakat henüz tecrübesiz bir küçük kâtibi adım adım bir ululuk zirvesine yükseltmişti. Başarılarıyla herkesin ilgisini topluyordu. Sabîha Sultan artık dâhiyane bir zekâya varmış bulunan el-Mansur'u Endülüs'e kazandırdığından dolayı kendi kendini tebrik ediyordu.[116]

el-Mansur, Başkumandan Gâlib'le akraba olacağına memnundu. Çünkü, ömrünün pek çok senelerini Merakeş'te ve Kuzey Afrika'da geçirmiş olan bu cesur askeri bütün araplar sever, beğenirlerdi. Muhammed el-Mansur da işte bu vasıta ile şöhretini ta oralara kadar ulaştırabileceğini düşünüyordu. Galib'in nüfuzundan istifade ederek Merakeş ve havalisini istediği gibi idare edeceğini şimdiden kurmuş ve kararlaştırmıştı. Başkumandan Galib'in kızıyla evlenmesi planlarının yürümesine yardımcı olacaktı.!! Ya bu aralık Sabîha Sultan ne düşünüyordu? Kafasından neler geçiyordu? Bu kadar sevdiği bir adamın ansızın bir başkasıyla nişanlanması kendisine yıldırım çarpmış gibi tesir etmemiş miydi? Muhammed el-Mansur'un bu evliliğine -bir siyasî hile olsa da-, nasıl kolayca razı olmuş, hercümerc olan hislerini susturarak nasıl kendi eliyle böyle bir evlilik sözleşmesine imza atabilmiş ve Galib ile kızını Kurtuba'ya tam bir ihtişam ile davet edebilmişti?[117] Şu var ki, mevki-i ve yüksek karakteri gereği Başvezir'inin arzusuna açıkça mani olamazdı; kırılmış kalbinin acısını kimseye duyuramazdı; kadere boyun eğmeye mahkûmdu.

Sabîha Sultan hiç aldırmayarak, çok mânalı bir şekilde düğün merasimini tertipledi. Halife de düğün ve zi-

(116) Dozy.
(117) Dozy.

yafet masrafını verdi.

Sabîha Sultan belki kalbinin ta derinlerinde bir ümid besliyordu... Bu evlilik sırf siyasî bir iş değil miydi? Böyle inad ve gurur uğruna yapılan evliliklerin hayırlı sonuçlar vermeyeceğini de biliyordu. Muhammed el-Mansur'un Esma ile evlenmesi sadece el-Mushafî'ye bir oyun oynamak içindi. Onu ümidsiz, perişan bir halde mevkiinden azledip oğlunu küçük düşürmek içindi. Öyle ya mesele sadece bir siyasetti!

Hicrî 367 senesi Muharrem ayında Hacib Muhammed el-Mansur, Esma ile zifafa girdi.

Sabîha Sultan ziyafete başkanlık etti. Düğün olağanüstü bir törenle yapıldı. Gelin, Beytü'z-Zehra'dan çıktı. El-Mansur'un sarayına kadar alkışlar içinde gitti. Yollarda öyle bir izdiham ve şenlik, şehrin içinde o kadar debdebe ve tantana ve gelin alayında o derece bir ihtişam ve azamet vardı ki, Endülüs'lüler hiç böyle bir gelin alayı görmemiş olduklarından hayretler içinde seyrettiler. Lâkin kaderin cilvesine ne demeli ki, siyasî bir gayeyle yapılan bu evlilik, inanılmayacak kadar mutlu bir evlilik oldu.[118] Başkumandan Gâlib'in kızı bir âfetti. Muhammed el-Mansur onu görür görmez güzelliğine vuruldu. Cazibesine, zarafetine ve kültürüne hayran kaldı. Esma'nın güzelliği ruhuna işledi. Artık dünyada ondan başkasını gözleri görmez oldu. Karısını büyük bir aşkla sevmeye başladı. Sabîha Sultan Muhammed el-Mansur'u nasıl hududsuz bir aşkla azizleştiriyorsa, el-Man-

(118) Histoire des Musulmans d'Espagne.

sur da Esma'yı aynı derin ibtila ile seviyor, ona âdeta tapıyordu. Bundan sonra Sabîha Sultan Beytü'z-Zehra'da her zamanki ihtişamı içinde kim bilir kendisini nasıl terkedilmiş hissetmiştir! Sabîha Sultan artık genç değildi, taze emeller ve yeni ümidler besleyecek mevsimi geçmişti, güzel hayaller kurma zamanı uçmuş gitmişti, ümidleri kül olmuş, aşk ateşini alevlendirecek bir kıvılcım bile kalmamıştı. Aşk rüyasına kendi eliyle bir son çizgisi çekerek, gerçeğin acılığına doğru gözlerini açmaya mecbur kalmıştı... Bundan sonra hayatını hangi bir yeni renkle renklendirebilirdi? Beytü'z-Zehra'nın nazlı bahçelerinde gezip de gülleri, karanfilleri, menekşeleri ve yaseminleri koklayarak çiçeklerin feyzinden bir teselli kokusu alabilecek yaşta, gelişme çağında dahi değildi. Sabîha Sultan artık meyus ve gönlü kırık bir kadındı. Aşk macerasının sonuna gelmişti. Hayatında bir inkılab olmuştu. Bu elem verici değişikliği bütün hicranıyla benliğinde hissediyordu. Artık harab olan hissiyatının enkazını seyrediyordu. Ümid avizesinin kırıklarını birer birer inceliyor, hayal kuşunun yaralanmış kanatlarını muayene ediyordu da kendi kendine acıyordu. Ne hayal kırıklığı! Ne hezimet! Galibiyet ile mağlubiyet, demek ki birbirlerine bu kadar yakınmış! Mutluluk, öyleyse, daima uçurum kenarına kurulan bir yuvaymış! Yazık ki, bu düşünceler hep, «ba'de harabü'l-Basra», iş işten geçtikten sonra hatıra gelen şeylerdendir!

Sabîha Sultan, Endülüs'ün bu zarafet ve kudret melikesi, mahvolan hayallerinin, kaybolan ümidlerinin yanında yeis ve hicran içinde saltanat tahtına oturduğu zaman, kim bilir ne kadar kasvetli anlar geçirirdi? O güzel yaz gecelerinin ızdırabını dindirmek için kim bilir ne hazin şarkılar okur, ruhunun elemini paylaşacak ne terennümler ederdi? Şarkıların, terennümlerin âhengini de teessürle dinledikten sonra, odasının pencerelerini açtırıp, bahçesinin çiçeklerini okşayarak esen seher yeline hitaben, kendi hal diliyle, Fuzûlî'nin bir kaç asır sonra Bağdad'da söyleyeceği,

Hiç cem'iyyet-i hâtırdan eser gördün mü

Bu kadar meclise uğrar yolun ey bâd-ı sabâ

beytini okurdu, kim bilir daha neler söylerdi. Heyhat ki, Endülüs rüzgârları o sözleri uçurup dağıttı, uzaklara, sonsuzluklara doğru alıp götürdü!...

Dokuzuncu Bölüm

Muhammed el-Mansur yavaş yavaş Endülüs'ün mutlak hâkimi olmaya başladı. İstek ve maksatlarına muhalefet edenleri amansız bir surette merkezden uzaklaştırıyordu. İhtirasının şiddetini kesebilecek sebeblerin imhasına çalışıyordu. İdaresine karışmak isteyenleri men ediyordu. Nüfûzuna halel verebilecek mahzurları ortadan kaldırıyordu. Kimsenin nasihatini dinlemiyordu; hatta hiç kimsenin yardımına ihtiyacı olmadığını tavır ve hareketiyle gösteriyordu. el-Mushafî'yi yanından uzak ettiği gibi, kayınpederi olan Başkumandan Gâlib'in nüfûzundan da sıkılıyordu. Sonunda onu da uzaklaştırmayı başardı. Artık keyfinin istediği gibi yaşamak ve bir müstebid gibi hüküm sürmek için ancak bir kişinin gölgesinden biraz, fakat pek az çekiniyordu. O da Sabîha Sultan'dı. Lâkin onu bile, o velinimetini bile bertaraf etmeyi tasarlamaktan bir an geri kalmadı. Sabîha Sultan'ın elindeki güç ve kuvveti günden güne azaltmanın çarelerini aramaya başladı. Nüfûzunu kıracak vesileyi de yavaş yavaş buldu. Sabîha Sultan'a zahiren hürmet etmeye mecburdu. Fakat gerçekte bütün nâzenin varlığına karşı kayıtsız bulunuyordu. Artık olan olmuş, biten bitmiş, şu andaki debdebesi önünde geçmişin şaşaasını hatırlamak, o eski lütufların tatlılığını yâd etmekle ne için vaktini ziyan etmeliydi? Muhammed el-Mansur, gençlik hatıralarının tesiriyle müteessir olacak insanlardan değildi. Hayatında, olaylar, ancak cereyan ettikleri müddet içinde sathî bir iz bırakırlardı. Hadiseler bir an için kendisinde bir iz bıraksalar da, kum üzerine yazılan yazılar gibi, en hafif bir rüzgârla silinip kaybolmaya mahkûmdular! İtiraz ve tenkidlere ehemmiyet vermeyerek Cuma hutbelerinde Halife'nin ismiyle beraber kendi ismini de okutturmak yoluna gitti. Paralar üzerinde artık el-Mansur'un adı da görülmeye başladı. Fermanlarda onun imzası vardı.[119] Endülüs'ü asayiş içinde tutan kendisi değil miydi? Şehirde adalet kendi sayesinde hüküm sürmüyor muydu? Ahalinin refah ve saadeti tam ve mükemmel değil miydi? O halde Hâcib'lik rütbesinden sıyrılarak «**Melik Kerîm**»[120] unvanını almalıydı. Devlet ve millet hizmetine borçluydu. Şübhesiz bu davranışlarını iyi karşılamaya mecburdurlar.

---

(119) İbn Haldun.
(120) Emir Ali Tarihi.

Bu aralık Halife Hişam sarayın kuytu köşelerinde kendi kendine vakit geçiriyordu. Dünyadan haz almayarak, hayattan istifade etmeyerek, sırf hevesi peşinde gençliğini harab ediyordu. Bazen da birdenbire kalbinde ruhanî bir sevda belirirdi. O zaman bir yalnızlık devresi geçirirdi. Kimseyi görmek istemezdi. İşte Sabîha Sultan'ın oğlu, ömrünü böyle geçiriyordu. Çocukken oldukça zeki ve iradeli olduğunu öğretmeni[121] söylerdi. Fakat babasının vefatından beri görmüş olduğu öğretim ve eğitim, akıl ve fikrini geliştirecek bir tarzda olmadığından az bir süre içinde büsbütün tembelleşmiş, uyuşmuş kalmıştı. Üçüncü Abdurrahman'ın torunu, Hakem'in oğlu, istidadsız, güçsüz, korkak, kararsız, azimsiz ve kişiliksiz, Emevî devletinin en renksiz bir adalet nümunesinden başka bir şey olamadı. Muhammed el-Mansur, işte bu kalbi ve kalıbı zayıf halifenin başarısızlığından istifade ile hilâfet tahtına göz dikti; Hişam'ın yerine, Beytü'z-Zehra'da saltanat tahtına oturmaya karar verdi. Melik Kerim idi, artık halife olmak istedi.

Bazı tarihçiler bu rivayeti her ne kadar kabul etmiyorlarsa da, pek çoğu el-Mansur'un böyle bir fikir beslediğini ifade ediyorlar.[122] Fakat herhalde el-Mansur bu niyetini gerçekleştirmekten çekindi. hilâfetin temellerini doğrudan doğruya sarsmayarak Halife'nin varlığını halkına unutturmaya çalıştı ve bunun için de büsbütün sarayından dışarıya çıkarılmamasına gayret etti. Zaten Hişam ara sıra diğer saraylarından birine gezinti için gitti-

_____
(121) Zebîdi.
(122) İbn Haldun.

ğinde, daima berberîsine bürünmüş olarak giderdi. Nadiren camide görülürdü. El-Mansur da, bu halin devamını ister, ihtilâlsiz, isyansız bir şekilde meselenin kendi kendine halledileceğine memnun olurdu. Fakat Sabîha Sultan'ın dikkati el-Mansur üzerindeydi. Dolablarını görmüştü. Oyunlarını anlamıştı! el-Mansur'un hareket hattını yakından yakına takibe bağladı. Artık istibdadına tahammül edemedi. Hilâfet makamını tehlikede gördüğünden, meydana atıldı. Oğlunun tahtını kurtarmak ve ismini muhafaza etmek için var kuvvetini kullandı.

Sabîha Sultan'ın elinde çok kuvvet kalmamıştı. Bunu meydana atılınca hissetmeye başladı. Devlet dairelerinde, hazinelerde, nâzırlıklarda, hatta kendi sarayında, Beytü'z-Zehra'da, en mühim mevkileri hep el-Mansur'un adamlarının ve taraftarlarının tuttuğunu gördü. Her teşebbüsünde bir engele tesadüf etti. Her hareketinde bir mani çıktı, istiklâline sahip değildi. Muhammed el-Mansur, bütün varlığını ince, fakat inceliği kadar da sağlam bağlarla bağlamaya muvaffak olmuştu. Sabîha Sultan bu gerçekle yüz yüze gelince ruhunun derinliklerinden bir isyan yükseldi! Bu nasıl bir cüretti? Bu haller ne zamandan beri devam ediyordu? Neden dolayı kendisi bu durumun farkına varamamıştı? Ne kadar gafletteydi? Şimdi ne yapabilecekti? Beytü'z-Zehra'da vazife gören bu memurları çoktan beri görmüştü: Lâkin o zamanlar bunların el-Mansur'a taraftar olduklarını hiç bilmiyordu... Nasıl bilebilirdi? Zira o zamanlarda taraflık, ayrılık, gayrılık yoktu. el-Mansur ile hem fikren, hem aklen, hem fiilen, hem kalben müttefikti. Her şeyde onunla beraberdi... O günlerde el-Mansur'la kendisi iki zıd teşkil etmez, birlikte hareket ederlerdi. El-Mansur'un tayin ettiği memurları o zaman, kendi memurları gibi, kendine sadık, kendine tabi bilirdi; aralarında bir kötü zan yoktu. Günler, karşılıklı dürüstlük ve dostluk günleriydi. Fakat şimdi!.. İki düşman gibi birbirlerinin hareketlerini takibe başladılar. Aradan emniyet kalkınca her birisi bir nifak peçesi takınmaya mecbur oldu. el-Mansur'u bu kadar zaman sevdikten sonra artık ikrah ediyordu. Lakin Sabîha Sultan alttan alta ne yaptıysa yaptı. Sarayın en önemli memurlarını kendi tarafına çekmeye başladı. Bu hususta büyük bir faaliyet gösterdi. Beytü'z-Zehra'nın içerisi tekrar bir tiyatro sahnesi halini aldı. Sabîha Sultan önce oğlunu tahrik etmeyi denedi. O vakte kadar Hişam'a pek dikkat ve ihtimam göstermemişti. Uyuşmuş fikrini uyandırmak hatırına gelmemişti. Hişam o kadar iktidarsız, izansız bir halifeydi ki vezirlerinin kendisiyle konuşmaya ve kendisiyle müzakere etmeye mecbur olduklarını bile hissetmemişti. Aklı, fikri ve varlığı hep sönüktü. Sabîha Sultan bu zavallı oğluyla hiç meşgul olmamıştı. Ona danışmaya ihtiyacı olmadığından devlet işlerine dair başbaşa konuştuğu bile olmamıştı. Ne zaman ki Muhammed el-Mansur Hişam'ın tahtını sessizce ele geçirmek niyetini beslemeye başladı, kendini korumadan aciz olan bir hükümdarı korumak mecburiyeti doğdu, gaflet uykularına dalan Hişam'ı, behemehal uyarmak lâzım oldu, Sabîha Sultan Muhammed el-Mansur'un şüphesini çekmeyecek bir şekilde işine başladı.

Sabîha Sultan artık her gün oğlunun odasına gider

oldu. Onunla uzun uzun konuşmaya başladı. Tembelliğini giderebilecek konuşmalarda bulundu. Halife Hakem'in bu etkili telkin vasıtası olan Sabîha, oğluna makul fikirler ve görüşler aşılamaya çalıştı. Çok gayret etti, çok yoruldu. Hişam'ın hiç düşünmek bilmeyen dimağını biraz harekete getirmek için yırtındı. Duymak bilmeyen kalbine ulvî bir his sokabilmek için didindi ve nihayet tarihçilerin dediğine[123] göre Beytü'z-Zehra'da âdeta bir mucize oldu: Sadece ibadet ve zevkiyle vakit geçiren Hişam, birdenbire uyandı, canlandı, annesinin telkin ve tesiriyle hayatın akışına katılmak hevesine yeniden kapıldı. Hasılı kelimenin tam mânasıyla yaşamaya başladı. Bu değişiklik herkesin dikkatini çekti. Sabîha Sultan oğluna devlet işlerine karışmasının elzem olduğunu anlattı. Hükmünü yürütmesi gerektiği telkin edildikçe nihayet Hişam bu fikre alıştı ve yavaş yavaş tat almaya bağladı. Muhammed el-Mansur bu uyanışa şaşırdı ve dehşete düştü. Bu mucizenin Sabîha Sultan'ın maharetiyle olduğunu anladı. Halife, artık el-Mansurdan bazı hesabları istedi. el-Mansur'un hiç beklemediği sorular sordu. Gitgide Muhammed el-Mansur'a karşı soğuk davranmaya da başladı. Fakat el-Mansur, Halife'yi daima annesinin huzurunda gördüğünden, Hişam'a bu soğuk davranışlarının sebebini soramadı. Muhammed el-Mansur bu halden sıkılmaya bağladı. Kendisine şüpheli görünen bazı memurları saraydan uzaklaştırdı. Bu hareketi Sabîha'nın hırsını bir kat daha arttırdı[124]. Hiddetinden el-Mansur'dan nasıl intikam alacağını bilmiyordu! Nihayet ken-

---

(123) Dozy.
(124) Dozy.

di âzâdlılarının en sâdıklarını çağırdı. Bunları Endülüs'ün, Merakeş'in ve Afrika'nın bir çok yerlerine memuriyetle gönderdi. Sabîha Sultan bu azadlılarının sadakatinden emin olduğu için bunlara, gittikleri yerlerde Halife'nin muhasara altında bulunduğunu, Muhammed el-Mansur'un baskısı altında mahvolmak üzere olduğunu, elinde hiçbir kuvvet ve kudret kalmadığını yaymalarını tenbih etti. Azadlılar da alttan alta bu haberleri yaymayı başardılar. Azadlılar, ayrıca Halife'nin hükümeti idare etmek istediğini haber verdiler ve zavallı Hişam'ın, bu zalimin elinden nasıl kurtulacağını bilmediğini de ilâve ettiler. Bu söylentilerin çok tesiri oldu. Sabîha Sultan muhalefetin bütün ruhunu teşkil ediyordu; Hişam'ın bu tedbirlerden haberi bile yoktu! Sabîha Sultan'ın âzadlıları Cebelitarık'ı aşarak Afrika'ya geçtikleri zaman, Merakeş valisi ve meşhur Zeyrî kabilesine mensub Zeyrî bin Atıyye'nin[125] taraftarlığını kazanmaya gayret ettiler ve sonunda başardılar. Zeyrî isyan etti. el-Mansur halifeyi nasıl böyle hapsedebilirmiş diye hemen bir ordu teşkil etmeye teşebbüs etti. Fakat hazırlıklar için Sabîha Sultan'ın kendisine mutlaka mühim bir miktar para göndermesini istedi. Sabîha Sultan bu haberi işitir işitmez hemen bir plan kurdu. Devlet hazinesi Beytü'z-Zehra içinde bir dairedeydi. Hazinede o zaman altı milyon kadar altın vardı. Bundan seksen bin altın alarak yüz tane testinin içine yerleştirdi, üzerlerine de bal doldurdu. Bu testilere birer yafta yapıştırdı. Sadık adamlarına belirlediği bir noktaya götürmelerini emretti.

---

(125) Kamûsü'l-A'lâm ve Dozy.

Testiler, memurların şüphesini uyandırmadan Merakeş'e gönderildi. Zeyrî bin Atıyye'den başka el Mansur'a kafa tutacak adam yoktu; Sabîha Sultan bunu pek iyi biliyordu. Bundan dolayıdır ki, Zeyrî'ye böyle bir yardımda bulunmayı cidden istiyor ve bu paraların eline ulaşmasını candan temenni ediyordu. Testiler yola çıkarıldıktan birkaç gün sonra Muhammed el-Mansur bundan nasılsa haberdar oldu. Titredi. Böyle bir işin olacağını tasavvur bile etmemişti. Bu meselenin sonu ne olacaktı? Zeyrî bin Atıyye'ye gönderilen altınlardan acaba Hişam'ın haberi var mıydı? Elbette haberi olacaktı, bu para onun izniyle gönderilmeseydi, Beytü'z-Zehra'nın kapısına kadar bile gidemezdi. Muhammed el-Mansur durumun vehametinden ve Sabîha Sultan'ın bu hareketinden korkuyordu. Acaba önüne geçilemez bir tehlike karşısında mı bulunuyordu? Bu gidişi hangi bir mani durdurabilecekti? Ne yapılması lâzım geliyordu? Muhammed el-Mansur pek çok, düşündü. Nihayet devletin ne kadar vezir ve vekili varsa huzuruna çağırıp büyük bir meclis topladı.(126) Muhammed el-Mansur bunlara devlet hazinesinden mühim bir miktar altının aşırılmış olduğunu haber verdi ve yapılan soruşturmaya göre, Beytü'z-Zehra içinde bulunan bazı kadınların eliyle bu işin yapılmış olduğunu söyledi. Vezirlerin hayreti üzerine, Muhammed el-Mansur devlet hazinesinin, Beytü'z-Zehra dışında, başka bir yere nakledilmesi gerektiğini söyledi. Meclis de bu fikri tasdik etti. Bunun üzerine el-Mansur'un memurları hazine dairesine girerek bütün parayı dışarda bir yere taşıya-

---

(126) Dozy.

cakları esnada, Sabîha Sultan bunlara, «**Halife'nin em-
ri olmaksızın siz nasıl böyle bir işe kalkışabilirsiniz?
İşte ben size emrediyorum, hazineye dokunmaya-
caksınız. Halife devlet malının başka bir yere taşın-
masına razı değildir**» dedi. Muhammed el-Mansur'un
memurları itaat etmeye mecbur olduklarından hazineye
dokunmaksızın geri döndüler ve keyfiyeti Melik Kerim'e
olduğu gibi bildirdiler. Muhammed el-Mansur olan biteni
işitince çok şaşırdı. Fakat hiddetini belli etmedi. Artık ne
yapabilecekti ? Halife'nin verdiği emre karşı açıktan açı-
ğa nasıl karşı gelebilirdi? Doğrudan doğruya Hişam'a is-
yan etmek ise mümkün değildi. Bilhassa Sabîha Sul-
tan'ın yaydığı söylentiler, ta kendi kulağına kadar gel-
mişti! Milleti gücendirecek zaman değildi. Çünkü biliyor-
du ki, halk her ne kadar Hişam'ı ancak ismen tanıyorlar-
sa da, yine üçüncü Abdurrahman'ın torunu ve Hakem'in
oğlu bulunduğundan Emevî devletinin bu şerefli evlâdını
içlerinin derinliklerinden seviyor, sayıyor ve yüce tutu-
yorlardı. Halife'ye açıktan açığa isyan etmek imkân hari-
cindeydi. O halde bu gidişi bir başka yöne çevirmenin
çaresi ne idi? Muhammed el-Mansur şaşkın kaldı. Bu
yüce zirveden zillet vadisine mi düşecekti? Kolu kanadı
kırılarak yok mu edilecekti? Hayır! Zillete hiçbir zaman
razı olamazdı. Durumunun değişmesini kabul edemezdi.
Maziye mâlik ve hale sahip olduğu gibi istikbale de sa-
hip olmalıydı! Muhammed el-Mansur yirmi sene iktidar
mevkiinde bulunarak şan ve şöhretini İslâm âlemine du-
yurduktan sonra nasıl olur da böyle amansız bir şekilde
Sabîha Sultan'ın bir siyasî hilesine kurban gidebilirdi?

Hayır, bu kabil değildi. Durumu lehine çevirmeliydi. Bunun için de her şeyden evvel Halife'yi yalnız ve Sabîha Sultansın haberi olmaksızın görmeliydi. Annesinin yanında daima cesarete gelen Hişam, hiç şüphe yok vezirini yalnız görünce eli ve dili dolaşacak ve hele başbaşa konuşacaklarını anlayınca büsbütün mum gibi olacaktı. Hişam'ın cesaret, irade ve metanetle alâkası olmayan bir halife olduğunu Muhammel el-Mansur bilmiyor muydu? Bir müddetten beri takındığı tavırlarının ise, sırf Sabîha Sultan'ın günlerdir devam eden telkinleri neticesinde olduğundan şüphe etmiyordu. Hişam, annesinin huzurunda Muhammed el-Mansur'a soğuk davranabilirdi. Annesinin arkasında olduğunu bildiği için olanca yürekliliği ile devlet işlerine dair el-Mansur'a sorular yöneltebilirdi. Fakat yalnız kalınca, telkinsiz, talimatsız kalınca bakalım ne yapacaktı? Muhammed el-Mansur ne yaptı yaptı, Sabîha Sultan'ın haberi olmaksızın saraya girerek Halife'nin huzuruna sessizce çıkmayı başardı. Hişam'ın yanında kaldığı müddet zarfında kimsenin kendisinin orada bulunduğundan haberi olmadı.

Beytü'z-Zehra görevlileri herhalde Muhammed el-Mansur'a yardımda bulundular.

Sabîha Sultan oğlunun zayıflığını bildiği için Muhammed el-Mansur'la asla yalnız bırakmak istemezdi. Bu kadar güçlükle ezberlettirilen cümlelerin bir anda unutulacağını hissediyordu. el-Mansur'un keskin zekâsı ve keskin dili karşısında Hişam'ın zayıf kalacağını pek iyi bilirdi. Bu sebeblerden dolayı oğlunun mevkiini ve mevcudiyetini korumak için el-Mansur'a daima kafa tutardı. Halife'nin huzurunda azametini kırmaya gayret ederdi. Fakat Muhammed el-Mansur bu siyaseti bütün mânasıyla anlamış olduğundan meramına nail olmanın çaresini aramış ve sonunda bu çareyi de Halife ile gizlice görüşmekte bulmuştu. Sabîha Sultan çok siyasî bir kadındı. Kılı kırk yaran, tecrübeli bir melike idi. Fakat talihi el-Mansur'unki kadar parlak değildi. Bunun için de macerasının sonuna doğru başarısızlığa mahkum oldu.

Muhanuned el-Mansur huzura girdiği zaman Hişam şaşkınlık ve hayret içinde kaldı. el-Mansur aldırmayarak hemen söze başlayıp o kendisine has büyüleyici konuşmasıyla Hişam'ı aldatmanın yolunu buldu. Halife şaşırdı. Ne yapacağını bilemedi. Ne cevap vereceğini düşündü. Halife olduğunu, yaptırmak ve yasaklamak elinde olduğunu, annesinin tenbihlerini, hasılı her şeyi unuttu. Muhammed el-Mansur'un etkileyici bakışı ve konuşması karşısında titredi kaldı. Ezildi, perişan oldu. Hişam, Muhammed el-Mansur'a hükümeti idare etmekten aciz olduğunu,[127] hiçbir güç ve kabiliyete sahip olmadığını ve eğer Muhammed el-Mansur isterse devlet işlerine, evvelki gibi hiç karışmayacağını, hatta devlet hazinesinin Beytü'z-Zehra'nın dışında bir yere taşınmasına razı bulunduğunu hep söyledi. Bunun üzerine el-Mansur bu kadarla yetinmedi ve fırsattan istifade ile vekillerden bazılarını çağırtarak bunların huzurunda Halife'ye bir ahidname imza ettirdi.[128] Bu ahidnamede Hişam, daha

---

(127) Dozy.
(128) İbn Haldun.

önce sözlü olarak dediklerini yazılı olarak tasdik etmeye mecbur oldu. Orada bulunanlar da şahitliklerini ispat için hep imzalarını koydular. Bu olay Hicrî 387 senesinde oldu. Muhammed el-Mansur Hişam'dan her ne istediyse, ümid ve hayal dahi edemeyeceği bir kolaylıkla aldı.

Ahidnâmeyi ilân ettirdi. Ahali bundan hep haberdar oldu. Devleti idareden aciz olan bir halife uğruna isyan etmek artık abes sayılırdı. Hele diliyle bu aczini ifade ve devlet işlerini sadık bir veziri olan Muhammed el-Mansur'a havale ettikten sonra daha ne için muhalefet edilmeliydi? Bu mühim hadiseden sonra Muhammed el-Mansur Halifenin maiyetinde at üzerinde Endülüslülere görünmeyi münasib buldu. Hişam derhal bu arzusunu da yerine getirdi. Endülüs sokaklarında muazzam bir tören alayıyla ahalisine yüzünü gösterdi.

Halk, bundan Halife'nin ahidnâmeyi kendi rızasıyla imzalamış olduğunu anladı. Muhammed el-Mansur ile aralarında hiçbir anlaşmazlık olmadığına kanaat getirdi.

Esirlikten şikâyet etmeyen bir esire, kendi rızasıyla boyunduruk altında yaşamak isteyen bir emîre, hükümeti idareden aciz olduğunu itiraf ederek kendi eliyle bütün işlerini hükümetine fiilen hâkim olan bir şahsa vermekten zerre kadar müteessir olmayan ve itirafının ertesi günü ahalisi arasında debdebelerle dolaşan bir halifeye acımaktan başka ne yapılabilir? Böyle hissiz ve ruhsuz bir hükümdarın ülkesinde iyi ki Muhammed el-Mansur gibi müstebid fakat muktedir bir vezir bulunuyordu. Dizginler Hişam'ın elinde kalsaydı ihtimal ki korkusundan hıristiyanlara kale kapılarını bile açardı. Çünkü halifeliğinin sonlarına doğru, Muhammed el-Mansur'un vefatından sonra hapse atıldığında[129] âsilerin önünde titreyerek, «Aman beni kurtarın da size tahtımı bile veririm»[130] demekten çekinmemişti. Bu kadar zillete düşen bir hükümdardan ne ümid edilebilirdi? Sabîha Sultan oğlunun korkaklığını işittiği zaman neler yaptığını ve neler söylediğini yazık ki tarihler yazmıyor. Onu hürriyetine kavuşturmak için her türlü çareye başvurduktan sonra, cesareti hürriyete tercih ettiğini ahalisine bile gösteren Hişam'a ne söyleyebilirdi? Sabîha Sultan ne yapabilirdi? Elinden ne gelirdi? Şayet gelse bile kimin için çabalayıp yorulacaktı? Mademki oğlu kendi ağzıyla «Ben memleketimde hükmetmek istemiyorum» demişti!! Sabîha Sultan için oğlunun alçaklığı ikinci bir hayal kırıklığı oldu! Bu siyasi yenilgi ikinci bir hezimet demekti. Muhammed el-Mansur'un zorbaca işlerinin içinde açtığı yara iyileşmeden bir de oğlunun ahlâksızlığı o henüz, kapanmamış olan yarayı bütün acısıyla deşmeye başlamıştı. Kadınlık gururu incindikten sonra bir de annelik hisleri büsbütün incinmişti. Melikelik devresi parlak ve şaşaalı olmuştu. Fakat aşk macerasında ne kadar aksi bir mukabele bulmuştu! Sabîha Sultan af ve merhamete muhtaç bir kadındı. Kim bilir oğluna ne kadar muğber olmuştu. Muhammed el-Mansur'a da böyle gizli gizli işler çevirdiğinden dolayı içinden ne kadar kızmıştı! Bu kadar sevdiği bir adamın elinde böylesine azap göreceğini ve ezileceğini bilmiş olsaydı Sabî-

(129) Dozy.
(130) Emir Ali.

ha Sultan, Muhammed el-Mansur'a bu kadar sınırsız bir kudret bahşeder miydi?

Sabîha Sultan bir fağfur kâse gibi, her fiskede bin ah çıkaran ümitsiz bir kalb olmuştu.. Lâkin, hayatının sonbaharını bile kendi nefsi için yaşamayı câiz görmedi. Kolu kanadı kırık, hayali ve emeli yıkık, elinde bir kuvvet ve kudret kalmadığı halde, hâlâ ahalisini, o pek sevdiği Kurtuba halkını düşünüyordu. Onların refah ve saadetini arttırmaya gayret etti. Önce Mansur'un sonra da Hişam'ın kendisine ettiklerini bir yana iterek sultanlığını sonuna kadar sürdürdü. Mademki siyasete ve devlet işlerine artık karışamayacaktı, hastahaneler ve mektepler yaptırmaya başladı. Muhammed el-Mansur artık bu teşebbüslerine de bir şey söyleyemezdi ya! Hükümet işlerine katılamıyordu. Fakat Sabîha Sultan atâlete mahkûm edilir bir kadın da değildi. Artık vaktini böyle geçirmeyi tercih etti. İdareye doğrudan doğruya katılmıyordu. Fakat dolayısıyla Endülüslüleri yine kendisine muhtaç kılıyordu. Kurtuba'da fevkalâde nâdir ve kıymetli bir cami inşa ettirdi. Muhammed el-Mansur devleti maharetle idare eder ve muharebelerden zafer kazanmış olarak dönerken, Sabîha Sultan da su yolları, köprüler yaptırıyor ve kendisini ahalisine unutturmayacak bir surette sevdirmeye çalışıyordu. Hıristiyanlar bile bu kesilmek bilmeyen faaliyetine hayran oluyorlardı. Hatta çok mühim bir su yolunun yapımı bittiğinde, İspanyollar, şerefine şenlikler düzenleyerek pek çok dualar ettiler ve bir abide dahi dikerek üstüne, **«Bu su yolu mü'minlerin emiri Hişam'ın annesi Sabîha Sultan tarafından yap-**

tırıldı. **Cenab-ı Hak kendisine lâyık olduğu mükâfatı bahşetsin. Âlicenap bir emîredir. Kendi sayesindedir ki, Elcisya ve Karmuna(*) vilayetleri sudan mahrum kalmadılar»** ibarelerini taşlar üzerine yazdılar.(131)

Muhammed el-Mansur bu aralık muharebelere gidiyor, muzaffer oluyor ve Endülüs'ün şanına şan ve gücüne güç katıyordu. Endülüs deniz ticareti bakımından da hâkim duruma geçmişti. Muhammed el-Mansur'un adaleti, cömertliği, idareciliği, cesareti artık herkes tarafından kabul ediliyordu.

Nihayet Hicrî 392 senesinde(132) ve elli ikinci seferi olmak üzere(133) Muhammed el-Mansur Kaştale bölgesinde Süleym şehri civarında meydana gelen bir ayaklanmayı bastırmak için askeriyle o tarafa doğru yola çıktı. Bu harb çok kanlı bir surette başladı ve gittikçe şiddetlendi. Muhammed bin Ebû Âmir el-Mansur askerlerinin başında kılıç sallayarak(134) büyük kahramanlık gösterdi. Endülüslüler pek çok güçlüklerden sonra zaferi kazandılar. Fakat Muhammed el-Mansur fena halde yaralandı ve Ramazanın yirmi beşinci günü yirmi beş sene iktidarda bulunduktan sonra şehitlik rütbesiyle beka alemine göçtü. Vasiyeti üzerine naaşı Süleym şehrine defnedildi. Türbesinin üzerine şu sözleri yazdırdı:

«Ey ziyaretçi, benim hayat hikâyemi okumak ister-

(*) Ecija ve Cordoba.
(131) Histoire de la Domination des Arabes en Espagne, Par Conde.
(132) Endülüs Tarihi. Ziya Paşa.
(133) İbn Haldun.

sen yeryüzüne bak; öğrenirsin».[135]

Muhammed el-Mansur'un şehadeti bütün Endülüs ve İslâm âlemini mateme boğdu. el-Mansur'u kaybettiklerine ağladıkları kadar da kendi felâketlerine yandılar. Uğradıkları bu kaza tamiri ve telafisi mümkün olmayan bir facia idi. Çünkü Muhammed el-Mansur'un ölümüyle Endülüs'ün birlik ve beraberliği, güç ve kudreti mahv ü perişan olmaya mahkûmdu. el-Mansur'un ölümünden önce Sabîha Sultan'la görüşüp barıştığı kayıtlarda vardır. Belki de resmen barışmaları elzemdi. Herhalde hayatlarının sonbaharında kurulan bu münasebet, siyasî bir münasebetten başka bir şey olmamıştır. Çünkü dökülen gözyaşları aralarında geçilmesi imkansız bir ıstırap deryası vücuda getirmiş olmalıydı. Sabîha Sultan Muhammed el-Mansur'dan altı sene sonra, Hicrî 398'de[136] vefat etti. Ömrünün son senelerini ibadetle geçirmişti.[137] Vefatına Endülüslüler çok keder ettiler. Şairler müessir mersiyeler söylediler. Bu mersiyelerin en güzeli İbn Derrâc'ın olup Sabîha Sultan'ı bir nura benzeterek, **«Ey sen ki semamızın bir yıldızı idin. Heyhat! Gözümüzden kayboldun»** diye başlar. Evet, Sabîha Sultan hakikaten Endülüs semasının bir yıldızıydı. O, gökyüzünde parladığı müddetçe Endülüs'ün büsbütün mahv ü perişan olmayacağına, bilhassa Kurtuba'nın tamamen yıkılıp harab olmayacağına dair ümidler besleniyordu. Lakin onun talih yıldızı sönüp de.

---

(135) Dozy.
(136) Kamusü'l-A'lâm.
(137) Dozy.

Üçüncü Abdurrahman'ın, Hakem'in, el-Mansur'un güç ve kudretinden bir eser kalmayınca, artık Endülüslüler inler oldular. Yok olacaklarına şüpheleri kalmadı. Çünkü hilâfet Emevî devletinin en aciz bir halifesinin titrek ve gevşek, kuvvetsiz ve kararsız elinde bir oyuncak olmuştu. Hişam'dan, o renksiz halifeden herkes korkuyordu; kendi şahsından değil, hayır! Aczinden, iktidarsızlığından korkuyorlardı.

Sabîha Sultan, Allah'ın bir lütfû olarak Kurtuba'nın düşmesinden önce vefat etti. Başkentin taksimini görmeye mahkum olaydı şüphesiz gözleri; kanlar akıtırdı. Ya Beytü'z-Zehra'nın tahribini görmüş olaydı, belki çıldırırdı. Üç muhteşem devrin şahidi olan o Beytü-z-Zehra ve bahçeleri kendi garib macerasının da ihtişamlı bir aksi idi. Hayatının en güzel yazılmış bir tarihi idi. Çok şükür ki Sabîha Sultan, o mukadder parçalanmadan önce -Beytü'z-Zehra'nın tahribi Hicrî 408'dedir- Beytü'z-Zehra'nın bahçelerine bakan odasında, tatlı ve elem verici, latif ve hüzün verici bir gurûb, Endülüs şafaklarını andıran renkli bir akşam vakti, havuzunun üzerinde parlayarak görünen ilk yıldıza baka baka söndü gitti.

Mağrib vâlisi Musa bin Nusayr, Halife Abdülmelik bin Mervan'ı, Endülüs'ü fetih ve istilaya teşvik için,[138] **«Endülüs öyle bir memlekettir ki, güzellik ve mevkice Şam'a, havasının mutedilliği ile Yemen'e, çiçek ve nebatları ile Hind'e, topraklarının verimliliği ile Mısır'a ve kıymetli taş ve madenleri ile de Çin'e ben-**

_____
(138) Kamusü'l-A'lâm ve Endülüs Tarihi.

zer» diye yazıp, Endülüs'ü fethetmek için izin istediği ve bunun hemen ardından Tarık bin Ziyad'ın on iki bin kadar İslâm askerinin başına[139] geçerek yarımadayı yıldırım hızıyla fethettiği zamandan beri üç asır geçmişti. Endülüs fatihleri, İslâm nûrunun feyziyle cehalet içinde uyuşmuş kalmış olan bir milleti, evvela uyandırmayı, sonra da aydınlatmayı başardılar. Katolik papazlarının taassupları elinde oyuncak, krallarının zulüm ve istibdadlarına kurban olmaktan başka mukadderatları olmayan Endülüslüler ise kısa sürede öyle yükseldiler ki, bütün İspanya'yı Avrupanın gözünde hayrete şâyân bir hâle koydular.

Avrupa, İspanya'daki harikulâde medeniyete hayran oldu. Yavaş yavaş ilim ve marifetinden almaya, feyizlenmeye ve medeniyet öğrenmeye[140] başladılar. Araplar Endülüs'ü fetih ve istiladan sonra, imar etmeye başladılar. Muharebeler yalnız Kuzey İspanya'da bulunan Hıristiyan prensleri İslâma davet etmeye ve bunların tecavüzlerini önlemeye münhasır kalmıştı. Ziraatle uğraşmayı harbe gitmek kadar seven Müslüman'lar,[141] Endülüs'ü bir bahçe haline koymuşlardı. Sanat, ticaret, ilim, marifet, cömertlik ve cesaret o zamanki Müslüman'ların en fazla elde etmek ve öğrenmek istedikleri fazilet ve meziyetlerdendi. Güzel ahlak, şeref ve şan, asalet ve ulviyet bakımlarından hıristiyanlardan o kadar üstündüler ki,[142] düşmanları olan kuzeydeki prensler

---

(139) İbn Haldun.
(140) Renan.
(141) Selsner.
(142) Sédillot

bile tam bir emniyet ile yüksek karakterlerine güvenerek hasta ve yaralılarını Müslüman evlerinde yatırmak ve Müslüman doktorlara tedavi ettirmek isterlerdi.

İlim ve fennin böylesine gelişmesiyle ümmetin irfan seviyesi de son derece yükseldi. Yüksek karakter, nefsine saygı her Müslüman'ın aslî mahiyeti haline gelmeye başladı. Kahramanlıklarını zevk ve heyecanla okuduğumuz o Fransız şövalyelerindeki meziyetlerin asıl bir Müslüman meziyeti olduğunu bilsek[143] o zamanda bir İslâm kadınına ne mertebelerde saygı gösterildiğini ve yalnız İslâm kadınlarına değil, bütün kadınlara karşı ne kadar merdane bir tarzda nezaket gösterildiğini hatırlasak, bu günde şu sefil hale düştüğümüze bilmem ki nasıl acı acı teessüfler ederiz.

Milâdî 1139 senesinde Kurtuba vâlisi Toledo'yu kuşattığı zaman Kraliçe Branjer «Azeka» kalesinde ve şehir içinde mahsur bulunuyordu. İslâm askerleri başlarında vâlileri olduğu halde kaleye hücum ettiklerinde Kraliçe vâliye **«Bir kadını muhasara altına aldıktan sonra bulunduğu şehrin kalesine hücum etmeyi Müslüman yiğitliğinin şanına yakıştıramam»** diye haber gönderdi. Vâli ve maiyeti buna hak vererek hücumdan vazgeçip Kraliçe'nin bulunduğu sarayın penceresinden kendilerine görünmesini istediler. Bunun üzerine Branjer sarayın balkonuna çıktığında, Kurtuba valisi hürmetlerini arz edip özür diledikten sonra askeriyle beraber Kurtuba'ya geri döndü. Bu merdane davranış acaba şövalye-

---

(143) Ruh-ı İslâm. Emir Ali.

lerin centilmenlikleri derecesinde yüksek değil midir?

Muhammed el-Mansur, «Kompostel» olayından sonra, bir Müslüman kadınının kale içinde mahpus kaldığını işitince, Navar kralına, önünde diz çöküp özür dilemesini emretti.[144] Kral diz üstü af istedikten ve kadını da kurtardıktan sonra Muhammed el-Mansur muzaffer ordusuyla başkente geri döndü.

O zamanlar güç, kudret ve azamet zamanlarıydı. Müslüman'lar İslâmî ahlâklarını bozmamışlardı, kuvvet sahipleriydiler. O günler nur, feyz, sanat günleriydi. Muhammed(s.a.v.) ümmeti ilim ve fen dostu ve hep tahsil taraftarıydılar.

Üçüncü Abdurrahman, ikinci Hakem, Sabîha Sultan ve Muhammed el-Mansur'un devirlerinde Endülüs Medeniyetin öyle bir doruğuna varmıştı ki, İspanya yarımadası ne bunlardan önce ne bunlardan sonra böyle bir ihtişam görebildi.[145]

Ziraat, ticaret, sanat, çinicilik, altın ve gümüş süslemeciliği, kumaş dokumacılığı yalnız Kurtuba'da değil, Gırnata, İşbiliye ve Mursiya'da da gelişmişti. Silah yapımı hususunda da o derecede birinciliği kazanmışlardı ki, Miladî 14'üncü asırda «**Don Pedro**» vasiyetnâmesinde «**Oğluma bıraktığım kıymetli eşyalar içinde bir** «**Kastilyan**» **kılıcı vardır. Bu kılıcı İşbiliye'de yaptırdım. Altın yazılar ve kıymetli taşlarla süslettim. Muhafazasına dikkat etsin**» diye yazmış olduğu meşhur-

(144) S. Lane Poole.
(145) Reinand.

dur. Güzel sanatlar, mimarî ve astronomi bütün batı dünyasını hayrete boğmuştu.

Üçüncü Abdurrahman'ın saraylarına, ihtişam ve debdebesine Avrupa'nın her tarafından gelen krallar, kraliçeler ve elçiler meftun oluyorlardı. Kurtuba'yı, Avrupa'nın değil, bütün dünyanın bir süsü addediyorlardı.[146] İkinci Hakem'in ilim ve marifeti, kütüphanelerinin zenginliği karşısında herkesin dili tutuluyord.[147] O zamanda Endülüs'de okuma yazma bilmeyen bir tek kişi yoktu.[148]

Muhammed el-Mansur'un iktidar ve kabiliyeti, adalet ve kahramanlığı darb-ı mesel[149] haline gelmiş ve bütün Kuzey İspanya'yı titretmişti. Hatta naklederler ki, bir defa ordusuyla çıkmış, isyan etmiş olan bir şehri itaate getirdikten sonra, sancaktarlarından biri sancağını şehrin önündeki karargahta unutarak orduya gelmişti. Ordu yola çıkınca, İspanyollar bunu gözleriyle bir müddet takip ettiler. Sonra gözlerini el-Mansur'un terkedilmiş karargâhına çevirdiklerinde orada kalmış bir sancak gördüler. Bulundukları noktadan birkaç gün seyrettiler. Fakat Müslüman'ların geri döneceğinden o kadar korkuyorlardı ki, bir türlü sancağa yanaşıp da el uzatmaya cesaret edemiyorlardı. Nihayet birçok tereddütlerden sonra içlerinden birisi Mansur'un karargâhına giderek o bayrağı alıp şehre getirmiştir.

Sabîha Sultan siyaset ve mahareti, fakir ve muhtaç-

---

(146) Civilisation des Arabes, Gustave le Bon.
(147) İbn Haldun.
(148) Dozy.
(149) Emir Ali tarihi.

lara olan lütûf ve merhameti, yaptırdığı cami ve mektep-
lerin çokluğu, su yollarının mükemmeliyeti ile yalnız İs-
lâm tarihlerinde değil, batı, özellikle İspanya tarihlerinde
de yazılıdır. Sabîha Sultan'ın, böyle şaşaalı ve aydın bir
asırda temayüz etmesi fazilet ve meziyetlerinin en etki-
li bir delili sayılmaya kâfi değil midir? Öyle bir asırda ki,
bu asırda İslâm kadınlarının en meşhurlarını saymak
için şurada yalnızca isimlerini yazacak olaydım, bunlar
için koca bir bölüm ayırmam lâzım gelirdi. İlim ve sanat
öğrenmeye o kadar hırslıydılar ki, eşrafı ve avamı, zen-
gini ile züğürdü, hasılı kadın ve erkek cümlesi öğrenme-
ye ve aydınlanmaya can atarlardı. O zamanda erkekle-
rin, ilim ve irfan, terbiye ve edeb, ahlâk ve âlicenablık
hususlarında kadınlara nisbeten hiçbir üstünlükleri yok-
tu. Kadınlar erkeklerin her hususta yardımcısı olabili-
yorlar, erkekler onların fikirlerinden istifade edebiliyor-
lardı. Kadınlar ilim ve zekâ, kabiliyet ve iktidar bakımın-
dan kendilerini kabul ettirmiş olduklarından hürmet ve
nezaket görüyorlardı. Endülüs kadınları her bakımdan
övülmeye ve takdire hak kazanmışlardı.[150]

Endülüs işte üç asır zarfında bu yüksek mertebeye
ulaşmıştı. Ne zaman ki Sabîha Sultan vefat etti, artık
Endülüs'ün saltanat temelleri sarsılmaya başladı. Hali-
fe'nin zayıflığından herkes şahsî menfaati için istifade
etmek istedi. Ailesi, vekilleri, yakınları, kumandanları ve
nihayet tebaası hep birbirlerine düştüler. Beytü'z-Zeh-
ra'da kıyametler koptu. Hişam'ı tahtından indirmek ve
tekrar oturtmak bir oyun oldu. Beytü'z-Zehra'nın o muh-

_____
(150) Ruh-ı İslâmiyet, Emir Ali.

teşem taht odasında insanlar öldürüldü. Ortada fitne ve fesatlar koptu. Az bir müddet içinde yirmi halife birbirini takip etti. Ne zaman tahta çıktıklarını ne zaman tahttan düşürüldüklerini fark etmek güç oldu. Kurtuba'da ihtilâller çıktı. Bütün Endülüs ayaklandı. Her vilâyet bağımsızlığını istedi. Valiler birbirlerine düştüler. Birbirlerinden nefret ettiler. Müthiş bir katliâm oldu. Konaklar, evler, medreseler, mektepler hep yıkıldı. Halk doğrandı. Hıristiyan emirlerden yardım istendi. Birkaç ay içinde yirmi kadar kale ve şehir Hıristiyanlar tarafından ele geçirildi.[151] Beytü'z-Zehra ve sonra da ez-Zâhire sarayları dört gün içinde yerle bir edildi. Enkazı bile yandı, kül oldu. Kurtuba'nın zapt ve teslimi muhtelif hiziplerin talihine kaldı. Ortada fesat, fitne ve ihtilal çoğaldı. Artık ol saltanatın yeller eser oldu yerinde!..

Muhammed el-Mansur bir gün ez-Zahire'nin bahçesinde otururken etrafının güzelliğine sevgiyle bakarak gönlünün derinliklerinden bir ah çekti ve «Ey bahtsız ez-Zâhire! Acaba sen kimin eliyle yakılacak ve hangi hırsın kurbanı olarak yıkılacaksın» demişti. Bu olaydan çok bir zaman geçmeden muhtelif hizipler eliyle yakılarak, hizipçilik ve fitne uğruna yok edilmişti.[152]

Acaba Sabîha Sultan da o muhteşem havuzunun kenarına oturduğu zaman, «Ey nazlı Beytü'z-Zehra! Acaba sen hangi zalim ellere düşeceksin? Sen de ey akşam yıldızı! Böyle bir fâcia olduğu zaman acaba hangi süslü havuzun berrak sularını bulup da akse-

(151) Emir Ali.
(152) Renan.

deceksin?» diye ah etmiş miydi?

Fakat ben burada Endülüs'ün hazin macerasını anlatacak değilim. Endülüs olaylarını anlatmak için bende ne istidad var ne marifet! Maksadım sadece. Sabîha Sultan'ın vefatıylaKurtuba'nın şaşaasının son bulduğunu göstermektir. Endülüs'ün bu aydın taht şehri, bir müddet daha kanlar ve belâlar içinde can çekişti ve sonra saltanat artık bîtab düşüp perişan bir halde söndü. Kurtuba bundan sonra eski aydınlığını hiç bulamadı. Ancak İşbiliye gibi mutlak cumhuriyet halinde bir müddet daha yaşayabildi.

Kurtuba'dan sonra Gırnata hayli gelişti.(153) Birkaç zaman parladı. Fakat artık Endülüs'ün çöküşü başlamıştı. Müslüman'lar arasındaki ayrılık tohumları yeşermişti. Felâket meyveleri baş göstermişti.(154) Nazlım Endülüs'ü 600 senelik saltanatına rağmen terk edip boşaltmaya mecbur oldular. Sabîha Sultan'ın bu garip macerasını yazarken bazan konu dışına çıkmaktan çekinmedim. Üç devri özetlemek lâzım geldi. Bu devirleri ihmal edebilirdim. Fakat Sabîha Sultan'ın varlığı ve muhiti ile ilgili pek çok yönleri vardı. Bu sebepten en küçük teferruatına kadar kaydetmek istedim. Bazen da dolaylı olarak sözü uzatmaya mecbur oldum. Macera belki biraz tafsilâtlı oldu. Ümid ederim ki, okuyucularımı sıkmaz. Belki de istifade etmelerine sebep olur. Maksadım tarih kitabı yazmak değildir. Yukarda da söylediğim gibi

---

(153) Emir Ali.
(154) Sédillot.

bende o istidad yoktur. Benim arzu ettiğim yegâne cihet kadınlığın yükselmesidir. Aslî hedefim budur. Bu ise uyarıcı ve ibret verici derslerle vücuda gelir. Elimden geldiği kadar bu emele gayret ediyorum. Bilirim ki, güzel bir şey, güzel bir moda, yahut bir bid'at-ı hasene evvelâ beğenilir, revaç bulur. Nihayet takdir edildikten sonra herkes tarafından taklidine heves edilir. «Muhadderat-ı İslâm» da bu kabildendir. Geçmişlerimizin en seçkin, en müstesna, en güzel ve en münevver simalarını mazi gülistanından derleyerek bunları bir demet çiçek şeklinde hanım kardeşlerimin yüksek nazarlarına takdim etmek hevesine düştüm. Hüviyetleri, kıymetleri belki de isimleri unutulmuş olan bu çiçeklere saygılı bir gözle bakarlarsa hiç şüphe etmem ki bu demeti seveceklerdir. Hüviyetleri, kıymetleri ve isimleri unutulmuş olan bu çiçeklere benzemek isteyeceklerdir. Bu arzu gönüllerinde yerleşince eminim ki, millet bahçemizde daha renkli, daha seçkin çiçekler olarak yetişip gelişecekler, zamanımıza yakışır bir halde âleme rayihalar neşredecekler ve cümlemizi füsunkar tesirleriyle memnun ve meftun edeceklerdir.

İşte Endülüs'e hizmetle fevkalâde parlak bir mevki kazanan Sabîha Sultan'ın hayat hikâyesiyle tamamladığını bu ikinci cildi, bu gaye ve emelle muhterem kadın ve erkek okuyucularıma takdim ediyorum.

Mısır'da Buhayre Müdürlüğü'ne bağlı Cebâris Çiftliği

15 Şaban 1332 - 7 Temmuz 1914